DICTIONNAIRE
SONGHAY - ANGLAIS - FRANÇAIS

Dans la même collection

- *Myriam* Dumont
  Les enseignes de Dakar :
  Un essai de sociolinguistique africaine
  Préface de Louis-Jean Calvet

- *Sylvester Nhneanotnu* Osu
  Opérations énonciatives et problématique du repérage :
  Cinq particules verbales ìkwéré
  Préface de Jean-Jacques Franckel

- *Eugène* Shimamungu
  Le kinyarwanda :
  Initiation à une langue bantu
  Préface d'André Joly

 — ISBN : 2-7384-6726-1

Langues d'Afrique 4

Jeffrey Heath

University of Chicago

DICTIONNAIRE SONGHAY - ANGLAIS - FRANÇAIS

Tome I - Koyra chiini

L'Harmattan
5-7, rue de l'Ecole-Polytechnique
F - 75005 PARIS – FRANCE

L'Harmattan Inc.
55, rue Saint-Jacques
MONTRÉAL (Qc) CANADA H2Y 1K9

Avis au lecteur

Le koyra chiini (KCh) est la langue songhay de la ville de Tombouctou, Mali, et des villages songhay le long du Niger entre Kabara (le port de Tombouctou) et Niafounké. C'est la langue véhiculaire de cette zone, qui comprend aussi d'importantes populations arabe, touareg et peul.

Ce dictionnaire est un ouvrage scientifique et non « grand public », mais tout lecteur peut l'utiliser à ses propres fins. La structure des articles est en principe la suivante, dont (1) et (3-5) sont obligatoires :

(1) La transcription phonémique de la forme ou formes en KCh, parfois suivie d'une indication de sous-dialecte géographique (« T », « D », « G », et/ou « N » pour Tombouctou, Diré, Goundam, et Niafounké), et parfois numérotée « 1 », « 2 », etc. pour signaler la lexicalisation d'homonymes ventilés en entrées successives. Si la transcription est entre guillemets « ... », il s'agit d'une transcription irrégulière ou d'un mot cité d'un autre ouvrage que je n'ai pas entendu.

(2) Parfois, une remarque sur la signification littérale d'un composé, ou une remarque sur la phonétique, entre crochets.

(3) Le symbole « ◘ » marque le début de l'analyse grammaticale et sémantique.

(4) Une indication de classe lexicale entre crochets: « [n] » = nom, « [intr] » = verbe intransitif, « [tr] » = verbe transitif, etc., parfois avec des explications plus précises en anglais.

(5) Les traductions anglaise et française, séparées par le symbole « ❁ ». Le lecteur francophone peut facilement trouver la traduction française en cherchant ce symbole. Les expressions de français populaire africain qui peuvent être mal comprises en France sont entre guillemets (« ... »). Les autres traductions françaises sont plus ou moins compatible avec le français standard. Dans les exemples et remarques, l'anglais et le français sont séparés par « ∞ ».

(6) Une ou plusieurs remarques supplémentaires entre crochets, par ex. la forme des dérivés, l'identification scientifique (« ID ... ») d'une plante ou d'un animal, ou un contexte culturel.

(7) La source étrangère d'un emprunt au français (« Fr. »), au bambara (« Bam. »), au tamachek (« Tam. »), au peul (« Ful. ») ou à l'arabe (« Ar. »). Dans les cas de l'arabe et du peul, c'est la racine (par ex. « Ar. √dbb ») qui est généralement signalée, suivant l'organisation des entrées dans les dictionnaires arabes et peul.

(8) Une forme reconstruite « *... », ou des correspondances avec d'autres langues songhay : DjCh = djenné chiini (songhay de Djenné), KS = koroboro senni (songhay de Gao), HS = humburi senni (songhay de Hombori), Ka = kaado, Za = zarma, De = dendi. Nous ne signalons pas les correspondances évidentes qui peuvent être facilement tirées de la comparaison de nos trois dictionnaires et des autres dictionnaires (voir « De », « Ka » et « Za » dans « References ... ».

(9) Un synonyme (« SYN ... »), un antonyme (« ANT ... »), ou un renvoi aux composés (« COMP : ... ») ou à d'autres entrées à comparer (« cf. ... »).

(10) Un exemple (« EX: ... ») ou une locution idiomatique (« LOCUT: ... »), avec traductions.

Si la forme est de classe lexicale multiple, l'entrée à partir de (3) est divisée en plusieurs parties (par exemple « ⭘ a) [n] ... ⭘ b) [intr] ... ⭘ c) [tr] ... »). Deux ou trois significations légèrement différentes dans une seule classe lexicale sont séparées par « • ». Dans les entrées complexes, les remarques (6-9) qui s'appliquent à tout l'article sont préposées à (3), tandis que celles qui s'appliquent uniquement à une signification suivent la traduction.

Une entrée comme « addawla [= /dowla/] » renvoie le lecteur à l'entrée principale du mot, /addawla/ étant une variante de /dowla/. « ⇨ ... » est l'équivalent de « voir ... ».

Dans l'ordre alphabétique, on ne fait pas de distinction entre /n/ et /ŋ/ (nasale vélaire), entre /s/ et /š/, ou entre /z/ et /ž/. Une voyelle (ou diphtongue) nasalisée (/ã ẽ ... , ãw, ... , ãy/) est traitée comme la suite d'une voyelle (ou diphthongue) et /n/ (/an en ... , awn, ... , ayn/). Une nasale initiale pré-consonantique est traitée comme zéro, et la longueur vocalique n'est pas prise en compte. Donc /ŋaa/ et /na/ sont des entrées voisines, /hãã/ est le voisin de /han/, /šambu/ est le voisin de /sambu/, et /nda/ est le voisin de /daa/. En revanche, /ñ/ (nasale palatale) est une lettre indépendante qui suit /n/ (et /ŋ/). Les affriquées sont transcrites /č/ et /j/. Les consonnes arabes et tamachek /ɣ/, /x/, /ʕ/, /ħ/, et /ʼ/ se trouvent exclusivement dans quelques emprunts. Sauf peut-être dans les emprunts récents, le koyra chiini (du moins à Tombouctou) ne fait pas de distinction phonémique entre /ay/ et /ey/ ou entre /aw/ et /ow/; ici on écrit /ay/ ou /aw/ après /h/ ou à l'initiale de mot, ailleurs /ey/ ou /ow/.

*

* *

Texts in Koyra Chiini, un recueil de textes KCh de Tombouctou et de Niafounké, avec des textes djenné chiini, est paru chez

Köppe Verlag (Cologne). Les traductions sont en anglais. *A Grammar of Koyra Chiini*, une grammaire complète, également en anglais, sera publiée par Mouton de Gruyter (Berlin) dans la *Mouton Grammar Series*.

Je remercie MM. Aldiouma Ahmadou et Abba Bomoye Maiga de Tombouctou, et MM. Yousouf Maiga, Yousouf Haidara, Ibrahime Traoré, Issa Traoré, et Gaousou Mariko de Bamako. L'appui financier pour mes recherches en songhay au Mali a été assuré par la *National Science Foundation*, le *National Endowment for the Humanities*, et l'*University of Michigan.*

Preface

Koyra Chiini (KCh) is the Songhay language of Timbuktu, Mali, and of the towns and villages spoken along the Niger River from Kabara (the port of Timbuktu) to Niafunké. It is the dominant language of the area, which includes an important Arab, Tuareg, and Fula population.

This is an academic dictionary, not a purely practical one, but each reader may use it for his or her own goals. The structure of entries is the following, where (1) and (3-5) are obligatory.

(1) Phonemic transcription of the KCh form(s), in some cases followed by a location label (« T », « D », « G », and/or « N » for Timbuktu, Diré, Goundam, and Niafunké), and sometimes numbered « 1 », « 2 » and so forth to indicate the existence of homonyms in adjoining entries. If the transcription is in quotes « ... », it is an irregular transcription or a citation from another work of a word I have not heard.

(2) Sometimes, a comment on the literal meaning of a compound, or a specification of the phonetic value, in brackets.

(3) The symbol **○** at the beginning of the grammatical and lexical analysis.

(4) An indication of lexical class in brackets: « [n] » = noun, « [intr] » = intransitive verb, « [tr] » = transitive verb,

etc., sometimes with further explanations.

(5) The English and French glosses, separated by the symbol ❁. African French expressions that might be misunderstood by continental French speakers appear in quotes (« ... »). Other French glosses are more or less compatible with standard French. English and French glosses in supplementary comments are separated by ∞.

(6) One or more supplementary comments in brackets; e.g. the form of derivatives, a scientific flora-fauna identification (« ID: ... »), or a bit of cultural context.

(7) The source of a borrowing from French (« <Fr. »), Bambara (« <Bam. »), Tamashek (« <Tam. »), Fulfuldé (« <Ful. »), or Arabic (« <Ar. »). In the cases of Arabic and Fulfulde, in most cases it is the root (e.g. « Ar. √dbb ») that is indicated.

(8) A reconstruction « *... », or correspondences with other Songhay languages: DjCh = Djenné Chiini (Songhay of Djenné), KS = Koroboro Senni (Songhay of Gao), HS = Humburi Senni (Songhay of Hombori), Ka = Kaado, Za = Zarma De = Dendi. We do not indicate obvious correspondences which can easily be gleaned from comparison of our three dictionaries and of other dictionaries (see « De », « Ka », and « Za » under « References... »).

(9) A synonym (« SYN ... »), antonym (« ANT ... »), or cross-references to compounds (« COMP: ... ») or to other relevant entries (« cf. ... »).

(10) An example (« EX: ... ») or an idiomatic phrase (« LOCUT: ... »), with translations.

If the form is of shifting lexical class, the entry from (3) onward is divided into parts (e.g. « ○ a) [n] ... ○ b) [intr] ... ○ c) [tr] ... »). Two or three slightly different meanings within a single lexical class are separated by « • ». In complex entries, any comments (6-9) that apply to all of the subparts are preposed to position (3), while those that relate only to a specific sense follow the translation.

An entry like « addawla [= /dowla/] » sends the reader to the main entry for the word, /addawla/ being a variant of /dowla/. « ⇨ ... » means « see ... ».

Alphabetical ordering does not distinguish /n/ from /ŋ/ (velar nasal), /s/ from /š/, or /z/ from /ž/. A nasalized vowel (or diphthong) (/ã ẽ ..., ãw, ... , ãy/) is treated as the sequence of a voyel (or diphthong) and /n/ (/an en ..., awn, ..., ayn/). An initial preconsonantal nasal is treated as zero, and vowel length is not considered. Therefor /ŋaa/ and /na/ are adjacent entries, /hãã/ is next to /han/, /šambu/ is next to /sambu/, and /nda/ is next to /daa/. On the other hand, /ñ/ (palatal nasal) is an independent letter, alphabetized after /n/ (and /ŋ/). Affricates are transcribed /č/ and /j/. Arabic and Tamashek consonants /ɣ/, /x/, /ʕ/, /ħ/, et /ʼ/ occur in a few loanwords. Except perhaps for recent borrowings, Koyra Chiini (at least in Timbuktu) does not distinguish /ay/ from /ey/ or /aw/ from /ow/; here we write /ay/ or /aw/ after /h/ or word-initially, elsewhere /ey/ or /ow/.

*

* *

Texts in Koyra Chiini, a collection of KCh texts from Timbuktu and Niafunké, with additional texts in Djenné Chiini, has been published in 1998 at Köppe Verlag (Cologne), with facing English translations. *A Grammar of Koyra Chiini*, a full reference grammar in English, will be published shortly by Mouton de Gruyter (Berlin) in the *Mouton Grammar Series*.

I thank Mssrs. Aldiouma Ahmadou and Abba Bomoye Maiga of Timbuktu, and Mssrs. Yousouf Maiga, Yousouf Haidara, Ibrahime Traoré, Issa Traoré, and Gaousou Mariko of Bamako. Financial support for my Malian Songhay research was provided by the National Science Foundation, the National Endowment for the Humanities, and the University of Michigan.

Abréviations et conventions

Absol	Absolute ∞ absolu
Abstr	Abstractive ∞ abstractif
Adj, adj	adjective ∞ adjectif
adv	adverb ∞ adverbe
ant	antonym ∞ antonyme
Ar.	Arabic ∞ arabe
Bam.	Bambara ∞ bambara
Caus	Causative ∞ causatif
cf.	compare ∞ comparez
comp	compound ∞ composé
D	Diré (town) ∞ Diré (ville)
Dat	Dative ∞ datif
De	Dendi ∞ dendi
Def	Definite ∞ défini
deriv	derivative ∞ dérivé
dimin	Diminutive ∞ diminutif
Dj	Djenné (city) ∞ Djenné (ville)
DjCh	Djenné Chiini ∞ djenné chiini
ê.	be ∞ être
Emph	Emphatic ∞ emphatique
Eng.	English ∞ anglais
esp.	especially ∞ particulièrement
ex	example ∞ exemple

Fact	Factitive ∞ factitif
Fr.	French ∞ français
Ful.	Fulfulde ∞ peul
G	Goundam (town) ∞ Goundam (ville)
Hass. Ar.	Hassaniya Arabic ∞ arabe hassaniya
HS	Humburi Senni ∞ humburi senni
ID	identification ∞ identification
Impf	Imperfective ∞ inaccompli
Infin	Infinitive ∞ infinitif
Instr	Instrumental ∞ instrumental
intens	Intensifier ∞ intensif
interj	interjection ∞ interjection
interrog	Interrogative ∞ interrogatif
intr	intransitive verb ∞ verbe intransitif
Ka	Kaado ∞ kaado
KCh	Koyra Chiini ∞ koyra chiini
KS	Koroboro Senni ∞ koroboro senni
lg.	language ∞ langue
lit.	literally ∞ littéralement
Loc	Locative ∞ locatif
locut	idiom, phrase ∞ locution
Logo	Logophoric ∞ logophorique
Maghr. Ar.	Maghrebi Arabic ∞ arabe maghrébin
Mediop	Mediopassive ∞ médiopassif
Mor. Ar.	Moroccan Arabic ∞ arabe marocain
n	noun ∞ substantif
N	Niafunké (town) ∞ Niafounké (ville)
Neg	Negative ∞ négatif
NP	noun phrase ∞ phrase nominale
num	numeral ∞ chiffre
Ord	Ordinal ∞ ordinal
Partpl	Participle ∞ participe
Pl	plural ∞ pluriel
Poss	Possessive ∞ possessif
Postp	Postposition ∞ postposition

PP	pre- or postpositional phrase ∞ phrase pré- ou postpositionnelle
prob.	probably ∞ probablement
pron.	pronounced ∞ prononcé
qqch	something ∞ quelque chose
qqn	somebody ∞ quelqu'un
Rdp	reduplication ∞ réduplication
Recip	Reciprocal ∞ réciproque
Refl	Reflexive ∞ réflexif
ReflV	reflexive verb ∞ verbe réflexif
Rel	Relative ∞ relatif
sb	somebody ∞ quelqu'un
SerV	serial verb ∞ verbe sériel
Sg	singular ∞ singulier
sp., spp.	species ∞ espèce
Sp.	Spanish ∞ espagnol
sth	something ∞ quelque chose
Subju	Subjunctive ∞ subjonctif
syn	Synonym ∞ synonyme
Tam.	Tamashek ∞ tamachek
T	Timbuktu ∞ Tombouctou
tr	transitive verb ∞ verbe transitif
VP	verb phrase ∞ phrase verbale
Za	Zarma ∞ zarma
<	derived from ∞ dérivé de
√	root ∞ racine
*	reconstructed ∞ reconstruit
#	ungrammatical ∞ non grammatical

Références citées ou consultées

Bazin	Bazin, H. 1906. *Dictionnaire bambara-français*. Paris. [reprint 1965, Ridgewood NJ : Gregg].
Beaussier	Beaussier, Marcelin. 1958. *Dictionnaire pratique arabe-français.* Algiers : Maison des Livres.
Chevalier	Chevalier, Auguste. 1900. « La végétation de la région de Tombouctou. » *Actes du [Premier] Congrès International de Botanique.* Paris : Lons-le-Saunier, 248-75.
CT	G. Boudet & J.P. Lebrun. 1986. *Catalogue des plantes vasculaires du Mali.* Maisons Alfort, France : Institut d'Élevage et de médecine des pays tropicaux.
Dalziel	Dalziel, J.M. 1937. *The useful plants of West Tropical Africa*. London : Secretary of State for the Colonies.
De	Zima, Petr. 1994. *Lexique Dendi (Songhay) (Djougou, Bénin).* Cologne : Köppe Verlag.
DN95	Haïdara, Youssouf Mohamed, Youssouf Billo Maïga, Mohamed Bagna Maïga, and John Hutchison. 1995. *Lexique Soŋay-Français.* [KS of Gao] Bamako : DNAFLA.

FulEF Osborn, Donald, David Dwyer, and Joseph Donohoe Jr. 1993. *A Fulfulde (Maasina)/-English-French Lexicon.* East Lansing : Michigan State University.

Ka Ducroz, Jean-Marie and Marie-Claire Charles. 1978. *Lexique Soŋey-Français : Kaado.* Paris : l'Harmattan.

LS Prost, Alain. 1956. *La langue soñay et ses dialectes.* [KS of Gao]. Dakar : IFAN, Mémoire 47.

RP Diallo, A. and M. Djittèye. MS. *Répertoire des plantes rencontrées dans le Gourma : nom scientifique et nom vernaculaire (Sonrhaï, Tamacheq, Peul).* Katibougou : Institut Polytechnique Rural.

Suppl Prost, Alain. 1977. « Supplément au dictionnaire soŋay-français (parler de Gao, Mali) ». IFAN, Bulletin 39B, 583-657. Dakar.

Taine-Ch. Taine-Cheikh, Catherine. 1988 —. *Dictionnaire ḥassāniyya français.* [six fascicles had appeared as of 1998]

UPWTA2 H.M. Burkill (ed.), *The useful plants of West Tropical Africa*, 2nd ed. in five (?) volumes. 1985 —. [volumes 1-3 consulted, other volumes in press]. Kew : Royal Botanical Gardens [supercedes Dalziel]

Za Ives Bernard and Mary White-Kaba. 1994. *Dictionnaire zarma-français (République du Niger).* Paris : Agence de coopération culturelle et technique (13, quai André Citroën, 75015).

Zouber Zouber, Mahmoud Abdou. 1983. *Traditions historiques Songhoy (Tindirma, Morikoyra, Arham).* Organisation de l'Unité Africaine, Centre d'Études Linguistiques et Historiques par Tradition Orale. Niamey (Niger) [texts from villages near Diré].

a

a 1 ○ a) [3Sg pronoun] he, she, it ❁ il, elle [takes enclitic form /ga/ after verb or /nda/] ○ b) [3Sg possessor before noun] his, her, its ❁ son, sa, ses.

a- 2 ○ [Absolute prefix in T with numerals from '1' to '5' and '10', and before /kul/) [cf. /i-/ 2] • EX : /a-foo/ '1', /a-hiŋka/ '2', /a-guu/ '5', /a-woy/ '10'.

a-a [//a͜o//] [= /a/ 1 plus Imperfective].

abada [< Ar. √'bd] ○ a) [particle in positive clause (rare)] always ❁ toujours ○ b) [particle in negative context (common)] never, not at all ❁ jamais, (pas) du tout.

abarbarba ○ [n] annual dance of butchers ❁ danse annuelle des bouchers [they dress up as cows].

abba ○ a) [n] Dad ! ❁ papa ! [vocative ; parallel in form to /aňňa!/] ○ b) [man's personal name].

abiriyollo G ○ [n] bird sp. ❁ oiseau sp. [ID dark bird said to eat worms in carrion ; perhaps 'black magpie' ∞ 'piac-piac', *Ptilostomus afer*, which perches on cattle ; cf. /čirow-garaasa/] [perhaps same word as /biiyollo/ N].

abollo T, mbollo D ○ [n] poisonous bush sp. ❁ buisson vénéneux [used to kill dogs] [ID includes the cactus-like *Caralluma acutangula* (= *C. russelliana* = *C. tombuktuensis*) and the introduced *Solanum torvum*, possibly also *Euphorbia poissonii*] [probably < Tam., perhaps related to /teybur/].

'ač' [= 1Sg //ay// before /č/].

aadama-jje [= /addama-jje/].

adda ○ [n] machete-like blade without handle ❁ 'coupe-coupe', lame (sans manche).

addabba ○ [n] animal ❁ animal [< Ar. √dbb].

addahar, addahaar ○ [n] elegance, refined social atmosphere ❁ ambiance [< Ar. √dhr] [cf. /daame/].

addama-jje TGN, aadama-jje T, andama-jje T ['Adam-child' ∞ 'Adam-enfant'] ○ [n] mankind, humanity ❁ humanité [form with /dd/ influenced by /addabba/].

addaruura ○ [n] disadvantage ✵ inconvénient [< Ar. √ḍrr].

addaruura-nte ○ [partpl] disadvantageous, problematic ✵ désavantageux.

addaawa ○ [n] quarrel, fight ✵ querelle [< Ar. √dʕw].

addaawa-nte ○ [partpl] quarrelsome, trouble-making ✵ coutumier des querelles.

addawla [= /dowla/].

addeliil, addelil, deliil [< Ar. √dll] ○ a) [n] reason, motive, purpose, plan, basis ; usefulness ✵ raison, but, cause ; utilité ○ b) [n] special (e.g. magical) powers ✵ puissance (magique).

addibaara, dibaara ○ [n] stratagem, trick, ruse ✵ truc, ruse [< Ar. √dbr, cf. /dabari/].

addiin, addin ○ [n] religion ✵ religion [< Ar. √dyn].

addin-futu ○ [n] ruthlessly cruel person ✵ personne barbare et cruelle.

addowla [= /dowla/].

adduhaa ○ [n] mid-morning around 9-10 AM ✵ matin vers neuf ou dix heures [< Ar. √ḍħw].

adduñaa, adduññaa, nduñaa ○ [n] world ; everyone ✵ monde ; tout le monde [< Ar. √dny, cf. Bam. /duniya/, etc.].

a-foo ○ [Absol < /foo/ 1 'one' ∞ 'un'].

afojo TG ○ [n] grass sp. in sand dunes ✵ graminée sp. dans les dunes de sable [ID *Panicum turgidum*] [< Tam.].

afuu-afuu ~ afwaafuu T, fuufuwaa N ○ [n] cantharid (insect) ✵ cantharide [secretes a fluid which causes painful skin rashes] [< RDP of /a fuu/ 'it farted' ∞ 'il a pété'].

ahaay! ○ [interj] come ! (said to donkey) ✵ viens ! (dit à l'âne).

ahãy! ○ [interj] shoo ! (said to donkey) ✵ pschtt ! (dit à l'âne).

aherjijim T ○ [n] medicinal herb sp. ✵ herbe médicinale sp. [purgative] [ID *Senna italica*] [< Tam.] [SYN /ɓalabaleyhi/].

'aj' [= 1Sg //ay// before /j/].

aji G [= /haaji/].

ajjihaadu ○ [n] Muslim holy war ✵ guerre sainte, djihad [< Ar. √jhd, cf. verb /jihaadu/].

ajuŋgu T [= /juŋgu/ G].

akajaja T, akajajey T ○ [n] ratel (honey badger) ❁ ratel (mammifère) [ID *Mellivora capensis*] [often confused with civet] [< Tam.] [cf. /ganji-muši/, /muurumuuru/ N].

akarabba ○ [n] a boys' team game ❁ un jeu d'équipe de garçons [team A runs through crouching team B to goal without being touched, or tries to tap B on head].

akawat ○ [n] mistletoe (hemiparasitic plant on a host tree) ❁ 'gui', plante hémiparasite sur un arbre [ID *Tapinanthus globiferus* or similar mistletoe (family *Loranthaceae*)] [perhaps < Tam.].

a-keyna-hiŋka-nte ○ [n] fifth Muslim lunar month ❁ cinquième mois musulman [follows /almudu-keyna/, precedes /a-koddaa-yer/].

a-koddaa-yer ○ [n] sixth Muslim lunar month ❁ sixième mois musulman [follows /a-keyna-hiŋka-nte/, precedes /arražab/.

akoolan T, akoolen T ○ [n] ground squirrel ❁ écureuil, rat palmiste [ID *Xerus erythropus*] [< Tam.] [SYN /kondosoro/ N].

akorsi ○ [n] genet (mammal) ❁ genette (mammifère) [steals chickens] [ID *Genetta genetta*].

akurkuuti [= /kareykuuti/].

alaabiina T, alabiina N ○ [n] miracle ❁ miracle • EX : /a kaa yene alaabiina/ it astonished me ∞ ça m'a étonné.

alaada [< Ar. /al-ʕaada/, root √ʕwd, cf. Bam /laada/] ○ a) [n] custom, traditional practice ❁ coutume ○ b) [n] customary payment ❁ versement traditionnel.

alaafya, alaafiya [= laafya].

alaafya-nte ○ [n] pleasant, relaxing ❁ calmant, agréable.

alaahidu ○ [n] promise, oath ❁ serment, promesse [< Ar. √ʕhd, also in Bam.] • EX : /a noo yer se alaahidu kaa ŋguo yee-kate yeesi/ he gave us his word he would come back next year ∞ il nous a donné la promesse (= nous a promis) de revenir l'année prochaine.

alakal, lakal [= /lakal/].

alaakara, alaaxara ○ [n] afterlife, the hereafter ❁ l'au-delà [< Ar. √'xr].

alʕakfa, al'akfa ● [n] hairdo style ❁ une coiffure de femme [ridge down to ears, two ridges in back, tuft on crown].

alaala T ● [n] bird sp. in grasses along river ❁ oiseau sp. dans les herbes au bord d'un fleuve [rare word ; seems to include some 'bee-eaters' ∞ 'guêpiers'].

alambaana ● [n] mule ❁ mulet [cf. Ful. /alambanaare/].

alarbaa N [= /allarbaa/].

alaasara ● [n] 4 PM prayer ; late afternoon ❁ prière de seize heures ; après-midi vers seize heures [< Ar. √ʕṣr].

alataala ● [n] floating vine sp. ❁ plante rampante aquatique sp. [ID *Neptunia oleracea*].

alaaxara [= /alaakara/].

albačir ● [n] miser ❁ avare [< Ar. √bxl] [SYN /alkuuniya/].

albaddu ● [n] gunpowder ❁ poudre (à canon) [< Ar. √brd] [cf. /kamba-send-o/].

albaadiya ● [n] itinerant milk peddlar ❁ vendeur de lait [< Ar.√bḍʕ or possibly √bdw].

albaha, albahaa ● [n] profit, benefit ❁ bénéfice, avantage [perhaps < Ar. √bhw].

albaaji TG, albaajun N ● [n] sparrowhawk ❁ épervier [ID any hawk that attacks birds in flight] [< Ar. /al-baaz ~ al-ba'z/] [cf. /algab/].

albala 1 TG ● [n] misfortune, crisis, disaster ❁ malheur, catastrophe [< Ar. √blw].

albala 2 G, albalaw N ● [n] lightning bolt ❁ foudre [< Ar. √brq, crossed with /albala/ 1] [SYN /beene-daasi/ G].

albanna ● [n] house-builder, bricklayer ❁ maçon [< Ar. √bny] • COMP : /albanna-terey/ bricklaying (as a trade), house-building ❁ maçonnerie.

albarga ● [n] slippers ❁ babouches [< Ar. /bulɣ-a/].

albarka [< Ar. √brk] ● a) [n] blessing, divine reward ; spiritual power ❁ bénédiction, récompense divine ; force spirituelle [cf. /baraji/] ● b) [interj] thanks ! ❁ merci ! [in polite declinations] [cf. /barka-ndi / N].

albarka-nte ● a) [partpl] powerful ❁ puissant ● b) [n] tree gum used as incense ❁ encens à base de gomme [ID from tree *Commiphora africana*].

albarraada ○ [n] tea-kettle ❁ théière [< Ar. √brd] [cf. /satalla/].

albasal ○ [n] onion ❁ oignon [< Ar. √bṣl].

albasi ○ [n] problem, difficulty, trouble, misfortune ❁ problème, malheur [< Ar. √b's, cf. Bam. /baasi/]] • LOCUT : /a si mey albasi/ T it's no trouble ∞ il n'a pas de mal [cf. /torro/] • greeting : /albasi foo sii ni ga/ are you without problems ? ∞ êtes-vous sans problèmes ?

albataa ○ [n] a cucumber-shaped melon sp. ❁ melon sp. [ID a cultivar of *Cucumis melo*] [< Ar. √bṭx].

albeyti ○ [n] leather wallet or purse ❁ portefeuille ou petit sac en cuir [< Ar. √byt] [SYN /daŋgaa/].

albidaa ○ [n] illusionistic trick, sleight-of-hand ❁ illusion(s), tromperie [< Ar. √bdʕ].

alčibla ○ [n] east ❁ est [< Ar. √qbl] [SYN /woyna-huney/, /jiŋgar/].

alčilla T, arčilla G, arkilla N ○ [n] mosquito net ❁ moustiquaire [can reduce to /čilla/ after pronominal possessive] [< Ar. √kll, cf. Ful. /harkille/].

aleykummasalaam! (and variants) ○ [greeting response] peace to you too ! ❁ la paix soit avec vous aussi ! [< Ar.] [reply to /salaamuwaleykum!/].

alfaa ○ [n] Muslim leader, imam, holy man ❁ marabout [< Ar. √fqh] • COMP below.

alfaa-alfaa ○ [n] butterfly ❁ papillon [RDP < /alfaa/].

alfajar ○ [n] pre-dawn prayer ; time around dawn ❁ prière avant l'aube ; matin vers l'aube [< Ar. √fjr].

alfaa-kundurusu ○ [n] gray-headed sparrow ❁ moineau gris [cf. /alfaa/] [ID *Passer griseus*] [SYN /karkarpolli/ N, /kusukoosi/ G].

alfaali ○ [n] omen ❁ augure [< Ar. √f'l].

alfardu ○ [n] obligation, burden ❁ obligation [< Ar. √frḍ].

alfathuu ○ [n] (divine) opportunity ❁ occasion (divine) [< Ar. √ftḥ].

alfaatiha, alfaatihaa ○ [n] Al-Faatiha (opening of Koran) ❁ alfaatiha [recited to ward off danger] [< Ar. √ftħ].

alfaa-waaliya T, waaliya TN ○ [n] stork ❁ cignogne [ID *Ciconia* (= *Sphenorhyncus*) *abdimii*, in the field also 'wood ibis' ∞ 'tantale', *Ibis ibis*].

alfeyda [< Ar. √fyd] ○ [n] benefit ❁ avantage • important or main thing, the upshot ❁ l'essentiel.

alfinta ○ [n] rice or millet cake (fried lightly in oil) ❁ galette de riz (frite légèrement dans l'huile).

alforon ○ [n] bread oven, neighborhood bakery ❁ four pour le pain, boulangerie [< Ar. √frn].

algab TG, algow T, algabu N ○ [n] kite or other large, scavenging hawk ❁ 'aigle' [ID includes *Milvus migrans*] [perhaps < Ar. */al-qaabiḍ/] [this and /albaaji/ together subsume all non-fishing hawks].

algaalum-gambu ○ [n] decorated wooden door ❁ porte en bois décorée [traditional Timbuktu specialty] [initial perhaps < Ar. √qlm].

algeyta ○ [n] native flute ❁ flûte traditionnelle [cf. /laati/] [< Ar., cf. Mor. Ar. /ɣiṭ-a/].

algow [= /algab/].

alhabar, alxabar ○ [n] news ❁ informations [< Ar. √xbr].

alhaddi T, alhadi GN ○ [n] Sunday ❁ dimanche [< Hass. Ar. /l-ħadd/, cf. Ar. /al-'aħad/].

alhaddiisi ○ [n] hadith (traditions about the Prophet) ❁ hadith [< Ar. √ħdθ].

alhadi N [= /alhaddi/].

alhajaaji ○ [n] hadj (person who has made the pilgrimage to Mecca) ❁ hadj [< Ar. √ħjj] [cf. /haji/, /alhaji/].

alhaji, alhaaž ○ [name] name of a man born during the month of Pilgrimage ❁ nom d'un homme né pendant le mois du pélerinage [Ar. √ħjj].

alhakiika ○ [adj] genuine ❁ authentique [< Ar. √ħqq] • EX : /fita alhakiika di/ real tea ∞ thé authentique.

alhaku ○ [n] reward for a service, one's due ❁ redevance, récompense pour un service [normally possessed] [< Ar. √ħqq].

alhaal ✪ [n] situation ❁ situation [< Ar. √ħwl].

alhalaawa ✪ [n] aniseed ❁ anis (épice) [< Ar. √ħlw] [ID *Pimpinella anisum*].

-alhambiya [⇨ /bari-alhambiya/].

alhamdila ✪ [n] congratulations ❁ félicitations [< Ar. /al-ħamdu li-llaah/ 'praise to God !' ∞ 'louanges à Dieu !'] • EX : /alhamdila kaa ni kaa/ congratulations on your coming ! ∞ félicitations (tu es venu !)

alhaamidu ✪ [n] pregnant woman ❁ femme enceinte [< Ar. √ħmd].

alhamiis [= /alkamiisi/].

alhamma N ✪ [n] child's fever ❁ fièvre d'enfant [< Ar. √ħmm].

alhaŋka ✪ [n] a disease of donkeys ❁ une maladie des ânes [involves bleeding from gums inside mouth].

alharam ✪ [n] bastard ❁ bâtard [common in insults] [< Ar. √ħrm].

alharma, alhorma ✪ [n] justice, fair treatment ❁ justice, clémence [< Ar. √ħrm] • EX : /ay koy wir a se alharma/ I went to request justice (= clemency) for him ∞ je suis allé supplier la justice (= la clémence) pour lui • proverb : /[tuujum al-harma ra] na mbaaga͜o ñin hari/ a lizard drinks water at the expense of a pigeon ∞ un margouillat boit l'eau aux dépens d'un pigeon.

alhaasidi, alhaasidu ✪ [n] self-centered person ❁ égoïste [< Ar. √ħsd].

alhawa ✪ [n] craving, urge ❁ désir ardent [< Ar. √hwy] • EX : /ay wane alhawa goo maatige woo ra/ my passion is for peanuts ∞ ma passion est (= j'ai une passion) pour les arachides.

alhaaž [= /alhaji/].

alhidiya ✪ [n] menstruation ❁ règles (de femme) [SYN /gaa-jiibi/] • EX : /alhidiya din ga/ menstruation has afflicted her ∞ les règles l'ont affligée.

alhiijaabun, alhijaabun ✪ [n] (written) magical spell ❁ sort magique (écrit) [perhaps < Ar. √ħjb].

alhikima ✪ [n] wonder, miracle ❁ miracle.

alhin̩di ✪ [n] steel ❁ acier [< Ar. √hnd].

alhinna ✪ [n] henna ❁ henné [< Ar. /ħinnaa'/] [ID from plant

Lawsonia inermis] [used Arab-style as female make-up, chiefly for hands and feet] [cf. /yooma/].

alhoor ○ [n] limestone ❁ calcaire [used in high-quality bricks in Timbuktu] [< Ar. √ħwr].

alhorma [= /alharma/].

alhoor-ñaa ○ [n] rectangular block of limestone ❁ brique de calcaire.

alhorobi ○ [n] black pepper (= peppercorn) ❁ poivre [obscure, possibly < Ar. √xrb] [ID *Piper nigrum*] [a spice, often combined with the native pepper /feefe/].

alhuuja ○ [n] trickery, deception ❁ trahison [perhaps < Ar. √hwj].

alhukum ○ [n] law, code ❁ loi, droit [< Ar. √ħkm].

aaliyaaya ○ [n] a song in the circumcision rite ❁ chant de la circoncision.

aljahannam ○ [n] hell ❁ enfer [< Ar. /al-jahannam/].

aljaka [< Ar. √rzq] ○ a) [n] good luck ❁ bonne chance T [cf. /teñe/] ○ b) [n] animal (sheep or goat) ❁ bétail (mouton ou chèvre) GN [can be used collectively] [cf. /almaan/].

aljaka-jje T ○ [n] lucky one ❁ chanceux [SYN /teñe-kaan-o/].

aljaka-koy N ○ [n] herder ❁ berger.

aljam ○ [n] (horse's) bit ❁ mors (de cheval) [< Ar. √jmʕ].

aljamaa TN, jamaa N ○ [n] group, crowd, community ❁ foule, communauté [< Ar. √jmʕ, also in Bam., etc.].

aljanna TGN, aljenna T ○ [n] heaven ❁ paradis [< Ar. √jnn].

aljimin ○ [n] gift ❁ cadeau [perhaps < Ar. √jml].

aljinni [= /jinni/].

aljumaa [< Ar. √jmʕ] ○ a) [n] Friday prayer ; Friday ❁ prière du vendredi ; vendredi ○ b) [n] week ❁ semaine [with quantifier, e.g. '5 Fridays' = 5 weeks].

aljumaa-han ○ [n] Friday ❁ vendredi.

alkab ○ [n] stirrup ❁ étrier [< Ar. √rkb].

alkabiila [< Ar.√qbl] ○ a) [n] kin group, extended family, lineage, ethnic group ❁ famille, sang [cf. /arrahiim/, /attanaa/, /huu-boro/] ○ b) [n] sort, type ❁ sorte.

alkabur ○ [n] tomb ❁ tombeau [< Ar. √qbr] [SYN /dusu-dow/, cf. /saarey/].

alkabusi, alkabuusi ○ [n] pistol ❁ pistolet [< Maghr. Ar. /l-kabus/].

alkaači ○ [n] type of cake ❁ sorte de gâteau.

alkadar [< Ar. √qdr] ○ [n] value ❁ valeur • (full) size ❁ taille, pointure.

alkadar-nte ○ [partpl] worthy ❁ valeureux.

alkaafun ○ [n] a spice for tea ❁ une épice pour le thé [like fennel-seed ; also has medicinal uses] [ID *Ammodaucus leucotrichus*] [probably < Mauritanian Ar.].

alkalfa ○ [n] an expensive imported spice ❁ une épice chère [bits of inner tree bark, imported from Maghreb] [probably < Ar. √qlf] [called /yirifarani/ in Bam.].

alkaali ○ [n] cadi, Islamic judge ❁ cadi [< Ar. √qḍy].

alkama ○ [n] wheat ❁ blé [< Ar. √qmħ].

alkama-subu ○ [n] wheat (plant) ❁ blé (plante).

alkamiira ○ [n] yeast ❁ levure [< Ar. √xmr].

alkamiisi TN, alhamiis T, alkamiisa N ○ [n] Thursday ❁ jeudi [< Ar. √xms].

alkaraama ○ [n] honor, respectfulness ❁ honneur, respect [< Ar. √krm] • EX : /i čerbu yer alkaraama/ they showed us honor ∞ ils nous ont montré du respect.

alkasila ○ [n] LOCUT : /a dumbu yene alkasila/ he bailed me out (of a bad situation) ∞ il m'a tiré d'affaire.

alkaasu ○ [n] tax ❁ impôt [perhaps < Ar. √xṣṣ].

alkaati ○ [n] police ❁ police.

alkifta ○ [n] meat ball ❁ boule de viande [< Ar. √kft].

alkiisa ○ [n] LOCUT : /hun alkiisa/ begin (narrative) ❁ commencer (un récit).

alkiyaasa ○ [n] stratagem, plan of action, technique ❁ stratagème, méthode.

alkiyooma ○ [n] afterlife, the hereafter ❁ l'au-delà [< Ar. √qwm] • LOCUT : /alkiyooma han/ Day of Resurrection ∞ jour de la résurrection (Jugement dernier).

alkool ○ [n] alcohol (medicinal) ❁ alcool [< Fr., ultimately < Ar. √kħl].

alkoraan, alkuraan ○ [n] Koran ❁ Coran [< Ar. /al-qur'aan/].

alkubu-londi ○ [n] spinal cord ❁ moelle épinière.

alkuuniya ○ [n] miser ❁ avare [SYN /albačir/].

alkuura ○ [n] doum-palm nut (used in game) ❁ noix de doum (utilisée dans un jeu) [cf. /koŋgom/] [perhaps < Ar. /al-kur-a ~ al-kuur-a/ 'ball' ∞ 'ballon'].

alkuraan [= /alkoraan/].

alkuuwa ○ [n] (buying) power, wherewithal, means ❁ pouvoir (d'achat) [< Ar. √qwy] • EX : /ay si mey alkuuwa ka dira moreyda/ I don't have the means (= funds) to travel now ∞ je n'ai pas les moyens de voyager maintenant.

allaa ○ [particle] like..., just... ❁ comme..., juste... [< Maghr Ar.].

allaahi [= /wallaahi/].

allaahu ○ [n] God ❁ Dieu [< Ar. /'aḷḷaah/].

allaahuwaxbar! ○ [interj] God is great ! ❁ Dieu est grand ! [< Ar.].

allaara TGN, alliyaara G ○ [n] riyal ❁ riyal [valuable five-franc silver coin in colonial era, now 5 francs CFA] [< Sp. real, via Ar. /ar-riyaal/].

allarbaa TG, alarbaa N ○ [n] Wednesday ❁ mercredi [< Ar. √rbʕ].

allimam, allimaam ○ [n] imam, Muslim religious leader ❁ imam [< Ar. √'mm].

allĩši, allĩsi ○ [n] a type of /šeytaan/ (devil) ❁ sorte de diable [perhaps < Ar. /al-'insii/, root √'ns].

allislaama-terey ○ [n] (community of) Muslims ❁ (communauté des) musulmans [cf. /almisilmi/].

alluban ○ [n] amber (fossilized tree resin) ❁ ambre [very precious, used in fine jewelry] [< Ar. √lbn].

almabtaw N [= /almattow/].

almagaraaji N, almaɣraž T ○ [n] kettle for carrying water (mainly to toilet) ❁ bouilloire [usually plastic] [perhaps < Ar. √ɣly]

[SYN /satalla/].

almaleykaana G ○ [n] firefinch ❁ sénégali rouge ('moineau') [ID *Lagonosticta senegalensis*] [SYN /takiriya / T, /mollimolli / N].

almaan T, almaanu N, alman TGN [< Ar. √mwl] ○ a) [n] property, goods, wealth ❁ biens, richesse TGN ○ b) [n] flock animal (sheep or goat) ❁ animal (mouton ou chèvre) N [cf. /aljaka/, /addabba/].

almaana, maana ○ [n] meaning ❁ signification [< Ar. √ʕny].

almanin ○ [n] sperm ❁ sperme [< Ar. √mnn].

almaan-koy ○ [n] rich person ❁ richard.

almasaala ○ [n] matter, issue ❁ affaire [< Ar. √s'l].

almasiiba ○ [n] disaster, violence, serious injury ❁ catastrophe, violence [< Ar. √ṣwb].

almattow T, almabtaw (almaptaw) N ○ [n] door frame ❁ châssis de porte.

almeetu ○ [n] matches ❁ allumettes [< Fr.].

almeysa-meysa D ○ [n] small finches ❁ petits moineaux [ID 'firefinch' ∞ 'sénégali rouge', *Lagonosticta senegalensis*, and 'indigo finch' ∞ 'combassou', *Vidua chalybeata*] [variant of /čirow-meysa/ and /meysa-meysa/] [cf. also /takiriya/, /čirow-garaasa/].

almiijan ○ [n] scales, balance ❁ balance [< Ar. √wzn].

almisikin, almiskiin ○ [n] needy person, pauper ❁ (un) pauvre, nécessiteux [< Ar. /al-miskiin/].

almisilmi ○ [n] Muslim ❁ musulman [< Ar. √slm] [cf. /allislaama-/] • COMP : /almisilmi-terey/ (community of) Muslims ❁ (communauté des) Musulmans.

almiskiin [= /almisikin/].

almismar ○ [n] (metal) nail ❁ clou [< Ar. √smr].

almudu TGN [< Ar. √wld] ○ a) [n] third Muslim lunar month ❁ troisième mois musulman [follows /dedew-keyna/, precedes /almudu-keyna/] ○ b) [n] holiday commemorating the Prophet's birth or baptism ❁ fête de la naissance ou baptême du Prophète.

almudu-keyna ○ [n] fourth Muslim lunar month ❁ quatrième mois musulman [follows /almudu/, precedes /a-keyna-hiŋka-nte/].

almuhaal ○ [n] serious transgression ❁ méfait sérieux [< Ar. √ħwl].

almuujin, almoojin ○ [n] muezzin (who calls Muslims to prayer) ❁ muezzin [< Ar. √'ðn].

almukeykey ○ [n] bush with narcotic properties ❁ buisson narcotique [ID *Datura* spp.] [term widespread, e.g. in Bam.] [SYN /kooro-karsan/].

almunaakafi ○ [n] indiscreet or otherwise poorly behaved person, phony ❁ escroc, personne indiscrète ou mal élevée [< Ar. √nkf] [common all-purpose insult].

almusaala ○ [n] riddle ❁ devinette [< Ar. √s'l].

almusuhun ○ [n] truth ❁ vérité [uncommon word, cf. /čiimi/].

almušakka ○ [n] daily needs ❁ besoins quotidiens [perhaps < Ar. √šqq, cf. Bam. /musaka/].

aloomur ○ [n] old age, longevity ❁ longévité [< Ar. √ʕmr] • EX : /yerkoy na noo ga aloomur bobo laamu di ra/ God did not give him a long time in power ∞ Dieu ne lui a pas donné une grande longévité au pouvoir.

aluula ○ [n] 2 PM prayer ❁ prière de quatorze heures [< Ar. √'wl].

alwaadu ○ [n] will (of God) ❁ volonté (de Dieu) [< Ar. √wʕd].

alwaajib, alwaažib ○ [n] duty, obligation, necessity ❁ obligation, devoir, nécessité [< Ar. √wjb, cf. /waajibi/] [cf. /tilasu/] • EX : /alwaažib bara ay ma koy bamako/ I must go to Bamako ∞ je dois aller à Bamako • DERIV : ⇨ /alwaajib-terey/.

alwaajib-terey ○ [n] sense of duty ❁ obligation, devoir • close kin ❁ parents proches.

alwakati TN ○ [n] time, moment, season ❁ moment, temps [< Ar. √wqt] [cf. /alwakati / and COMP final /waati ~ waate] • LOCUT : /alwakati foo/ (at) what time ? ∞ (à) quel moment ? ; /alwakati di banda/ behind schedule ∞ en retard.

alwakiil ○ [n] director, head ❁ directeur, responsable [< Ar. √wkl].

alwalaa ○ [n] Muslim ablutions (before prayer) ❁ ablutions [< Ar.

√wḍ'] [cf. /teymam/].

alwalaa-čembu ○ [n] clay bowl for ablutions ❁ récipient en terre cuite pour les ablutions.

alwasi ○ [n] child (young person) ❁ enfant.

alwasi-terey ○ [n] childhood ❁ enfance.

alwaati ○ [n] season, time ❁ saison, moment [not common in this form ; ⇨ /alwakati / and COMP final /waati ~ waate/].

alwayli [= /alweyli/].

alwaažib [= /alwaajib/].

alweyli, alwayli ○ [n] agony, extreme suffering ❁ souffrance extrème [< Ar. √wyl].

alxabar [= /alhabar/].

alxamuur ○ [n] beer ❁ bière [< Ar. √xmr] [more commonly called /hari-futu/].

alyahuudu ○ [n] Jew ❁ juif [< Ar. √yhd].

alyetim, alyetiim ○ [n] orphan ❁ orphelin [< Ar. √ytm].

amiin! ○ [interj] amen ! ❁ amen ! [< Ar.] [used as response to greetings wishing good health, etc.] • LOCUT : /amiin yaarabbi/ amen ! ∞ amen !

amiir T, amiiri N, amiiru GN ○ [n] chief, leader, king, boss ❁ chef, roi, patron [< Ar. √'mr].

ammaa TGN, maa TG ○ [clause-initial particle] but... ; on the other hand... ❁ mais... ; en revanche... [< Ar. /'ammaa/) [cf. /maa/ 3b].

aŋaara T, aŋaare N ○ [n] (any) crop pest ❁ parasite des céréales.

aŋgree ○ [n] (chemical) fertilizer, insecticide ❁ engrais (chimique), insecticide [< Fr.].

anna! [= /añña!/].

anneema ○ [n] nice weather (following rainy season) ❁ saison agréable (aprés les pluies) [< Ar. √nʕm].

anniya ○ [n] wish, intention ❁ désir, intention [cf. verb /niya/] [< Ar. √nwy, also in Ful. & Hausa, cf. Bam. /ŋaniya/).

annuura ○ [n] brilliance or elegance (of sb) ❁ éclat (de qqn) [< Ar. √nwr, cf. Ful. /annuura/ from root √nuur-, Hausa /annuri/].

'añ' [= 1Sg //ay// before /ñ/].

aññа!, anna! ○ [n] mama ! ❁ maman ! [vocative ; parallel in form to /abba ! /].

ar N [= /har/ 2 TG 'man' ∞ 'homme'].

aaraajoo ○ [n] radio ❁ radio [< Fr.].

arbataasa N ○ [n] very small glass (for tea) ❁ petit verre (pour le thé) [cf. /čambu/].

arbaa ○ [n] a game ❁ un jeu [< Ar. √rbʕ '4'].

arbaawaašrin ○ [n] game like tic-tac-toe played with sticks against stones ❁ jeu qui ressemble au morpion, joué avec des bâtons et des pierres [< Ar. numeral '24'].

aridal T ○ [n] wild dog ❁ chien sauvage, lycaon [ID *Lycaon pictus*].

ar-keyna N ○ [n] young man ❁ jeune homme.

arkilla N [= /alčilla /].

armwaar ○ [n] dresser, chest ❁ armoire [< Fr.].

aaromaaži ○ [n] an imported seasoning (spice) ❁ Aromaggi (épice commerciale) [< Fr. brand name based on Maggi product line ; cf. /kibmaaži/].

arrahiim ○ [n] kinfolk, relatives ❁ parents, famille [< Ar. √rħm] [cf. /alkabiila /, /huu-boro/].

arrahma ○ [n] (God's) grace or mercy ❁ grâce (de Dieu) [< Ar. √rħm].

arrakaa ○ [n] prostration (in prayer) ❁ prostration (dans la prière) [< Ar. √rkʕ].

arražab ○ [n] seventh Muslim month ❁ septième mois musulman [follows /a-koddaa-yer/, precedes /čee-konn-o/] [< Ar. √rjb].

arre! ○ [interj] come ! (said to sheep) ❁ viens ! (dit au mouton).

arrobo ○ [n] one fourth ❁ un quart [< Ar. √rbʕ].

arruuhu [perhaps < Ar. √rwħ] ○ [n] best ❁ meilleur • excellence ❁ bonne qualité.

aruwel T, arkel N ○ [n] long-tailed dove ❁ tourterelle à longue queue [ID *Oena capensis*] [SYN /kareykuuti ~ akurkuuti /].

arya! ○ [interj] shoo ! (said to sheep or donkey) ❁ pschtt ! (dit au mouton ou à l'âne).

as! ○ [interj] shoo ! (said to cow) ❁ pschtt ! (dit à la vache).

asaa TN ○ [clause-initial particle] isn't it true that... ? ❁ n'est-ce pas que... [not common] [< Ar. √ʕsy].

aseeti T, asettu N, aseetu G ○ [n] plate ❁ assiette [< Fr.].

asettu [= /aseeti/].

assabab, assabow, sabab ○ [n] reason, cause ❁ cause [< Ar. √sbb].

assabdu TGN, assowdu T ○ [n] Saturday ❁ samedi [< Ar. √sbt].

assabow [= /assabab/].

aššafaa ○ [n] divine intercession, good fortune sent by God ❁ intercession divine [< Ar. √šfʕ].

assaafoo, saafoo ○ [n] evening prayer (c. 8-9 PM) ; evening ❁ prière du soir (vers vingt ou vingt et une heures) ; soir [< Ar. √šfq, also in Ful.] • EX : /ay na jiŋgar saafoo/ I didn't do the evening prayer ∞ je n'ai pas fait la prière du soir.

assajaa ○ [n] hero ❁ héros [< Ar. √šjʕ].

assalaam! ○ [interj] amen !, indeed ! ❁ amen ! [< Ar. √slm].

assamaa, samaa [< Ar. /ṣawmaʕ-a/ via Maghr. Ar. /ṣămʕ-a/] ○ [n] minaret ❁ minaret • (elephant's) trunk ❁ trompe (d'un éléphant).

assanaa ○ [n] trade, line of work ❁ métier [< Ar. √ṣnʕ].

aššaraa ○ [n] Islamic Law ❁ Droit islamique [< Ar. √šrʕ] • law ❁ loi.

aššarru ○ [n] fault ❁ faute [< Ar. √šrr].

asseeha ○ [n] fragrant medicinal plant sp. ❁ plante médicinale sp. [ID probably *Artemisia judaica* ssp. *sahariensis*] [sold by Arabs in T as crushed leaves ; cf. UPWTA 1 :446] [< Ar. √šyḥ, cf. Beaussier 552].

assobon ○ [n] body ❁ corps.

assom ○ [n] poison ❁ poison [< Ar. √smm].

assowdu [= /assabdu/].

assuufi ○ [n] genius, expert ❁ expert [< Ar. /aṣ-ṣuufii/].

assuufi-terey ○ [n] expertise, genius ❁ grande connaissance.

astaafurulla! ◦ [interj] excuse me ! ✵ pardonnez-moi ! [< Ar. /'astaɣfir aḷḷaah/, root √ɣfr] [cf. /yaafa/].

a-taači ◦ [Absol form of /taači/ '4'].

atabolbol G ◦ [n] practical joke on a sleeping boy ✵ tour joué à un garçon endormi [a string is tied to his penis and one foot while his leg is bent].

atafilfil T, atafirfir TN ◦ [n] bat ✵ chauve-souris [ID all spp.].

atafirfir [= /atafilfil/].

atakurmi ◦ [n] mischievous dwarfish djinn (encountered at night) ✵ djinn en forme de nain (rencontré la nuit).

atalaata N [= /attalaata/].

ataŋgaari hã ◦ [formulaic phrase] in truth ✵ en vérité [commits speaker to truth, without the usual Islamic oath ; cf. /walla-ahi/].

ataaytaay [= /taaytaay/ 'ostrich' ∞ 'autruche'].

attabya, attabiya ◦ [n] nature, personality ; Nature ✵ nature (de qqn) ; la nature (le monde naturel) [< Ar. √ṭbʕ].

attalaata TG, atalaata N ◦ [n] Tuesday ✵ mardi [< Ar. √θlθ].

attaam T, attam T ◦ [n] grain (millet, rice, sorghum) ✵ céréales [< Ar. √ṭʕm] [SYN /taasu/ GN].

attanaa ◦ [n] kin ✵ parents, famille • member (of guild) ✵ membre (d'un syndicat).

attey ◦ [n] tea ✵ thé [< Maghr. Ar.].

attey-jiney ◦ [n] tea gear (kettle, burner, etc.) ✵ ustensiles pour faire le thé (théière, fourneau, etc.).

attinni TN, attinnin G ◦ [n] Monday ✵ lundi [< Ar. √θny].

aw! ◦ [interj] come ! (said to cow) ✵ viens ! (dit à la vache).

a-wey [⇨ /a-woy/].

a-woy ◦ [Absol form of /woy/ 2 '10'].

ay ◦ a) [1Sg pronoun] I, me ✵ je, me, moi ◦ b) [1Sg possessor before noun] my ✵ mon, ma, mes.

aaya ◦ [n] (magic) spell ✵ verset, sort magique [< Ar. /'aaya/].

ayanaa N, ayanaa-yanaa N [= /yanaa-yanaa/].

ayuu 1 ○ a) [n] honey bee ❁ abeille [cf. /yuu/] ○ b) [n] paper wasp ❁ guêpe-maçonne.

ayuu 2 ○ [n] manatee ❁ lamantin (mammifère aquatique) [ID *Trichechus senegalensis*].

aywa ○ [clause-initial particle] well... ❁ bon... [< Ar. /aywa/].

azzakaa ○ [n] alms tax (required by Islam) ❁ impôt d'aumônes [< Ar. √zkw].

azzinaa ○ [n] adultery ❁ (acte d') adultère [< Ar.√zny].

ɓ

baa 1 TGN ○ a) [tr] want ❁ vouloir [takes subjunctive clause complement] [SYN /woy/ 3] ○ b) [SerV] be on the verge of, be about to ❁ ê. sur le point de ○ c) [n] wish, desire ❁ désir [but cf. /ibaay/].

ɓaa 2 TGN [often reduplicated : /ɓaa-ɓaa/] [INTENS /kak!/] [= KS /ɓagu/, HS /ɓow/] ○ a) [tr] break ❁ casser [SYN /keyri/ N] • LOCUT : /yee ɓaa ni ñaa huu/ 'I will break your mother's house' ∞ 'je casserai la maison de ta mère' [conventional threat used like 'I'll get you'] ○ b) [intr] break, become broken ❁ se casser, devenir cassé • LOCUT : ⇨ under /ɓine/ 1.

baa 3 TGN ○ [intr, tr] be better (than) ; be preferable ❁ ê. meilleur (que) ; ê. préférable [cf. /ɓaa-ndi/] • EX : /a baa ŋgu beere di/ he was better than his brother ∞ il valait mieux que son frère ; /a-a baa yene/ I prefer it ∞ je le préfère • LOCUT : /a taka baa/ it is better ∞ c'est mieux • EX : /woo taka baa woo/ this is better than that ∞ ceci vaut mieux que cela.

baa 4 ○ [n] share, portion ❁ part [usually possessed].

baa 5 ○ [n] father ❁ père [short form of /ɓaba ~ baaba/ used as first part of names and as COMP initial ; ⇨ /baa-beer/, /ɓaa-keyna/].

baba TGN ○ [n] father ; father's brother ❁ père ; frère du père [cf. /ɓaa/ 5, /ɓaaba/].

baaba ○ [n] father ; father's brother ❁ père ; frère du père [variant of /ɓaba/, used especially as vocative] • (man's name)

❁ (nom masculin).

baa-baa [RDP < /baa/ 2].

baaba-beer ○ [n] father's elder brother ❁ frère aîné du père [variant /baa-beer/ is chiefly a personal name].

baaba-čiina ○ [n] father's younger brother ❁ frère cadet du père [/baa-keyna/ with similar meaning is chiefly a personal name].

baba-fumb-o ○ [n] stepfather ❁ beau-père (nouveau mari de la mère).

baba-hay ○ [n] biological father ❁ père biologique [cf. /hay/ 2] [parallel to /ñaa-hay/].

baba-hiŋka-jje [⇨ /har-hiŋka-jje/].

baba-huu ○ [n] fatherland ; father's house ❁ patrie ; maison paternelle.

baba-jje [//baba-ije//] ○ [n] brother or other agnatic kin ❁ frère ou autre agnat [term emphasizing male rivalry].

baba-jje-terey ○ [n] patrilineal kinship ❁ parenté agnatique • respectful rivalry among male peers ❁ rivalité respectueuse entre hommes d'une même époque.

babba, bamba ○ [tr] carry baby in a bundle on one's back ❁ porter (enfant) 'à califourchon' (= sur le dos) [regional word, e.g. Bam. /bamu/, Ful. √bammb-].

baa-beer T, baa-beeri N ['father-big'] ○ [n] father's elder brother ❁ frère aîné du père [SYN /baaba-beer/].

baabi ○ [n] frozen drink, popsicle ❁ boisson glacée (gelée).

baada [< Maghr. Ar. /baʕda/] ○ [particle] indeed ! ❁ n'est-ce pas ! • anyway ❁ de toute façon.

badila ○ [n] soldering metal, lead ❁ plomb, métal à souder • light metal ❁ métal léger.

baga ○ [n] sky blue (indigo dye) ❁ bleu ciel (colorant).

mbaaga TG ○ [n] agama lizard ❁ margouillat [ID *Agama agama*] [SYN /mololo/ N].

bajagol ○ [n] a simple hairdo style ❁ une coiffure simple [alternating short thick and thin cross-ridges from forehead over crown to nape, curved ridges rising from each ear, several descending braids] [cf. /tur/, /fimbi/).

bajargu ⭘ [n] tough meat with no fat ❁ viande dure maigre (sans graisse) [= KS /bazargu/, cf. Hass. Ar. /bazargu/].

bajja ⭘ [n] only child ❁ enfant unique [< DIMIN *baj-(i)ya] [< Ful. √wajj-] [cf. /ije-bajo/].

bajjal!, bajjel! ⭘ [n] pal ❁ copain [vocative among male friends].

-bajo [⇨ /ije-bajo/, also /bajja/].

baka ⭘ [n] heap, large quantity ❁ masse, tas [cf. /baka-baka/].

baaka ⭘ [n] talisman, amulet ❁ gris-gris, amulette [pouch containing sacred writing, hanging from shoulder or around waist] [cf. /tira/) • COMP : ⇨ /kamba-baaka/, /tinji-baaka/; /yenje-baaka/.

baka-baka ⭘ [n] irregular chunks of stone (poor man's bricks) ❁ morceaux irréguliers de pierre (briques des pauvres) [cf. /baka/].

baa-keyna ⭘ [n] father's younger brother ❁ frère cadet du père [SYN /baaba-čiina/].

baa-koy ⭘ [n] close friend or relative, best friend ❁ personne intime (ami ou parent).

baku ⭘ [tr] patch up (clothing) ❁ rapiécer (habit) [= KS /faku/].

balabaleyhi N ⭘ [n] medicinal herb or undershrub sp. ❁ herbe ou arbuste médicinal sp. [ID *Senna* (= *Cassia*) *italica*] [SYN /aherjijim/] [DjCh /balibali/, similar forms in southern languages, UPWTA2 3 :155].

balani ⭘ [n] native xylophone ❁ balafon (xylophone traditionnel) [from southern Mali] [< Bam, root /bala/].

balasa ⭘ [n] medicinal herb sp. ❁ herbe sp. [used for nausea] [word widespread in Songhay languages, but species ID locally variable].

balfer, balfeer [= /bari-fer/].

baali ⭘ [n] flesh, pulp (of nut, fruit, bread) ❁ chair, pulpe (de noix, fruit, pain).

baaliči TG, baaliki N ⭘ [n] adult man, old man ❁ homme adulte, (un) vieux [< Ar. √blɣ].

baaliki [= /baaliči/].

bamba 1 ○ [tr] [= /babba/].

bamba 2 ○ [n] [a town between Timbuktu and Gao].

bambaado ○ [n] a caste of Fula griots ❁ caste de griots peuls [< Ful. /bammbaaɗo/].

bambara ○ [n] Bambara ❁ bambara [major ethnic group of southern Mali].

baan TG, baanu N [ADJ /baan-o/, ABSTR /baan-ey/, FACT /baana-ndi/] ○ [intr] be soft ❁ ê. mou [common sense] • be easy ❁ ê. facile [SYN /yaraasu/] • be light (weight) ❁ ê. léger [SYN /felew/, /doon/ 2].

bana ○ a) [tr] remunerate, pay (person) ❁ payer (qqn) ○ b) [n] wages, fee ❁ gages [SYN /goy-hay/].

baŋa ○ [n] hippopotamus ❁ hippopotame.

baana ○ [n] rain ❁ pluie • EX : /baana di kar/ the rain struck (= fell) ∞ la pluie a frappé (= est tombée).

baana-baŋgu ○ [n] pond of rainwater ❁ étang de pluie.

baana-gudugudu ○ [n] (rumbling) thunder ❁ tonnerre (grondant) [cf. /taram/, /hirri/ 2, /dundum/).

baana-jje ○ [n] tiny red insect which emerges after a rain ❁ petit insecte rouge qui sort après la pluie.

baana-koŋgorey ○ [n] drought, lack of rain ❁ manque de pluie.

banaana ○ [n] banana ❁ banane [from southern Mali].

mbaŋanaana G [= /boŋo/].

bananaŋku, banaŋku ○ [n] cassava, manioc (yam) ❁ manioc [ID root of *Manihot utilissima*] [< Bam. /banaŋku/].

bana-ndi ○ [tr] make pay ❁ faire payer • EX : /i-i bana-ndi gi al-kaasu/ they made them pay taxes ∞ ils les ont obligés à payer des impôts.

baana-ndi ○ [tr] soften ❁ amollir [< /baan/].

baŋaaru ○ [n] sacred ibis (bird) ❁ ibis sacré [ID *Threskiornis aethiopica*].

banda ○ a) [n] back side (of body or object) ❁ dos, arrière [cf. /dumey/] • EX : /hii di banda di/ the back (= stern) of the boat ∞ l'arrière (= poupe) du bateau ○ b) [postp] behind, after ; among, near ; during (year) ❅ derrière, après ; parmi, près de ; pendant (l'année) • LOCUT : /hari banda/ on the far side of the water ∞ de l'autre côté de l'eau.

banda-banda ● a) [adj] last ❅ dernier ● b) LOCUT : /dam banda-banda/ (vehicle) go into reverse ∞ (voiture) aller en marche arrière.

banda-haŋga-koy T ● [n] companion, one who tags along ❅ compagnon [SYN /haŋga-banda/ G].

banda-kambur ● [n] buttocks, rear end ❅ fesses, derrière.

bande-biiri ● [n] flat bony area at base of back ❅ os plat dans le bas du dos [/banda/].

baa-ndi ● a) [tr plus /nda/ phrase] prefer (X to Y) ❅ préférer (X à Y) [(related to /baa/ 'want' ∞ 'vouloir') • EX : /yee baa-ndi X nda Y/ I prefer X to Y ∞ je préfère X à Y ● b) [intr] be preferred, beloved ❅ ê. préféré, aimé.

baan-ey ● [n] softness ❅ mollesse [< /baan/].

baŋgey ● [intr] appear, become visible ❅ apparaître, se montrer.

baŋgey-ndi ● [tr] inform, let know ❅ faire savoir.

'baŋgi-ije' [⇨ /baŋgu͜-ije/].

baŋgu 1 ● [n] seasonally flooded spot, seasonal swamp, rice field ❅ mare • COMP : ⇨ /baana-baŋgu/.

baŋgu 2 ● [n] circumcision ❅ circoncision [SYN /hari-jiŋgar/) • COMP below.

baŋgu-dam ● [n] (performance of) circumcision ❅ circoncision.

baŋgu-hirow ● [n] seclusion of boys during circumcision period ❅ retraite de circoncision.

baŋgu͜-ije [phonetic [baŋgiːdʒe]] ● [n] circumcision novice ❅ garçon qui subit la circoncision [cf. /falaŋga/].

baŋgu-tende G ● [n] enclosure or shed for circumcision novices ❅ hangar des nouveaux circoncisés.

baani 1 ● [n] pod of acacia tree (cf. below) ❅ gousse d'acacia (tannin) [seeds used for tanning and medicine] • entire tree : /baani-ñaa/ acacia sp. ❅ acacia à tannin (arbre) [ID *Acacia nilotica* ; also applied secondarily to newly planted *A. ehrenbergiana* in towns ; cf. /makka-baani/].

-baani 2 [⇨ /kam-baani/) [/baan-i/ is common as part of greeting formulae in KS and HS, functioning like KCh /gomni/ or /laafiya/].

baŋk, baŋki ○ [n] bank (financial institution) ❁ banque [< Fr.]

baan-o ○ [adj] lightweight, easy, soft ❁ léger, facile, mou [< /baan/].

bantalba, bantelba T ○ [n] large-headed catfish sp. ❁ silure sp. à grande tête [ID *Clarotes laticeps*] [cf. /booru/] [< KS /bon-talba/].

baanu N [⇨ /baan/].

bañiwaar ○ [n] basin used for washing or bathing ❁ baignoire [< Fr.].

baññа T, baña TN ○ [n] male slave ❁ esclave masculin [< *bar-ña] [cf. /gaa-bibi/, /tam/) [female : /koŋŋo/] • COMP : ⇨ /maale-baññа/.

baññа-ŋaarey ○ [n] manual labor, workforce ❁ main d'œuvre.

bar [= /bara/ 1].

baar T, baaru GN ○ [tr] exchange, trade ❁ changer, échanger [cf. /bere/] • EX : /yer ma baar kani-doo/ let's change our bedding ∞ changeons de couchette • EX : /ay baar ay montor di nda lefe/ I traded my watch for a fan ∞ j'ai échangé ma montre contre un éventail.

bara 1, [rarely] bar ○ a) [intr] exist ❁ exister [in any grammatical context] • be (in a place) ❁ se trouver (dans un lieu) [replacing /goo/ 1 'be' ∞ 'être' in subjunctive and infinitive] ○ b) [SerV] keep (doing) ❁ continuer à (faire) N • EX : /a bara ka jur/ she kept running ∞ elle continua à courir.

bara 2 ○ [uninflected impersonal quasi-verb, with following NP or subjunctive clause] it is necessary (that...) ❁ il faut (que...) [/kala/ 3 attested in N, but rare in KCh in this function].

bara 3 ○ [clause-initial particle after verb or oath expressing certainty, followed by indicative clause] • EX : ⇨ /billahallaji/, /jee/, /wallaaahi/, /alwaǰib/, /laabudda/].

bara 4 TGN ○ [clause-initial particle] because..., since... ❁ puisque...

bara 5 T ○ [phrase-initial particle] except..., other than... ❁ sauf..., si ce n'est pas...[common after negative, e.g., 'I want nothing, except...'] [cf. /kala/ 1].

barabara ○ [n] unripe watermelon ❁ pastèque verte (pas mûre) [pejorative for a bad watermelon sold for eating, or applied to a watermelon used in making dried seeds /musamusa/ ; ⇨ /kaŋkani/].

baaračeekadendem N ○ [n] jacana (lily-trotting bird) ❁ jacana [ID *Actophilornis africana*] [half-segmentable, cf. perhaps /čee/ 2 'foot' ∞ 'pied' and Infinitival /ka/ ; perhaps distantly related to KS /boydadaara/].

-mbaaragu [⇨ /bari-mbaaragu/].

barakura ○ [n] (milk) cream ❁ crème (de lait).

barajaa ○ [n] a type of dance and its music ❁ une danse.

baraji [< Ar. √brz, cf. Ful. /baraaji/] ○ a) [n] (divine) reward ❁ récompense (divine) • ○ b) [tr] (God) reward (sb) ❁ (Dieu) récompenser (qqn).

bargõ TN, bargo N ○ [n] 200-liter metal drum (barrel) ❁ baril, tonneau en métal [Def /bargon di/, rarely /bargoon di/] [< Fr. barrique, barriquaut] [old gas drums are re-used as trashcans, or rolled on ground to transport water].

bari ○ [n] horse ❁ cheval.

bari-alhamdiya ○ [n] breed of fine horses ❁ race de chevaux de qualité supérieure.

barifer, barifeer, balfer, balfeer ○ [n] large rat ❁ grand rat [ID the urban rat of southern cities, *Rattus rattus*, perhaps also some large bush rats] [SYN /tootoo/ 3].

bari-gaari ○ [n] horse saddle ❁ selle de cheval.

bari-guu ○ [n] (fine) stallion ❁ étalon [homophonous with /bari guu/ 'five horses' ∞ 'cinq chevaux'].

bari-koy ○ [n] horseman ❁ chevalier.

bari-jur‿ndi ○ [n] horse race ❁ course de chevaux.

bari-mbaaragu ○ [n] fine breed of tall white horses ❁ race de grands chevaux blancs de qualité supérieure.

bari-pakaram ○ [n] low-quality breed of horses ❁ race de chevaux de qualité inférieure.

barju ○ [n] strap used as whip (e.g. for horse) ✵ cravache, fouet [cf. /laasa/].

barka-ndi N ○ [tr] thank (sb) ✵ remercier (qqn) [related to /albarka/] [< Ar. √brk].

barma ○ [n] (metal) pot or large bowl ✵ marmite ou grande 'tasse' (= écuelle) (en métal) [< Ar. √brm] [cf. /taasa/].

barrak, barraku ○ [intr or ReflV] be welcomed ✵ ê. le bienvenu [imperative used in greetings] [cf. /bismilla/] • EX : SG /barraku ni!/ be welcome ! ∞ soyez le bienvenu ! • PL /wo barrak!/ = /wo barrak war!/.

barraku-ndi ○ [intr] be welcomed, be well received ✵ ê. le bienvenu, ê. bien accueilli.

baaru GN [= /baar/].

basam ○ [n] expensive fabric for men's robes ✵ bazim (tissu riche) [< Fr.].

baase ○ [n] (cross-)cousin ✵ cousin(e) • COMP : /baase-terey/ cousinhood ✵ cousinage [relationship permitting teasing].

basi 1 GN ○ [n] meat ✵ viande [cf. /ham/].

basi- 2 [⇨ /basi-teme/].

baasi ○ [intr, plus locational] not care a whit about ✵ s'en foutre de • ex. /ay baasi a kuna/ I don't care (= give a damn) about him ∞ je m'en fous (m'en moque) de lui.

'baasi-ije' [= /baasu͜-ije/].

basi-teme ○ [n] sieve with large holes ✵ tamis à grands trous [contains /basi-/ < Bam.].

basu ○ [tr] open (eyes) wide ; stick out (tongue, etc.) ✵ écarquiller (yeux) ; tirer (langue) [SYN /buttu/] • EX : /a basu ŋgu moo di yo/ his eyes bulged ∞ il écarquillait les yeux.

baasu T ○ [n] (water) well ✵ puits [SYN /dey/ 2 GN] • COMP : ⇨ /baasu͜-ije/.

baasu͜-ije [phonetic [baːsiːdʒe]] ○ [n] recipient and cord for drawing water from well ✵ 'puisette' (récipient et corde pour le puits).

bata ○ [n] tin can ✵ boîte (de conserve) [cf. /tukku/, /bargõ]/ • COMP : ⇨ /siraa-bata/.

batakala ○ [n] clay ❋ argile.

bataku ○ [intr] (nose) be flat ❋ (nez) ê. plat [cf. /niine-bataku-nte/).

baatal ○ a) [particle] indeed ❋ vraiment • anyway ❋ quand même ○ b) [n] eventuality, possible result ❋ résultat possible, (une) possibilité [uncommon as noun].

batala ○ [n] thing free of charge ❋ chose gratuite [also used adverbially] [< Ar. √bṭl] [cf. /yaada/, /faala/, /foroba/] • EX : /a či batala/ it is free ∞ c'est gratuit ; /no-o baa batala/ you want (= like) something free of charge ∞ tu veux (= aimes) une chose qui est gratuit.

batoo ○ [n] steamboat, large riverboat ❋ bateau (à vapeur) [< Fr.].

battaaki ○ [n] letter, message ❋ lettre [perhaps < Ar. √bṭq or Maghr. Ar. /bṛa/, cf. Ful. /ɓataaki/, Bam. /bataki/, etc.].

batu 1 ○ a) [intr or tr] wait, wait for ❋ attendre [SYN /henjem/ N, /muñe/, /kaari/] • EX : /batu‿ey/ wait for me ! ∞ attends-moi ! ○ b) [tr] guard, stand watch over ❋ garder, veiller sur.

batu 2 ○ [n] crowd ❋ foule • assembly ❋ assemblée.

batuma ○ [n] courtyard ❋ cour.

beebe ○ [n] deaf and dumb person ❋ sourd-muet.

mbedde TG, mbedda T, mberde N ○ [n] avenue, wide street ; paved street or road ❋ boulevard, rue principale ; rue goudronnée [perhaps < Ar. √blṭ] [cf. /loloo/].

bele N ○ [n] pebble, gravel ❋ gravier [SYN /jinji/, /koŋkoro/ N] [perhaps < Bam. /bele/].

belle ○ [n] Bella ❋ Bella (ethnie) [Tamashek-speaking blacks, formerly slaves to Tuaregs].

belot ○ [n] belote (card game) ❋ belote (jeu de cartes) [< Fr.].

ben ○ [intr] finish, end, be used up ❋ finir [CAUS /beŋ‿ndi/, noun /beŋ‿nte/] [cf. /fey-nda/].

'ben-di' [= /beŋ‿ndi/].

'bendi' 2, 'bee-ndi' ○ [= /beeṛ‿ndi/].

beene ○ a) [n] sky ; upper area, upstairs ❋ ciel ; (le) haut ○ b) [postp] above, on top of ❋ sur, au-dessus de • according to, based on ❋ selon ○ c) [adv] up above, on top, on high ❋ en haut.

beene-daasi G ['sky-ax' ∞ 'ciel-hache'] ○ [n] lightning bolt ❁ foudre [SYN /albala/ 2].

beene-hii ['sky-vehicle' ∞ 'ciel-véhicule'] ○ [n] airplane ❁ avion.

beŋ-ndi 1 ○ [tr] stop, finish ❁ terminer • annihilate, destroy (town) ❁ détruire (village).

beŋ-nte [//ben-nte //] ○ [n] finishing touches (on a job) ❁ finitions • EX : /huu di ben-nte di/ finishing touches of (= on) the house ∞ finitions de la maison.

'ben-te' [= /beŋ-nte/).

beer T, beeri GN ○ a) [intr] be big (in size) ; be grown-up, old ❁ ê. grand, gros ; ê. adulte, vieux TGN [ADJ /beer/, FACT /beer-ndi/) • LOCUT : /beer [X ga]/ be impressive (pleasing) to X ∞ impressionner X, plaire à X ○ b) [intr plus Postp /ga/] honor, be respectful to ❁ faire honneur à, respecter [ABSTR /beer-ey/] ○ b) [adj] big, old ❁ grand, vieux ○ c) [n] size, extent, bigness ❁ ampleur, grandeur TGN.

mberde N [= /mbedde/].

bere ○ a) [tr] flip, turn around ❁ renverser, (re-)tourner • pour (by turning over recipient) ❁ verser [CAUS /bere-ndi/, cf. /bere-bere/] ○ b) [intr] return, go back ❁ retourner, rentrer N [SYN /yee/ 2] ○ c) [intr] change, transform ❁ (se) changer, se transformer • [ReflV, often with /nda/ phrase] transform oneself (into), turn into ❁ se transformer (en) • EX (as ReflV) : /a bere ŋgu nda čirow/ he turned into a bird ∞ il s'est transformé en oiseau • COMP : ⇨ /bomo-bere/ [cf. also /bar/].

beere ○ [n] elder sibling (esp. of same sex) ❁ (frère, sœur) aîné(e) [ANT /keyna/, cf. /harme/, /woyme/].

bere-bere ○ a) [tr] aerate (tea) by pouring back and forth ❁ transvaser (thé) [< /bere/] [SYN /soo/ 2] ○ b) [adj] changeable ❁ changeant.

bere-ndi ○ a) [tr] unroll (thread) into lengths using two poles planted in ground ❁ dérouler (fil) T ○ b) [tr] turn (sb) around, cause to return ❁ faire retourner N.

beer-ey ○ [n] [ABSTR < /beer/] ○ a) (paying) respect, honoring, special occasion ❁ respect, honneur ○ b) mourning, funeral

❁ funérailles.

beeri GN [= /beer/ a,b,c].

beer-ndi T, /beeri-ndi/ N ○ [tr] magnify, enlarge, increase ; honor (s.o.), treat with respect ❁ magnifier, augmenter ; faire honneur à, respecter (qqn).

berre ○ [n] balsam spurge (latex-bearing shrub) ❁ euphorbe (arbuste) [ID *Euphorbia balsamifera*].

mbeetu ○ [n] disc of gold ❁ disque en or [several strung together as /kumna/ headband, worn with elegant hairdos /jenne-jenne/ and /goofa/].

bey ○ a) [intr or tr, with NP or clause as complement] know (that...) ; know, be familiar with (sb, sth) ; notice, be aware of ; recognize ; understand ; realize ❁ savoir ; connaître ; remarquer ; reconnaître ; se rendre compte de • LOCUT : /bey nda X/ = /bey X ga/ be aware of X ∞ ê. au courant de X ○ b) [SerV] have once..., have ever (done) ❁ avoir déjà (fait, dans sa vie) [cf. /faati/] • [after Neg :] have never (done). ❁ n'avoir jamais (fait) [forms experiential perfects ; in Malian Fr. often expressed as *avoir l'habitude de...*].

bey-čere ○ [n] getting acquainted ❁ (acte de) faire la connaissance.

bey-kasine ○ [n] (an) acquaintance ❁ (une) connaissance, personne connue.

bey-ndi ○ [tr] instruct, inform ❁ instruire, faire savoir.

bẽysa ○ [n] bundle of women's sashes ❁ 'pièce' (paquet ou faisceau) de pagnes de femme [< Fr. pièce, cf. /piisi/].

bey-nte [cf. DjCh /bɛntɛ/] ○ a) [adj] good, kind (person) ❁ gentil, aimable ○ b) [intr] be kind ❁ ê. gentil • EX : /no-o bey-nte / you are kind ∞ tu es gentil.

beyra ○ [postp] via, through (intermediary) ❁ par (intermédiaire) • EX : /ay beyra na a kaa / it was through me (= my mediation) that he came ∞ c'était à travers moi qu'il était venu.

beyre [= /beyrey/].

bey-rey, bey-re ○ [n] knowledge ❁ connaissance [irregular ABSTR < /bey/].

beyr-ey-koy ○ [n] scholar, expert ❁ savant.

beezaa ○ [n] a cultivar of rice ❁ une variété de riz [grows moderately fast] [cf. /moo/ 2].

bii 1 ○ [n] yesterday ; the previous day (before a reference day) ❁ hier ; la veille (le jour précédent) [often used adverbially] • COMP : ⇨ /bii-foo/].

bii 2 ○ a) [possessed n] shadow ❁ ombre • visual representation, image (of sb) ❁ image (de qqn) [e.g. reflection, photo] • LOCUT : /a bii kani/ his anxiety subsided (= he felt reassured) ∞ sa peur a diminué ○ b) [apparent reduced form of /ɓibi/ 'black' ∞ 'noir' as COMP final, esp. in /čirow-bii/ 'guinea-fowl' ∞ 'pintade'].

bii 3 ○ [tr] spin (wool or cotton thread) ❁ filer (laine, coton).

bibi ○ a) [intr] be black, dark ❁ ê. noir, foncé [cf. /ɓii/ 2] [INTENS : /tirik!/ T, /fi!/ N] • be freeborn, noble (not a slave) ❁ ê. noble • LOCUT : /ɓañña nda bibi/ slave and freeman alike ∞ tant esclave que noble • [final in compounds involving sorcery, ⇨ /čiini-bibi/] ○ b) [adj] black, dark ❁ noir, foncé ○ c) [n] soot, burnt residue ❁ suie.

bibir ○ [tr] roll (noodles) between fingers ❁ rouler (vermicelle) entre les doigts [SYN /low/ ; cf. /kata/ 2].

bidiga T, bigim G ○ [n] xylophone-like native instrument ❁ xylophone indigène.

bii-foo ['yesterday-one' ∞ 'hier-un'] ○ [n] day before yesterday ; the other day, a couple of days ago ❁ avant-hier, il y a quelques jours [/ɓii/ 1] [parallel to /manna-foo/).

bigim [= /ɓidiga/].

bijir ○ [n] anthrax (animal disease) ❁ charbon (maladie animale).

bil [⇨ /filaan/].

bilaa ○ [phrase-initial particle] without... ❁ sans... [< Ar. /bi-laa/).

bilaažmin, bilaajimin ○ [n] obligation ❁ obligation [< Ar. √lzm].

bilimbilim ○ [tr] roll (metal drum, etc.) along ❁ rouler (barrique, etc.).

bilisi ○ [intr] be excited (with anticipation of food, sex, etc.), be highly emotional ❁ ê. excité, ému [cf. /iibiliisi/].

bilisi-ndi ○ [tr] arouse, excite (emotionally) ❁ exciter, émouvoir.

billahallaji ○ [clause-initial expression in oaths] by God... ❁ mon Dieu que... [< Ar. /bi-llaah/ 'by God' ∞ 'par Dieu', + unidentified second element] • EX : /billahallaji bara tumbutu hin gaawo/ by God, Timbuktu beat Gao (in soccer) ∞ au nom de Dieu, Tombouctou a battu Gao (au football).

bilta ○ [intr] be rescued, be saved ❁ ê. sauvé [< Ful.] [SYN /yanaa-ndi/].

bimbirim, birimbirim ○ [n] reddish variety of sorghum ❁ sorgho rouge [ID a cultivar of *Sorghum bicolor*] [SYN /jimijamba/ G] [less common than /saaba/, cf. also /jiibi/, /kaari -kaana/] [DjCh /bimbiri/].

bina- [= /bine-/].

binde [= /bine/ 2].

bii-ndi ○ [intr] (thread) be spun ❁ (fil) ê. filé.

bine 1 ○ [n] heart ❁ cœur [represents the seat of the emotions, courage, etc.] • LOCUT : /ay bine di tun/ = /ay bine d͜io masimasi/ I feel nausea ∞ j'ai la nausée, j'ai mal au cœur ; /ay bine baa/ (/baa/ 2b) = /ay bine hun/ I am desperate, I have given up hope ∞ je suis désespéré, j'ai perdu tout espoir ; /ay bine hirow/ I am back in good spirits ∞ j'ai retrouvé le moral.

bine 2 T, binde GN ○ [particle following topicalized NP] as for... ❁ quant à... • EX : /ay bine.../ as for me... ∞ quant à moi...

bine-dumb-oy ○ [n] heart-beat ❁ battement du cœur [cf. /dumbudumbu/].

bine-kaan-ey ○ [n] happiness ❁ bonheur, état heureux.

bini T, biini GN ○ [tr, often plus Postp /ga/] request, beg for (sth, of sb) ❁ demander (qqch., à qqn) [cf. /ŋaare(y)/] • EX : /ay bini a ga njerfu/ I begged money of him ∞ je lui ai demandé de l'argent.

binini ○ a) [intr] be dizzy ❁ avoir le vertige ○ b) [n] dizziness ❁ vertige.

biŋka ○ [n] pig ❁ cochon, porc T • warthog ❁ phacochère GN [cf. /birŋa/].

biŋkandiili N ○ [n] weed sp. ❁ mauvaise herbe sp.

bir G ○ [tr] (insect, scorpion) sting ❁ (insecte, scorpion) piquer [cf.

/tum/].

birgaadi, birgaad ○ [n] gendarme (police) station ✵ gendarmerie (bureau) [< Fr. brigade] [cf. /žandarmu/].

biri 1 [= /biiri/ 1].

-biri 2 [⇨ /dolo-biri/].

biiri 1 T, biri 1 GN ○ [n] bone ✵ os • hardness ✵ dureté • COMP : ⇨ /bande-biiri/, /čerow-biri/.

biiri 2 ○ [tr] raise (child) ✵ élever (enfant).

birimbirim [= /bimbirim/].

birji 1 ○ [intr] (nose) bleed ✵ (nez) saigner [cf. /birji-birji/] • EX : /a niine di birji/ his nose bled ∞ il saignait du nez.

birji 2 ○ [n] manure, excrement (of donkey, goat, etc.) ✵ fumier, excréments.

birji-birji ○ [intr] (e.g. liquid) be spilled all over the place ✵ (liquide) ê. renversé partout [cf. /birji/ 1].

birmey ○ [n] domestic animal, pet (e.g. pigeon) ✵ animal domestique (pigeon, etc.).

birŋa ○ [n] warthog ✵ phacochère [ID *Phacochoerus aethiopicus*] [meat forbidden to Muslims] [cf. /biŋka/].

biroo ○ [n] office ✵ bureau [< Fr.].

bisa ○ a) [intr, often with Postp /ga/ T or phrase with /beene/ G] pass by, expire ; keep going ✵ passer, dépasser ; aller plus loin • EX : /ay bisa a ga/ I passed by him (and kept going) ∞ je suis passé à côté de lui ○ b) [tr] exceed, surpass ✵ dépasser [in comparatives].

bisa-čere ○ [n] competitiveness, inequality ✵ concurrence, inégalité [< Recip VP /bisa čere/ 'surpass each other' ∞ 'se dépasser l'un l'autre'.

bisa-nte ○ [partpl] having passed ✵ étant passé.

bismilla ○ a) [intr, usually imperative] be welcome !, by all means !, please ! ✵ entrez ! ; soyez le bienvenu ! ; bon appétit ! [invitation to enter, sit, eat, etc.] [< Ar. /bi ismi al-laah/ 'in God's name' ∞ 'au nom de Dieu'] [cf. /barrak/] • PL imperative : /wo bismilla!/ ○ b) [tr] welcome (guest) ✵ accueillir (étranger).

bisow ⭘ [n] an acacia sp. (thorn tree) ❁ acacia sp. [ID *Acacia tortilis* ssp. *raddiana*].

bisseyf ⭘ [particle] at the least ❁ du moins [possibly < Maghr. Ar. /bəzzaf/ 'greatly ❁ beaucoup'].

bita ⭘ [n] (millet) porridge ❁ bouillie [contains lumps] [cf. /seri/].

bita-ndi ⭘ [n] porridge made from millet pudding ❁ bouillie préparée avec du tô [cf. /gusum/].

bitibiti ⭘ [n] mist, fog ❁ brouillard.

biyaa ⭘ a) [intr, or SerV] do, go, or be at daybreak ❁ faire ou partir à l'aube [cf. /gulli/ 2, /jaaje/, /woyme/ 1] ⭘ b) [intr plus Postp /ga/] greet (sb) in the morning, say good morning to ❁ saluer (qqn) le matin, dire bonjour à • EX : /a biyaa ay ga/ he said good morning to me ∞ il m'a donné le bonjour ⭘ c) LOCUT : /suba-suba biyaa/ early in the morning ∞ le matin de bonne heure.

biyaandi G ⭘ [n] a type of wedding gift ❁ sorte de cadeau de mariage.

biiyollo N ⭘ [n] black, millet-eating bird ❁ mange-mil noir (oiseau) [ID not seen, perhaps the 'buffalo weaver' ∞ 'alecto', *Bubalornis albirostris*] [perhaps same word as /abiriyollo/ G].

bobo TG ⭘ [adj] much, many ; frequent ❁ nombreux, beaucoup ; fréquent [doubtfully segmentable as /bob-o/] [< /bow/].

boboolo ⭘ [n] catfish sp. ❁ silure sp. [ID *Chrysichthys* sp., cf. /yara/].

boko ⭘ [n] throat ❁ gorge.

bolbol ⭘ [n] small tobacco pouch in cloth ❁ petit sac à tabac.

mbollo D [= /abollo/].

bolooti ⭘ [n] (modern) thread ❁ fil (industriel).

bombom ⭘ [n] candy ❁ bonbon [< Fr.].

bomo T, boŋo GN ⭘ a) [n] head ❁ tête • ball ❁ ballon, balle • top, front ❁ sommet, devant • LOCUT : /woo či ŋgu čere di ye ra bomo/ that is the most intelligent one among them ∞ celui-ci est le plus intelligent parmi eux ; /hii di bomo di/ the head (prow) of the boat ∞ la tête (prou) du bateau ; /noo bomo/ TN show up, appear ∞ apparaître ; /duu (ŋgu) bomo/

be relieved of burden (= have baby) ∞ se débarrasser (= enfanter) ; LOCUT : /a haw ay bomo di/ it bewildered me ('tied my head') ∞ ça m'a abasourdi [cf. /bomo-hawey/] ○ b) [n] [used with possessive pronoun to form Reflexive] EX : /ay bomo/ myself ∞ moi-même • LOCUT : /nda ŋgu bomo/ by itself, in its own right ∞ de son propre chef.

bomo-bere ['head-exchange' ∞ 'tête-échange'] ○ [n] rite recognizing wife's definitive status (some time after wedding) ✽ rite qui reconnaît l'état définitif d'épouse.

bomo-fendu ○ [n] hat made from palm-frond fiber ✽ chapeau en feuille de doum [cf. /konji/].

bomo-futu ○ [n] bad person, son-of-a-bitch ✽ personne mauvaise, imbécile [common insult].

bomo-gujuguju-nte ○ [n] disheveled ✽ à tête ébouriffée.

bomo-gum-di ○ [tr] veil ✽ voiler [contains /-ndi/] [cf. /gum/].

bomo-haw-ey ○ [n] astonishment ✽ état d'étonnement [< /haw/ 1].

bomo-kumbur ○ [n] skull ✽ crâne.

bomo-londi ['head-marrow' ∞ 'tête-moelle'] ○ [n] brain (as object) ✽ cervelle.

bomo-meyre ○ [n] butt end ✽ bout (d'un objet).

bomo-moon-o ○ [n] skin-headed person (shaved or bald) ✽ personne chauve ou avec la tête rasée.

bomoy ○ [NP-final particle] also ✽ aussi [fairly rare] • EX : /yer bomoy koy/ we too went ∞ nous aussi nous sommes allé.

bõ ○ [clause-initial particle] Well... ✽ Bon... [< Fr. bon].

mboona N ○ [n] lungfish ✽ poisson sp. [can hibernate in ground] [ID *Protopterus annectens annectens*] [SYN /sina/ D, G, /joŋkoto/ T] [cf. Ful. /ɓoonoogal/).

bondey ○ [n] wave, ripple ✽ vague.

bone ○ [n] trouble, misfortune, problem ✽ malheur, difficulté [< Ful. √bon-].

booni ○ [tr] wish for, feel like having ✽ avoir envie de.

bonji ○ [n] cripple (unable to walk, e.g. due to polio) ✽ handicapé, paralytique.

boŋo [= /bomo/].

mboŋo T, mboŋa N, mbaŋanaana G ● [n] pelican ● pélican [ID *Pelecanus rufescens*] [SYN /kaarey-wande/].

bor [= /boro/, esp. in Relative /bor kaa.../].

borčin ● [n] noble person (not slave) ● (un) noble (non esclave) • COMP : /borčin-terey/ nobility, high class ; emancipation ● noblesse ; libération (de l'esclavage).

borhon ● [n] hot sand where fire has burned ● sable chaud où un feu était allumé [used to cook e.g. entrails].

boori, buuri ● a) [intr] be beautiful, attractive, good ● ê. beau, bon [ADJ /boyro/] ● b) [n] beauty, goodness ● beauté.

boro, bor ● [n] person ; native (vs. whites) ● personne ; africain [form /bor/ used in a few combinations such as Relative /bor kaa.../] • COMP below.

booro ● a) [intr] (cow) moo, low ● (vache) meugler ● b) [n] mooing ● meuglement.

boro-čirey ['...-red' ∞ '...-rouge'] ● [n] white person ● personne 'rouge' (= blanche) [applies to light-skinned Arabs and Tuaregs as well as Europeans, cf. /gaa-korey/, /tubaabu/].

boro-firji ['...-green' ∞ '...-vert'] ● [n] half-breed ● métisse.

boro-gurumbu ● [n] whole person, whole body ● personne entière, corps entier.

boro-jaas-o ● [n] rude or saucy person ● personne de conduite grossière.

boro-jinaa ● [n] ancestor ● ancêtre [also /jinaa-boro/].

booru D ● [n] large-headed catfish sp. ● silure sp. à grande tête [ID *Clarotes laticeps*] [cf. /bantelba/, /gaay/ 2, /hani-booru/].

boosi T, booši TGN ● [n] ash, ashes ● cendre.

booso ● [n] tamarind fruit ● tamarin (fruit) [= DjCh /bɔbɔsɔ/] • entire tree (grows in south) : /booso-ñaa/ tamarind tree ● tamarinier [ID *Tamarindus indica*].

boosu 1 ● [n] (e.g. tea) boil over ● (thé bouillant, etc.) déborder.

boosu 2 ● a) [n] flower (on plant) ● fleur ● b) [n] limestone gravel ● gravier de calcaire.

bootere T, bootoro D ○ [n] an aquatic vine ✽ liane aquatique [ID *Ipomoea aquatica*].

boto-boto ○ a) [intr] (liquid, mud) get thick (like mud) ✽ (liquide, boue) devenir épais (comme la boue) [cf. /kom/ 1] ○ b) [n] mud ✽ boue.

boto-boto-ndi ○ [RDP < /boto-ndi/].

boto-boto-nte ○ [partpl] thick (like mud) ✽ épais (comme la boue).

boto-ndi ○ [tr] thicken ✽ rendre épais [cf. /boto-boto/].

bow 1 TN ○ [intr] be much, many, frequent, too much ✽ ê. abondant, nombreux, fréquent, trop [ADJ /bobo/] [=KS /baa/, Za /bá/].

bow 2 TN ○ [n] a wild rice ✽ un riz sauvage [ID *Oryza longistaminata*] [not *O. barthii* in current botanical usage] [< Hausa, cf. Za /bâw/].

bow 3, mbow ○ [n] Nile monitor lizard (aquatic) ✽ varan aquatique [ID *Varanus niloticus*] [= Za /bàw/] [cf. /ŋkomni/].

bow-ndi ○ [tr] increase, multiply ✽ augmenter, multiplier.

boy 1 ○ [n] nail (of finger, toe) ✽ ongle • COMP : ⇨ /čee-boy/, /kamba-boy/, /kobe-boy/.

boy 2 ○ [n] millet soup ✽ soupe de mil.

boy 3 ○ [tr] drag ; herd, drive (animals, ahead of one) ✽ traîner ; conduire (bêtes) • COMP : ⇨ /boy-koy/.

boy 4 ○ [n] leaves and stems of water lilies ✽ feuilles et tiges de nénuphars [ID *Nymphaea* spp., cf. the more precise terms for tubers and fruits : /dundu/, /haŋku/, /jinow/, /mooney/] [cf. RDP /boy-boy/ 3].

boyboy 1 ○ [n] pits dug in drying marsh to collect water ✽ trous creusés dans une mare mi-desséché.

boyboy 2 ○ [n] a type of djinn ✽ sorte de diable.

boy-boy 3 ○ [n] tiny 'water lily' sp. ✽ petit 'nénuphar' sp. [ID *Nymphoides ezannoi* ; not a true water lily].

boy-koy ○ [n] driver (of animals) ✽ meneur de bêtes [/boy/ 3] • COMP : ⇨ /farka-boy-koy/.

boyre, boyrey ○ [intr] converse (in friendly or romantic context) ✽ causer, bavarder [cf. /boyrey/].

boyrey ○ a) [= /boyre/] ○ b) [n] (pleasant or romantic) conversation, party ❁ causerie (agréable ou romantique), soirée • evening party on the eve of an important occasion ❁ soirée la veille d'un événement important.

boyro ○ [adj] good, pretty ❁ bon, beau [perhaps metathesized from *bory-o, cf. /boori/].

brændalümet ○ [n] hairdo style ❁ une coiffure de femme [uses wicks ; braids in back tied into a short pony tail] [< Fr. brin d'allumette, pronounced as in Fr.].

buu ○ [n] piece (in game) ❁ pion [in /pree/ game, usually an earthenware shard] [< Fr. bout ?].

buubu T, buubulaayi N ○ [n] monkey, primate ❁ singe [SYN /foono/] [ID ⇨ /foono/].

buubulaayi [= /buubu/].

bubule ○ [intr] make a low bow ❁ s'incliner bas.

buubu-maatije ['monkey-peanut' ∞ 'singe-arachide'] ○ [n] shrub sp. ❁ arbuste sp. [ID *Combretum aculeatum*] [SYN /bubure(y)/.

bubure, buburey ○ [n] tree sp. ❁ arbre sp. [ID *Combretum aculeatum*] [formerly more common in zone] [SYN /buubu-maatije/] [sometimes confused with /duburey/].

budeli ○ [n] traditional knee-length baggy pants ❁ pantalon traditionnel [cf. /siibi/].

bugu ○ [n] thatch hut ❁ case en paille • thatch shelter (usually open on at least one side) ❁ hangar [SYN /tende/].

bujubuju ○ [tr] shake (sth) in water ❁ secouer (qqch.) dans l'eau.

buka ○ a) [tr] pound (grain) in mortar to crush it into flour ❁ piler le mil pour le réduire en farine [e.g. for /gusum/] [SYN ⇨ /dur/] ○ b) [intr] be crushed into flour ❁ devenir poudre ○ c) [tr] rap (hard) on the back (with knuckles) ❁ frapper au dos.

bukow ○ [n] corpse ; deceased person ❁ cadavre ; personne décédée [obscurely related to /bun/].

bula N ○ [n] bundle of millet stalks ❁ fagot de mil [SYN /lenje/].

bulaŋga ○ [n] shea butter (from karité tree) ❁ beurre de karité [ID *Vitellaria paradoxa*] [tree grows in south, butter imported for sale] [taboo replacement at night : /haya-gani/].

bulle ○ [n] anus ✽ anus.

bun [< *buun, cf. KS /bun/] ○ a) [intr] die ✽ mourir [originally related to /buun-o/) [euphemisms : /firaa/, /faati/] • (fire, light) go out, be extinguished ✽ (feu, lumière) s'éteindre • (lunar month) come to an end ✽ (mois lunaire) finir ○ b) [n] dying, death ✽ mort.

bundiye ○ [n] brochette, shishkebab ✽ brochette [archaic DIMIN < /bundu/].

bundu ○ [n] stick (of wood) ✽ bâton • walking stick, cane ✽ canne pour marcher [SYN /taŋkara/].

bundu-bundu ○ [RDP < /bundu/, used adverbially] like sticks ✽ comme des bâtons.

bun-futu ○ [n] horrible death ✽ mort terrible.

buun-o [cf. /bun/] ○ a) [adj] curdled (milk) ✽ (lait) caillé TGN [follows /kosom-/, occasionally /waa-/] ○ b) [adj] sickly, weakened (animal) ✽ (animal) affaibli T • COMP : ⇨ /kuri-buun-o/.

buntel, buntal [< Fr. or Eng.] ○ [n] bottle ✽ bouteille • bottle-full (as measure) ✽ bouteille (mesure).

buura ○ a) [tr] tear (violently) ✽ déchirer (avec force) ○ b) [intr] be torn ✽ se déchirer.

burga ○ a) [tr] turn over (earth) ✽ remuer (terre) ○ b) [tr] clear (field, before planting crops) ✽ défricher (champ) ○ c) [tr] weed around (crop plants) ✽ désherber (plantes) [uncommon in this sense, cf. /kokoso/].

burgu N ○ a) [n] bourgou (deep-water grass sp.) ✽ bourgou (graminée de l'eau profonde) [important for fodder and syrup] [ID *Echinochloa stagnina*] [SYN /kundu/].

burmusu ○ [n] sackcloth ✽ burnous [< Ar. or Fr.].

buuru ○ [n] long French bread ✽ baguette [regional word, e.g. Ful. /mbuuru/].

busel ○ a) [n] young foliage ✽ jeune feuillage (des plantes) N ○ b) [n] uneaten residue (of kola nut, coconut, etc.) ✽ résidu non mangé (de cola, noix de coco, etc.) T.

busuŋgu ○ a) [n] seedling, sprout ✽ germe, bourgeon ○ b) [n] seedbed (sloping side of seasonal pond where millet plants are replanted farther down as water dries) ❁ 'pépinière' pour la culture du mil.

bute ○ [n] vagina ❁ vagin [SYN /dofe/].

buti ○ [tr] clip (a plant) ❁ couper (une plante), rogner.

buti-buti ○ [n] sediment (in water) ❁ sédiment (dans l'eau) • bits of meat (in sauce) ❁ petits morceaux de viande (dans la sauce).

buttu ○ a) [intr] (eyes) bulge ❁ (yeux) s'écarquiller [SYN /ɓasu/] • EX : /a moo di buttu/ his eyes bulged ∞ ses yeux s'écarquillaient ○ b) [tr] open (eyes) wide, let (eyes, tongue) protrude ❁ écarquiller (yeux), tirer (langue) • EX : /a-a buttu ŋgu moo di yo, ammaa a si guna/ he is widening his eyes but he can't see ∞ il écarquille les yeux mais il ne voit pas.

buyambuyam T ○ [n] glossy starling ❁ étourneau métallique (oiseau) [ID includes *Lamprotornis caudatus* and probably one other species].

Č

čaba N ○ [n] baptism ❁ baptême [SYN /ije-maa/ T].

čabaa G ○ [n] flint ❁ silex.

čabal N ○ [n] branch ❁ branche [< Ful. /caɓal/].

nčaabe T ○ [n] insect sp. ❁ insecte sp. [rare word ; informant initially confused this with /čečebe/].

čaača ○ [n] game of chance, lottery ❁ jeu de hasard, loterie • LOCUT : /kar čaača/ play the lottery ∞ jouer à la loterie.

čaaku ○ [n] large sack (for grain) ❁ grand sac (pour les céréales) [also Ful., perhaps < Fr.].

čalee ○ [n] comedian ❁ (un) comique.

nčam T, nčom TN, nčaŵ G ○ [n] mouse ❁ souris.

čambu T, čombu T, čembu G ○ a) [n] shard (broken piece) of earthenware pot or jar ❁ morceau de canari [this sense more explicit in COMP /kusu-čambu/] ○ b) [n] small glass (for tea) ❁ petit verre (pour le thé) [cf. /veer/, /arbataasa/ N] • clay bowl (for cooking pastry) ❁ vase en terre cuite (pour préparer les pâtisseries) • COMP : ⇨ /fitila-čambu/, /toosu-čambu /.

čaŋgu ○ [intr] (hen) squawk ❁ (poule) caquetter.

čaara ○ [tr] decorate (with stripes or other multicolored pattern) ❁ décorer (avec des traits, etc.) [often RDP] • COMP : ⇨ /tappii-čaara/, /gondi-čaara-čaara /.

čaara-čaara [RDP < /čaara/].

nčaw̃ G [= /nčam/].

čee 1 ○ [n] instance, time ❁ fois [with quantifier].

čee 2 ○ [n] foot, leg ❁ pied, jambe • paw ❁ patte • wheel, tire ❁ roue, pneu • LOCUT : /a duu ŋgu čee/ he escaped ∞ il s'est échappé.

čee-banda ○ [n] heel ❁ talon.

čee-boy ○ [n] toe-nail ❁ ongle du pied.

čee-bundu ['foot-stick' ∞ 'pied-bâton'] ○ [n] leg ❁ jambe.

čeče ○ [n] wild duck or goose sp. ❁ canard ou oie sauvage sp. [onomatopoeic] [ID at T, just the 'Egyptian goose' ∞ 'oie d'Egypte' ('baoulo'), *Alopochen aegyptiaca* ; at N, this plus other spp., ⇨ /čeče-bibi/, /čeče-kara/, /čeče-korey/].

čeeče G ○ a) [tr] seek, go looking for ❁ chercher [SYN /taasi/ T] [= dialectal KS /čeeči/) ○ b) [n] search, patrol ❁ recherche, patrouille.

čečebe T ○ [n] aquatic plant sp. ❁ plante aquatique sp. [not seen] [cf. /nčaabe/].

čeče-bibi N ['...-black' ∞ '...-noir'] ○ [n] goose sp. ❁ oie sp. [ID said to be dark, with lighter breast, perhaps the 'knob-billed goose' ∞ 'canard casqué', *Sarkidiornis melanota*] [cf. /tanjambatu/, /niina-gaari/].

čeče-kara N ['...-yellow' ∞ '...-jaune'] ○ [n] fulvous tree-duck ❁ canard fauve [ID *Dendrocygna bicolor*].

čee-konn-o ['foot-hot' ∞ 'pied-chaud'] ○ [n] eighth Muslim month ❁ huitième mois musulman [follows /arražab/, precedes /hammee/ (/haw‿mee/)].

čeče-korey N ['...-white' ∞ '...-blanc'] ○ [n] duck or goose sp. ❁ canard ou oie sp. [unidentified].

čeefe T, čeefa G, keyfi N ⭘ a) [intr] vomit ✽ vomir T [SYN /yeer/] ⭘ b) [n] nausea or fever ✽ nausée ou fièvre TGN [range of conditions, sometimes including mild malaria].

čeefe-korey ['...-white' ∞ '...-blanc'] ⭘ [n] jaundice ✽ jaunisse.

čefer ⭘ [n] infidel, atheist ✽ athée [< Ar. √kfr].

čee-jenji ⭘ [n] anklet ✽ anneau de cheville.

čee-jinaa ⭘ [n] former times, the old days ✽ antan, autrefois.

čee-ka-kaa ⭘ [n] country person, villager ✽ broussard [abbreviated from VP /... čee [ka kaa]/ '(walk on) foot to come' ∞ '(marcher à) pied pour venir' [cf. /ganji-boro/].

čee-kobo-jje ⭘ [n] toe ✽ orteil.

čele ⭘ [n] single (of pair, e.g., one shoe) ✽ un seul (d'une paire, par exemple, une chaussure) • COMP : ⇨ /haŋkaa-čele/, /taamu -čele/.

čelembu T ⭘ [n] (old-style) cow's-head leather sandals ✽ sandale en cuir (à l'ancienne) [SYN /gosu/ 4 G].

čelenče ⭘ [n] wild millet ✽ mil sauvage [ID wild variety of *Pennisetum glaucum*, cf. /hayni/].

čee-maa ⭘ [n] footprint ✽ trace (de pied).

čembu G [= /čambu/].

čee-moo ['foot-eye' ∞ 'pied-œil'] ⭘ [n] ankle ✽ cheville.

čen TGN ⭘ a) [tr] build, erect (housing) ✽ construire (maison) ⭘ b) [n] housing ✽ construction • EX : /čen taawo/ new construction ∞ nouvelle construction.

čenčen ⭘ [intr] get warm (e.g. sitting by a fire) ✽ se réchauffer [= KS /čaŋkam/] [cf. /duŋgu/, /koron/].

'čen-di' [= /čeŋ‿ndi/].

čendu 1 [= Za /cándí/] ⭘ a) [tr] pull, pull in, ingest ✽ tirer • attract ✽ attirer ⭘ b) [intr] be pulled ✽ ê. tiré.

čendu 2 N [= Za /càndí/] ⭘ [n] knife ✽ couteau [SYN /huri/].

čendu-čendu ⭘ [n] stripes ✽ raies, rayures.

čenjembatu D [= /tanjambatu/ N].

čeŋ‿ndi ⭘ [intr] be built ✽ ê. construit.

čẽse 1 T ⭘ a) [tr] be jealous of (rival) ✽ ê. jaloux de ⭘ b) [n] jealousy ❁ jalousie.

čẽse 2 T, čẽyse ○ a) [tr] vaccinate ❁ vacciner ○ b) [intr] get a vaccination ❁ ê. vacciné ○ c) [n] vaccination ❁ vaccination.

čente ○ [n] pubic hair ❁ poils pubiens.

čeñe TGN [= DjCh /čɛŋɛ/, KS /čahã/] ○ a) [intr] be fast, hurry, speed ❁ se dépêcher, se précipiter ○ b) [SerV] (do) rapidly or abruptly ❁ (faire) rapidement • EX : /a čeñe ka key/ it stopped suddenly ∞ ça s'est arrêté subitement.

čeñe-ndi ○ [tr] speed up ❁ accélérer • EX : /čeñe-ndi goy di/ work fast(er) ! ∞ travaillez (plus) vite !

čeram ○ [intr] be crafty, clever ❁ ê. malin.

čerbu ○ [tr] show (sth) ❁ montrer (qqch.) [syntax like /noo/ 'give' ∞ 'donner', takes direct and dative objects, or two 'direct' objects] [cf. /čerbu-ndi/].

čerbu-ndi ○ [tr] demonstrate, explain ❁ expliquer, montrer [unusual use of /-ndi/, cf. /čerbu/].

čere ○ a) [n] friend, peer, agemate ❁ ami, camarade ○ b) [n] each other ❁ (l'un) l'autre [used as bare noun in reciprocal construction].

čerkow T ○ [n] sorceror ❁ sorcier [SYN /čiini-bibi-koy/] [taboo replacement at night : /čiji-koy/] • COMP : /čerkow-terey/ sorcery ❁ sorcellerie • COMP : ⇨ /čirow-čerkow/.

čerow ○ [n] side of body, flank ❁ flanc (du corps) • ribs, rib cage ❁ côtes.

čerow-biiri T, čerow-biri N ○ [n] rib (bone) ❁ côte (os).

čerwandu T ○ [n] red-cheeked cordon-bleu (bird) ❁ cordon-bleu (oiseau) [ID from illustration : *Estrilda bengala*].

čee-sorombiya ○ [n] tibia, shinbone ❁ tibia.

česu ○ [n] box, chest ❁ caisse [< Fr., cf. KS /keesu/, /čeeši/].

čeesu ○ a) [n] a) shoreline, shore (in its lateral extension) ❁ rive [in contexts like 'hug the shore'] [cf. /gurey/, /isa-mee/] [also /isa-čeesu/ N] ○ b) [name of a small region on the Haoussa near Goundam, comprising several villages].

čee-taam ○ [n] heel (of shoe) ❁ talon (de chaussure).

čew 1,2 GN [= /čow/ 1,2].

čee-yerme T, čee-yermey G ⭘ [n] small gift, tip (e.g. to porter) ❁ petit pourboire.

čeyki N ⭘ [n] balanzan tree ❁ balanzan (arbre) [ID *Faidherbia albida*] [like acacias, reddish pods, defoliated in wet season] [SYN /kasan/] [< Ful. /cayki/].

čẽyse [= /čẽse/ 2].

či TG, ti N ⭘ [tr] be ❁ être [equational copula ; usually in unmarked perfective aspect even with present time reference ; negative is /na či/ TG] [cf. /goo/ 1 'be' ∞ 'être, se trouver', /ɓara/ 'exist' ∞ 'exister', /nono/ 'it is' ∞ 'c'est'] • EX : /a či ga/ he is it ∞ il l'est • LOCUT : /a na či.../ it's not (true) that... ∞ ce n'est pas (vrai) que... ; /nda a na či X/ except for X, if not X ∞ sauf X, si ce n'est pas X.

čii TGN [cf. /čii-nda/, /čii-ndi/, /čiini/] ⭘ a) [intr] speak ❁ parler ⭘ b) [tr] discuss ❁ discuter ⭘ c) [tr] speak (language) ❁ parler (langue) • EX : /a-a čii koyra-čiini/ he speaks Songhay ∞ il parle songhay.

'čibsi' [= /čipsi/].

čičir ⭘ [n] couch-grass ❁ chien-dent (graminée) [ID *Cynodon dactylon*].

čiji TN, čigin N [cf. /čijoo/] [= KS /čijin/] ⭘ [n] night ❁ nuit • last night ❁ la nuit dernière.

čiji-bine T ⭘ [n] late at night ❁ tard dans la nuit.

čiji-guusu ⭘ [n] late at night ❁ tard dans la nuit.

čiji-koy ['night-owner' ∞ 'nuit-propriétaire'] ⭘ [n] sorceror ❁ sorcier [taboo replacement at night for /čerkow/].

čiji-maasu ⭘ [n] middle of the night ❁ pleine nuit.

čijoo TG ⭘ [n] tonight ❁ cette nuit [< */čiji woo/].

čilde [= /čille/].

čilili 1 ⭘ a) [intr] (women) ululate (with joy, at wedding, etc.) ❁ (femmes) pousser des you-you (cris de joie) ⭘ b) [n] ululation ❁ cri de joie (des femmes).

čilili 2 N ⭘ [n] whistling (white-faced) tree duck ❁ canard siffleur [ID *Dendrocygna viduata*] [< Ful. /killiliwal/) [SYN /soojenne/ T, /kanabuutu/ G].

čilimfir, kilimfir ○ [n] melegueta (large nut) ❁ maniguette (noix) [grains used medicinally and in /waasundi/ sauce] [ID *Aframomum melegueta*] [cf. KS /čirimfi/ 'red pepper' ∞ 'piment', cf. /dandi/].

čilla [= /alčilla/].

čille T, **čilde** T, **činne** T ○ [n] similar, related, comparable ; the likes (of), the equal or peer (of) ❁ semblable, pareil [common in T but not N, cf. /taka/] [= KS /čine ~ čilla/] • LOCUT : ⇨ /čille foo/, /musoo/, /činne-činne/.

čille-foo ○ [interrog] what sort ? ❁ quelle sorte ? [/foo/ 2].

čim GN [= /čum/].

čiimi ○ [n] truth ❁ vérité [related to verb /čum/ < *čim] [cf. /čiimi-čiimi/] • EX : /a či čiimi/ it is the truth (= it is true) ∞ c'est la vérité • LOCUT : /nda čiimi/ in truth ∞ en vérité.

čiimi-čiimi ○ [n] the unvarnished truth ❁ la pure vérité [often used adverbially] • EX : /woo či laarow čiimi-čiimi/ that's an honest-to-goodness Arab ∞ ça c'est un véritable arabe.

čin ○ [intr] say ❁ dire [with following quotation] [very rare at least in T, cf. /har/ 1].

čiina TGN ○ a) [intr] be small, young, infrequent, rare, sparse ❁ ê. petit, jeune, rare [cf. /keyna/] ○ b) [adj] small ❁ petit [cf. /čiino/].

čiina-čiina ○ [RDP < /čiina/, often adverbial] little by little ❁ petit à petit [used adverbially].

čiina-ndi ○ [tr] make small ❁ rendre petit.

čii-nda ○ [tr] speak to ❁ parler à [cf. /čii/].

čindi 1 ○ a) [intr] remain ❁ rester • dwell ❁ habiter ○ b) [SerV] keep (doing) ; used to (do) ❁ continuer à (faire), (faire) d'habitude ; avait l'habitude de (faire) ○ c) [with Loc of verbal noun] keep (doing), continue being involved in (doing) ❁ continuer à (faire) [cf. /goo/ 1b] • EX : /a čindi [[guuru di kur di warra] kuna]/ he continued ('in') throwing all the spears ∞ il continuait à lancer toutes les lances ○ d) [n] remainder, rest ❁ reste • [in parallel clauses] /čindi... čindi.../ some (of them), others... ❁ les uns... les autres... ○ e) [part of complex numerals like '11' and '49', linking the '10, 20...' term with the '1, 2...' numeral] • EX : /woy-čindi-hiŋka / '12', /waraŋka-čindi-guu / '25'.

'či-ndi' 2 [= /čii-ndi/].

čii-ndi ○ a) [intr] be said, be sayable ❁ ê. dit, ê. possible à dire [MEDIOP < /čii/] ○ b) [tr] cause (sb) to speak ❁ faire parler à (qqn) [CAUS < /čii/].

čindi-nda N ○ [tr] remain with, keep ❁ rester avec, garder.

čiiney ○ [tr] whisper about, gossip about, speak critically about ❁ critiquer (qqn, en cachette), chuchoter au sujet de • EX : /i čiiney ga a banda/ they gossiped about him behind his back ∞ ils l'ont critiqué derrière son dos.

čiini [cf. verbs /čii/, /čiiney/] ○ [n] word(s), language, dialect, speech, words, statement ❁ parole, langage • secret ❁ secret • LOCUT : /a čiini di ga/ according to him ∞ selon lui.

čiini-bibi ○ [n] (black) magic, sorcery ❁ sorcellerie • DERIV : /čiini -bibi-koy/ sorceror ❁ sorcier [cf. /čerkow/].

čiini-fut-ey ○ [tr] speak angrily to, berate ❁ gronder (qqn) [verbal usage of ABSTR nominal, cf. /čiini/ and /futu/].

čiini-koy ○ [n] good speaker, intellectual ❁ orateur, intellectuel.

čiini-nte ○ [partpl, functions as n] • LOCUT : /X čiini-nte yo kuna/ in the story about X ∞ dans l'histoire de X [cf. /čiini/].

činne [= /čille/].

činne-činne ○ [n] tribe-mates, kin ∞ parents, membres de la même ethnie.

čiino ○ [INTENS with /moreyda/] • LOCUT : /moreyda čiino/ right now ∞ maintenant, en ce moment [related to /čiina/] [cf. /futoo / G].

čipsi [or /čibsi/] TG, čiwsi T, čimsi N [< Ar. √kbš] ○ a) [n] ram slaughtered on annual feast ❁ bélier de tabaski ○ b) [n] annual Muslim feast of the ram, aid al adha ❁ tabaski ○ c) [n] twelfth and final lunar month of Muslim calendar ❁ douzième et dernier mois musulman [follows /hinanjam/ ; new year follows, beginning with /dedew/].

čiraa 1 ○ [n] file (metal tool), knife-sharpener ❁ lime.

čiraa 1 T ○ [tr] load (donkey) ❁ charger (âne) [SYN /sige/ N, cf.

/jeeje/ 1].

čire TN ○ [postp] under ❁ sous.

čirey ○ a) [intr] be red ❁ ê. rouge [includes brown, orange] [INTENS : /čoy!/ N] • be fair-skinned (European, Arab, Tuareg) ❁ avoir le teint blanc ○ b) [adj] red ❁ rouge • COMP : ⇨ /boro-čirey/.

čirey-ndi ○ [tr] make red, make red-hot ❁ rendre rouge, rendre tout rouge (très chaud).

čiiri TN ○ [n] salt ❁ sel [brought by Arab caravan from Taoudenni] [taboo replacement at night : /kusu-haya/].

čirkaare TGN ○ a) [n] breakfast ❁ petit déjeuner ○ b) [intr] eat breakfast ❁ prendre le petit déjeuner [SYN /fummee/).

čirkose TGN, čissakoy G ○ a) [n] lunch ❁ déjeuner (repas) ○ b) [intr] eat lunch ❁ déjeuner (à midi).

-čirku [⇨ /čirow-čerkow/].

'čirobbii' [= /čirow‿bii/].

čirow ○ [n] bird ❁ oiseau [general term].

čirow‿bii ○ [n] guinea-fowl ❁ pintade [ID *Numida meleagris*] [domestic turkey-like fowl] [cf. /bii/, /bibi/].

čirow-čerkow T, čirow-čerko G, čirow-čirku N ['bird-sorceror' ∞ 'oiseau-sorcier'] ○ [n] owl ❁ hibou [SYN /čirow-futu/].

čirow-čufu N ○ [n] pied kingfisher (black and white, fish-eating) ❁ martin-pêcheur [ID *Ceryle rudis*] [onomatopoeic /-čufu/ suggests sudden splashy nosedive ; cf. KS /jufulele/ and /kakaajuf/].

čirow-fita ○ [n] feather ❁ plume.

čirow-futu ['...-evil' ∞ '...-méchant'] ○ [n] owl ❁ hibou [ID all spp.] [SYN /čirow-čerkow/].

čirow-garaasa ['...-blacksmith' ∞ '...-forgeron'] ○ [n] black bird sp. ❁ oiseau noir sp. [ID applied variably to the 'black magpie' ∞ 'piac-piac', *Ptilostomus afer*, the 'indigo finch' ∞ 'combassou', *Vidua chalybeata* ; and a sp. said to be black with a red throat].

čirow-huu ○ [n] nest ❁ nid.

čirow-korey T, čirow-kaarey N, čirow-ŋkaarey N ['...-white'

∞ '...-blanc'] ○ [n] cattle egret (and other white herons) ❁ garde-bœufs (et autres hérons blancs) [ID *Ardeola ibis*, also the less common 'great white egret' ∞ 'grande aigrette', *Egretta alba*].

čirow-meysa ○ [n] small millet-eating birds ❁ mange-mils (oiseaux) [ID spp. variable, but often applied to birds of either the 'weaver' ∞ 'tisserand' or 'lark' ∞ 'alouette' categories] [variant of /meysa-meysa/ and /almeysa-meysa/] [cf. also /jaŋka-jaŋka/).

čirow-mašya ○ [n] bird sp. ❁ oiseau sp. [rare, applied by one speaker in the field to a 'bee-eater' ∞ 'guêpier', *Merops* sp., perhaps not inconsistently applied].

čitaab T, kitaaw T, kitaw T, kitaabu N ○ [n] (Koranic) volume ❁ tome (du Coran) [< Ar. √ktb].

čiiti ○ [intr plus Postp /banda/], dispute with, debate (sb) ❁ se disputer avec.

čiwsi [= /čipsi/].

čiwsi-ndi ○ [tr] slaughter (ram for annual Muslim feast) ❁ égorger (bélier de tabaski).

čollo G ○ [n] dust ❁ poussière [< Ful.] [SYN /kisow/].

nčom [= /nčam/].

čombu [= /čambu/].

čow 1 TGN, čew 1 GN [= KS /čow/] ○ a) [intr or tr] read ; recite (Koran) ❁ lire ; réciter (Coran) ○ b) [intr] study, go to school, get educated ❁ étudier, ê. formé.

čow 2 T, čew 2 GN ○ [tr] call (sb), summon, send for (sb) ❁ appeler (qqn) [= KS /čee/] [SYN /kaati/] • LOCUT : ⇨ /fafa/.

čow-koy ○ [n] expert ❁ savant.

čow-ndi ○ [tr] teach, educate ❁ enseigner.

čoy! N ○ [INTENS for /čirey/ 'red' ∞ 'rouge'].

-čufu [⇨ /čirow-čufu/].

čum TGN, čim GN ○ [intr] (sb) be right ❁ avoir raison [probably < *čiim, cf. /čiimi/].

d

nda 1, na 3 ○ a) [conjunction] and ❁ et [precedes second of two NPs or adverbials] ○ b) [Instrumental preposition] by means of, with ❁ avec (instrument) • LOCUT : /nda gaabi/ forcefully, forcibly, hard ∞ avec force ○ c) [Comitative preposition] in the company of, with ❁ avec, accompagné de [cf. /-nda/ 2] • LOCUT : /nda čere/ together ∞ ensemble ○ d) [preposition] more than... ❁ plus que... [in comparatives] • EX : /a boori nda ay/ she is more pretty than I ∞ elle est plus belle que moi ○ e) [clause-initial particle] if... ❁ si...

-nda 2 [suffixal form of /nda/ 1, usually turning an intransitive motion verb into a transitive verb of conveyance] ⇨ /čii-nda/, /fey-nda/, /gey-nda/, /hima-nda/, /kaa-nda/, /koy-nda/, /kubey-nda/, /sawa-nda/, /yee-nda/.

nda 3 N [= /niya/].

daa 1 ○ [phrase-final particle] exactly, precisely, exclusively, right (here, etc.) ❁ juste, précisément [emphasizes precise identity] [also frozen in /moreyda/ 'now' ∞ 'maintenant'].

daa 2 ○ [n] fish sp. ❁ poisson sp. [ID *Distichodus brevipinnis* and perhaps other *D.* spp.] [cf. /jamdaŋga/].

dab T [= /dow/ 2].

dabari [< Ar. √dbr, cf. /addibaara/] ○ [n] method, plan, trick, stratagem, device ❁ méthode, ruse, stratagème • (evil) magic, poison ❁ magie, poison.

daabu 1 ○ a) [tr] cover, enclose ; shut ; lock ❁ couvrir, renfermer ; fermer ; boucler ○ b) [intr] (e.g. door) close (by itself) ❁ se fermer [cf. /daabu-rey/, /daabu-nte/].

daabu 2 [cf. /konji/, /koŋgom/] ○ a) [n] fibers from doum palm fronds (used as wicker for mats and baskets) ❁ fibres de feuilles de doum ○ b) [n] palm-frond stem ❁ tige de feuille de palmier.

daabu-ndi ○ [tr] cover ; dress ❁ couvrir ; habiller.

daabu-nte ○ [partpl] covered ❁ couvert.

dabur TN, dobor G ⭘ [n] fishing line with hooks ❁ ligne de pêche avec hameçons • COMP : ⇨ /dabur-ije/].

daabu-rey ⭘ [n] covering, lid ❁ couvercle [cf. verb /daabu/].

dabur-ije ⭘ [n] fishhook ❁ hameçon (de péche) [cf. /dabur/].

dagaa, gaa ⭘ [n] encampment, temporary camp (with tents, etc.) ❁ campement (provisoire).

daaga ⭘ [n] a caste of Tuaregs ❁ imrad (une caste touareg) [cf. /surgu/].

daa'iman ⭘ [particle] ever ; never ❁ jamais [< Ar. /daa'iman/, with glottal stop].

daa-jitey T ⭘ [n] river eagle ❁ aigle pêcheur [ID *Haliaetus vocifer*] [also /jitey/, cf. /gaayka/].

daka ⭘ [tr] stamp or stomp on ❁ fouler du pied avec force [cf. /taam/, /tafa/] • kick ❁ piétiner [cf. /tafa/, /tamaŋkasu/] • knock down ❁ terrasser.

daalam ⭘ [intr] stride, walk with long strides ❁ marcher à grandes enjambées.

dalla TN, della T ⭘ [n] scar, mark, trace, track (on ground), brand (on animal) ❁ trace, marque, cicatrice [probably < Ar. √dll] [cf. /toor/ 2b].

dam 1 TGN, [less often] daŋ GN ⭘ a) [tr] put (somewhere) ❁ mettre (quelque part) [cf. /jisi/) • put on, wear (clothing) ❁ mettre, porter (habit) [cf. /haw/ 1c] • spend (time) ❁ passer (temps) • make, do ❁ faire [common in idioms] [cf. /hĩsa/ 1] • LOCUT : /dam X nda Y/ make X into Y ∞ rendre X en Y ⭘ b) [intr] be done, be performed, take place ❁ ê. fait, se passer, avoir lieu ⭘ c) [n] doing, happening ❁ (acte) de faire ou d'avoir lieu [EX under /kisow/].

dam 2 N [= /dan/].

dama ⭘ [n] harpoon with attached rope and floater (for crocodiles, etc.) ❁ harpon avec corde et flotteur (pour les crocodiles) [cf. /harji/].

ndaamakolooti ⭘ [n] chameleon ❁ caméléon.

dambu G ⭘ [n] cotton wick ❁ mèche en coton.

dam-di [//dam-ndi//] ⭘ [intr] be done, permissible, feasible ❁ ê.

fait, faisable.

daame ○ [n] convivial or festive atmosphere, ceremony, party ❁ ambiance, soirée [cf. /addahar/] • EX : /i dam daame beer/ they put on a big party ∞ ils ont préparé une grande soirée.

daame-nte ○ [partpl] elegant, interesting (person, etc.) ❁ élégant, intéressant.

damsu ○ a) [n] type of groundnut (resembles peanut) ❁ pois de terre, vouantzou [grown in south, imported for sale] [ID *Vigna subterranea*] [SYN /tiganaŋkuru/, cf. /maatije/] ○ b) [n] small extra amount of produce added voluntarily by merchant to top off a purchase ❁ petite quantité ajoutée gratuitement par un commerçant [cf. /guma-ndi/].

dan TN, daw̃ GN, dam 2 N, dem N ○ [intr] ford, go across (river) ❁ traverser (fleuve).

dana ○ [intr] go blind ❁ devenir aveugle [cf. /danam/].

danam ○ [n] blind person ❁ personne aveugle [cf. /dana/] [= KS /danow/] • EX : /a či danam/ she is blind (is a blind person) ∞ elle est aveugle, c'est une aveugle.

dana-ndi ○ [tr] make blind ❁ aveugler.

dandam ○ [tr] pat ❁ donner une tape à.

dandamir ○ [n] an eye disease ❁ une maladie des yeux.

dandara ○ [n] garbage heap ❁ dépôt d'ordures.

dandaawiri ○ [n] dung beetle ❁ scarabée sp. (dans les excréments) [ID specimen at T was subfamily Scarabaeinae] [perhaps an irregular COMP of /dandara/ and /wiri/].

dandi TN, dendi T ○ [n] pimento, thin red pepper (spice) ❁ piment rouge (épice) [ID a cultivated *Capsicum* sp.].

daney, daŋey ○ [tr] forge (metal) ❁ forger (métal).

daaney ○ [n] burrgrass ❁ cram-cram (graminée à bardanes) [ID *Cenchrus* spp., esp. the edible *C. biflorus* ; occasionally extended to other edible grasses such as *Echinochloa colona*] [cf. /isa-daaney/].

daŋga ○ [tr] curse ❁ maudire.

daŋgaa ○ [n] tobacco pouch ❁ sac à tabac [SYN /albeyti/] • leather saddlebag ❁ sacoche en cuir pour la selle.

daŋgey ○ a) [intr] shut up, be quiet ❁ se taire ○ b) [n] silence ❁ silence.

daŋka ○ [n] palate (of mouth) ❁ palais (de la bouche).

daar T, daaru GN ○ a) [tr] spread, lay out (e.g. bedding), extend ❁ étaler (draps, etc.) ○ b) [intr] prepare the bedding ❁ étaler le lit, préparer le lit.

daara T ○ [n] tail ❁ queue (d'animal) [SYN /dippe/ N, /tinji/ G].

daraa, draa ○ [n] (bed-)sheet ; tablecloth ❁ drap ; nappe [< Fr. drap].

ndaarandaara N ○ [n] herb sp. ❁ herbe sp.

daarey ○ [n] jujube (fruit) ❁ jujube (fruit) [fruits sucked, sold in markets] • entire tree : /daarey͜-ñaa/ jujube tree ❁ jujubier [ID primarily *Ziziphus mauritiana*, secondarily other *Ziziphus* spp.].

daari ○ [n] mat (with bedding material) ❁ natte (avec draps) [cf. /daar/].

darka, ndarka ○ [n] hammer ❁ marteau.

daaru GN [= /daar/].

daaru-ndi N ○ [intr] (sheet, etc.) be spread ❁ (drap, etc.) ê. étalé.

dasa ○ [tr] pound (especially rice) again in mortar to remove inner covering (integument) and so expose the white grains ❁ piler (surtout riz) encore une fois pour enlever le son intérieur [follows /soko/, ⇨ /dur/, /doobu/).

daasi TN ○ [n] (native) ax ❁ hache • COMP : ⇨ /beene-daasi/.

daasu ○ [n] bull ❁ taureau [castrated or not] [cf. /yeeji/].

dawa ○ [n] ink ❁ encre [< Ar.√dwy].

dawla [= /dowla/].

daw̃ GN [= /dan/].

daawo ○ a) [intr] be or become thin (skinny) ❁ ê. maigre, s'amincir [cf. /mari/, /soo/ 3] ○ b) [adj] thin ❁ maigre [arguably /daaw-o/ in this usage].

dee ○ a) [clause-final particle with admonitive flavor] ○ b) [particle linking two clauses] (only) then... ❁ c'est alors que...

debe N ⭘ [n] large stack (of millet or rice, made at edge of field after cutting) ❁ grand tas (de riz ou de mil).

deeči TG, deeji TN, denji 2 T, deeki N ⭘ a) [tr] hang, suspend ❁ accrocher [= KS /deeji/] ⭘ b) [intr] hold on, hang on, stick close ❁ s'accrocher, rester à côté • LOCUT : /deeči a ga/ hang on to it ∞ s'y accrocher.

dedew T, dedeb G ⭘ a) [n] first lunar month of Muslim calendar ❁ premier mois musulman [followed by /dedew keyna/] ⭘ b) [n] holiday when sheep hocks are eaten ❁ fête pendant laquelle on mange des pattes de mouton.

dedew-keyna ['...-little' ∞ '...-petit'] ⭘ [n] second lunar month of Muslim calendar ❁ deuxième mois musulman [follows /dedew/, precedes /almudu/].

dɛf ⭘ [n] diploma on passing school exam ❁ D.E.F., Diplôme d'Étude Fondamentale [< Fr. acronym ; completes first cycle of baccalaureat].

deeji [= /deeči/].

deeki N [= /deeči/].

dele-bomo ⭘ [n] cover for large water jar ❁ couvercle pour un canari d'eau.

deelew ⭘ [n] spark ❁ étincelle.

deeli ⭘ [n] gum arabic, tree resin ❁ gomme arabique [cf. /deeli-ñaa/).

deeli-goon, deeli-gon ['gum-swallow' ∞ 'gomme-avaler'] ⭘ [n] bustard (game bird) ❁ outarde [ID primarily *Otis arabs*].

deeli-ñaa T, ndeeli-ñaa D ⭘ [n] gum-arabic tree ❁ gommier (arbre) [ID primarily *Acacia senegal*, source of the best resin, but also loosely covers other gum trees : *A. seyal*, *A. laeta*, etc.] [SYN /warwar/ N].

deliil [= /addeliil/].

della [= /dalla/].

dem N [= /dan/].

denčilili ⭘ [n] sand cricket ❁ grillon [burrows in sand, large head].

dendi [= /dandi/].

deene ⭘ [n] tongue ❁ langue (du corps).

deŋgele [= /denjele/].

deŋgi [= /denji/ 1].

denjele T, deŋgele N ○ [n] hanging door or window covering made of matting ❁ paillasson suspendu pour couvrir une porte ou une fenêtre.

denji 1 TGN, deŋgi N ○ [n] (hot or cold) charcoal, ember(s) ❁ charbon, braise(s) • COMP : ⇨ /tow-denji/.

denji 2 T [= /deeči/].

denji-bibi G ['...-black' ∞ '...-noir'] ○ [n] charcoal ❁ charbon.

denji-ndi ○ a) [tr, plus PP] attach, stick (sth, to sth) ❁ coller (qqch., à qqch.) [SYN /lagara/, /laay/] • EX : /a denji-ndi ay ga šiŋgom di/ she stuck the chewing gum on me ∞ elle a collé le chewing-gum sur moi ○ b) [tr] adhere to, stick to (sth or sb) ❁ se coller à.

derbe ○ a) [n] man's outer upper-body or full-length garment (boubou or shirt) ❁ boubou, chemise (d'homme) [types : /derbe-beeri/ N, /forkiya/ = /reglã/, /ganduura/, /gunjuru/, /pippaawo/, /šaaya/, /tilbi/, cf. /forko/] ○ b) [n] garment, article of clothing ❁ habit TG [esp. in plural] [cf /jaara/].

derbe-beer T, derbe-beeri N ○ [n] man's full-length boubou ❁ long boubou d'homme [in N also called /saaya-beeri/].

derbe-jinde ○ [n] collar (of shirt) ❁ col (de chemise).

derey T, dere GN ○ [intr] disappear, become lost ❁ disparaître, se perdre [cf. /yoole/) • go out of style ❁ devenir démodé • be wasted ❁ se perdre, ê. gaspillé [SYN /mussu/].

derey-ndi ○ [tr] lose, cause to be lost or ruined ❁ perdre • waste ❁ gaspiller.

derse N ○ [n] plant used for incense ❁ plante à encens.

deesi 1 ○ [n] catfish sp. ❁ silure sp. (poisson) [ID focally *Clarias anguillaris*, secondarily other *Clarias & Heterobranchus* spp., or general term for all catfiṣh] [cf. /deesi-čirey/].

deesi 2 TG ○ [intr] fly, fly away, soar ❁ s'envoler [cf. /firri/].

deesi-čirey [/deesi/ 1 plus '-red' ∞ '-rouge'] ○ [n] catfish sp. ❁ silure sp. [ID *Heterobranchus bidorsalis*].

dew [= /dow/ 1].

dey 1 ○ a) [tr] buy ❁ acheter [also used rurally to mean 'sell' ∞ 'vendre'] [cf. /deydey/] ○ b) [intr] be for sale ❁ ê. en vente.

dey 2 GN ○ [n] (water) well ❁ puits [SYN /baasu/ T].

deydey T [< RDP of /dey/ 1] ○ a) [n] daily groceries (spices, meat) for sauce ❁ condiments quotidiens (épices, viande) pour la sauce [SYN /maafe/ N] ○ b) [intr] go shopping (for daily groceries) ❁ faire les courses, acheter les condiments quotidiens.

deydey-hay TGN ○ [n] cost of daily groceries ❁ prix des condiments [SYN /maafe-hay/ N].

dey-ndi ○ [intr] be bought, cost money ❁ s'acheter, couter de l'argent.

di 1 ○ [Definite of nouns ; precedes PL /yo/] • EX : /har͜di yo/ the men ∞ les hommes.

-di 2 [surface form of /-ndi/ 1,2 after a nasal].

-ndi 1 ○ [Factitive-Causative suffix].

-ndi 2 ○ [Mediopassive suffix].

dii ○ [n] pole (for propelling a skiff) ❁ perche (de pirogue) [cf. /hii/ 1].

dibar ○ [n] catfish sp. ❁ silure sp. [ID *Auchenoglanis occidentalis*, perhaps also *A. biscutatus*].

dibaara [= /addibaara/].

diibi ○ [tr] thoroughly mix (e.g. flour, earth) with water by turning it over repeatedly, knead (dough) ❁ pétrir ou compacter (farine, banco) avec de l'eau [e.g. preparing mud-gravel mix for wall repairs, after /kasam/, followed perhaps by /sãfa/, cf. /ferey/, /fifir/, /kulba/).

diče T, dike TGN ○ [n] small basket ❁ petit panier [cf. Ful. /dikkeere/] [cf. /sekiya/].

diide ○ [tr with 3Sg object] /diide ga/ take the initiative ❁ prendre l'initiative.

diidere ○ [n] aquatic grass sp. ❁ graminée aquatique sp. [ID *Vossia cuspidata*].

didi ○ [n] woman's hairdo style with spikes sticking out ❁ coiffure de femme avec des pointes [cf. /tur/].

didii ○ [tr] roll up, wrap ❁ enrouler, envelopper [< */didigi/].

-digey N, -dijey G [⇨ /gorgo-digey/].

digi TN ○ [n] mirror ❁ miroir • glass (material) ❁ vitrine, verre • COMP : ⇨ /moo-digi/.

digisa N ○ [n] herb sp. (roots used for incense) ❁ herbe sp. (racines utilisées pour encens) [ID not seen, probably *Cyperus* sp., cf. /haaji/, /ŋkiiji/ ; Songhay 'digai sa' for *Cyperus rotundus* in UPWTC2, vol. 1, p. 621].

-dijey [⇨ /-digey/].

dike [= /diče/].

diki ○ [n] ridge of earth built around a rice field ❁ digue autour d'un champ de riz [< Fr.] [SYN /seere/].

dikidaka ○ [n] hubbub, noise ❁ bruit, cacophonie [cf. /duka/].

diki-moo ○ [n] a variety of rice ❁ sorte de riz.

dilwil ○ [n] cooking oil ❁ huile (de cuisine) [< Fr. de l'huile] [cf. /wil/].

dimba ○ [n] annual dance of builders (dance involves bricks) (builders) ❁ danse annuelle des maçons.

dime, dume ○ [n] thin matting ❁ paillasson mince [also /dime-subu/] [made with grasses such as /diiri/] [= KS /dimow/].

dime-subu [= /dime/].

din 1 [= KS /dii/, Ka /dì/] [cf. /diŋ-ndi/ 1] ○ a) [tr] take, pick up, catch, arrest, get ❁ prendre (dans la main), attraper • Recip : /din čere/ stick together, unite ❁ agir ensemble, s'unir [cf. nominalization /din-čere/) ○ b) [tr] (disease, misfortune) afflict (sb) ❁ affliger (qqn) [cf. /duu/].

din 2 [= KS /dii/, Ka /dî/] ○ [intr] catch fire ❁ prendre feu [cf. /diŋ-ndi/ 2] [distinct etymologically from /din/ 1 but perhaps now a single lexeme].

dinaa ○ [tr] forget ❁ oublier.

din-čere ['take-friend' ∞ 'prendre-ami'] ○ [n] unity, teamwork ❁ unité.

diŋ-ndi 1 ○ a) [tr] cause to take ❁ faire prendre ○ b) [intr] be caught, be held ❁ ê. attrapé.

diŋ-ndi 2 ○ [tr] set on fire, ignite ❁ allumer (feu).

dindira T, dindire N ○ [n] gums ❁ gencives.

diŋgi N [= /dinji/].

dinji T, linji T, diŋgi N ○ [n] liana sp. and its edible fruit ❁ zaban (liane et fruit) [ID *Saba senegalensis*] • entire plant : /dinji-ñaa/] [= KS /linji/].

dippe N ○ [n] tail ❁ queue [SYN /daara/ T, /tinji/ G].

diir ○ [n] a game ❁ un jeu.

dira ○ [intr] walk, go for a walk, set off on foot ❁ marcher, se promener, partir à pied • travel ❁ voyager.

dira-jje ○ [n] gift from returning traveler ❁ cadeau d'un voyageur de retour.

dira-ndi ○ [tr] cause to walk ❁ faire marcher • (e.g. fuel) cause to move ❁ (carburant, etc.) faire marcher.

direkteer ○ [n] director ❁ directeur [< Fr.].

dirgasu ○ [intr] be startled ❁ ê. effrayé.

diiri T, ndiiri N ○ [n] aquatic grass sp. ❁ graminée aquatique sp. [ID *Vetiveria nigritana*] [entire plant also /diiri-ñaa/) • stems of this grass ❁ tiges de cette graminée [thin but tough, for thatch and matting ; cf. /dume/, /segi/, /siti/).

dirta [= /ditta/].

disa ○ [n] veil ❁ voile.

diisi ○ [n] edible palm heart ❁ cœur de palmier comestible [ID from palm *Borassus aethiopum*, /sebe/].

ditta, dirta ○ [tr] defeat (opponent or rival) ❁ battre (rival) [< Ful. √dirt-] • COMP : ⇨ /ditta-gooro/

ditta-gooro ○ [n] consolation prize (for loser) ❁ prix de consolation.

diya ○ a) [n] message ; errand ❁ message ; commission ○ b) [tr] send (on a mission) ❁ commissionner, envoyer en mission [less common than /donto/, cf. /diya-terey/) • COMP : ⇨ /yerkoy-diya/.

diya-terey ○ a) [n] message ; errand ❁ message ; commission ○ b) [tr] send on an errand ❁ commissionner, envoyer en mission [more respectful or euphemistic than /diya/] • EX : /i diya-terey ni yoobu/ they sent you to the marketplace ∞ ils t'ont envoyé au marché.

doo 1 ○ a) [postp] at (the place of) ; in the immediate presence of ❁ chez, en présence de, par [complement NP usually human but may be e.g. 'house' ∞ 'maison'] ○ b) [n] place ❁ lieu [only as unproductive COMP final, cf. also /doodi ~ dooti/] [SYN /noŋgu/] • COMP : ⇨ /kani-doo/, /hoo-doo/, /goy-doo/.

doo 2 ○ a) [intr with optional locational] wade (in water) ; go down (to or into river, swamp, low-lying field) ; board (skiff) ❁ marcher (dans l'eau) ; entrer en descendant (vers ou dans un fleuve, une mare, un champ) ; monter à bord (pirogue) ○ b) [intr] come into existence, originate, arise ❁ apparaître • [with further Postp /ga/] be based (on) ❁ se baser (sur) ○ c) [intr] (dust storm) approach, be nearly upon us ❁ (poussière) s'approcher [⇨ /kisow/].

doo 3 T ○ [tr] pinch (between fingers) ❁ pincer (entre les doigts) [SYN /kumti/ G, /ñamti/ N, /murkuti/).

dõõ [entry follows that of /doon/ 3]

dob T, dobu N ○ a) [tr] join, attach (end to end) ❁ lier (par les bouts) ○ b) [n] (bone) joint ❁ articulation (d'os).

doobal 1 ○ [n] giant ❁ géant.

doobal 2 [= /dubal/].

dobu N [= /dob/].

doobu ○ [n] inner bran (of millet or sorghum) ❁ son (du mil ou sorgho) • inner covering (integument) of rice kernel ❁ son intérieur du riz [cf. /moo-duu/, /dasa/].

doodi, dooti ○ [adv] there ❁ là [cf. /doo/ 1b].

doodoo ○ [n] a rite during Ramadan ❁ rite du ramadan [boy dresses as bull, goes house-to-house for coins or grain] [perhaps < Ful. /doodo/ 'mask' ∞ 'masque'] [cf. /joorejje/].

dofe ○ [n] vagina ❁ vagin [SYN /bute/].

dofor ○ [n] cushion, pillow ❁ coussin, oreiller • padded saddle (on donkey's back) ❁ selle (d'âne).

dogo ○ [tr] uproot, pull up or out ❁ déraciner.

dookorey ❍ [tr] take a dim view of, look down on, have little respect for ❁ minimiser, mépriser, manquer de considération pour [SYN /keyna-ndi/, /šaŋku/).

dookorey-ndi ❍ [intr] be looked down on ❁ ê. méprisé.

dolaar ❍ [n] dollar ❁ dollar [< Eng. via Fr.].

ndolli ❍ [n] roach ❁ cafard • centipede, millipede ❁ mille-pattes.

dolo ❍ [n] native beer ❁ bière indigène [Bam. /dolo/, Ful. /doro/] [cf. /hari-futu/].

dolo-biri ❍ [n] yeast ❁ levure.

ndomma N ❍ [n] rabbit ❁ lapin [< Ful.].

doon 1 T, doonu GN ❍ a) [intr, tr] sing ❁ chanter ❍ b) [n] song, singing ❁ chanson [cf. /doon-kom/, /doon-koy/].

doon 2 T ❍ [intr] be light(-weight) ❁ ê. léger [ADJ /doon-o/, FACT /doona-ndi/) [SYN /felew/, cf. /baan/].

doon 3 TG, doonu N ❍ [n] a cream porridge with partially crushed millet ❁ crème de mil [generally served as a snack] [< Hass. Ar. /duqnu/] [cf. /fufu/ 2, /gassi/, /gow/] • COMP : ⇨ /doon-gani/, /doon-hina/.

dõõ ❍ [n] old times, old style ❁ l'ancien temps, style ancien [usually COMP initial, cf. /dõõ-hina/, below].

doona-ndi ❍ [tr] lighten, alleviate ❁ alléger [< /doon/ 2].

doo-ndi ❍ [tr] bring, present ❁ présenter, amener T [cf. /doo/ 2b-c] • take down (into river, etc.) ❁ amener en descendant (dans le fleuve, etc.) N [< /doo/ 2a] • put (cooking ingredients) into water in pot ❁ mettre (condiments, etc.) dans de l'eau dans une marmite T [< /doo/ 2a] [sometimes confused with /doy-ndi/].

dooney ❍ a) [tr or SerV] be accustomed to ❁ s'habituer à • ❍ b) [n] habit ❁ habitude.

dõfo ❍ [n] couscous or rice steamer (earthenware baking dish with holes) ❁ marmite à vapeur trouée en terre cuite, couscoussier [= KS /denfu/].

doon-gani ❍ [n] cream of uncooked (fresh) millet ❁ crème de mil cru [< /doon/ 3].

dõõ-hina ❍ [n] old-time cooking ❁ cuisine à l'ancienne.

doon-hina ❍ [n] cream of cooked millet ❁ crème de mil cuit

[< /doon/ 3].

doon-kom ○ [n] singer ❁ chanteur [rare].

doon-koy T, doonu-koy GN ○ [n] singer ❁ chanteur [common term].

doŋku ○ [particle] so... ❁ donc... [< Fr.].

doon-o ○ [adj] light(-weight) ❁ léger [< /doon/ 2].

doon-o-doon-o ○ [RDP < /doon-o/].

dontaasu N ○ [n] sand ❁ sable [< *dow-taasu, cf. /dow/ 1 'sand' ∞ 'sable '; compare KS /labu-taasi/ and variants].

donto TN ○ [tr] send on errand or mission ❁ envoyer en commission, commissionner [cf. /diya/].

dontor ~ ndontor T, donton N ○ [n] scorpion ❁ scorpion.

doonu GN [= /doon/].

door 1 [cf. /mun/] ○ a) [intr] flow, flow out, leak ❁ (liquide) couler ○ b) [tr] pour (on) ❁ verser (sur) • (e.g. gutter) pour out (liquid) ❁ (gouttière, etc.) laisser couler (liquide).

door 2 T, dooru G ○ a) [tr] harm, hurt, make sore ❁ faire du mal à • anger, upset (sb) ❁ mettre en colère • (body part) be painful to, hurt (sb) ❁ (partie du corps) faire mal à (qqn) • EX : /ay moo dio door ey/ my eye hurts ∞ mon œil me fait mal ○ b) [intr] (body part) ache, be painful ❁ (partie du corps) faire mal [said e.g. of head, tooth, ear, eye] [cf. /kakatu/] • EX : /ay bomo dio door/ my head aches (= I have a headache) ∞ la tête me fait mal (= j'ai mal à la tête) ○ c) [n] anger ❁ colère.

ndoora [= /dooro/].

ndoore [= /dooro/].

door-ey 1 [ABSTR < /door/ 2] ○ a) [n] harm, injury ❁ mal ○ b) [n] hatred ❁ haine.

doorey 2 ○ a) [intr] collect water lily fruits (and tubers) ❁ cueillir des fruits (et tubercules) de nénuphar [refers to /haŋku/ and /dundu/, from *Nymphaea lotus*] ○ b) [n] annual gathering of water lily fruits (and tubers) ❁ cueillette de fruits (et de tubercules) de nénuphar [also /haŋku-doorey/].

dorkoto ○ [SerV] do the best one can ❁ faire de son mieux • EX : /ay dorkoto ka taasi goy/ I really did try to seek a job ∞ j'ai fait de mon mieux pour chercher (pour trouver) un boulot.

dooro T, ndooro T, ndoore N ○ [n] partridge-like bird ❁ 'perdrix' [ID perhaps primarily the 'sandgrouse' ∞ 'ganga', *Pterocles exustus*, but would cover any similar birds, e.g. francolins] [cf. /pere/ G].

dooru T ○ [n] crawling plant sp. ❁ plante rampante sp. [ID from description, perhaps *Mimosa pudica*].

dosiñe T, doosiñe N ○ [n] iron ladle for hot coals ❁ louche en fer pour les braises [< Bam.].

ndorro TG ○ [n] roof gutter, rain pipe ❁ gouttière.

ndooso ○ [n] type of pick-ax ❁ sorte de pioche.

dooso ○ [n] locust-bean tree ❁ néré (arbre) [ID *Parkia biglobosa*, grows in south] [entire tree properly /dooso-ñaa/] [⇨ /maari/] • fruit of locust-bean tree, and an edible yellow flour made from its grains ❁ fruit du néré, et sa farine comestible [flour sold in markets] • COMP : ⇨ /kara-dooso/.

dooti [= /doodi/].

dow 1 TG, dew T ○ [n] sand, dirt, earth ❁ sable, terre [since T and other towns are on sand, 'sand' ∞ 'sable' and 'earth' ∞ 'terre' are often the same thing] [SYN /dontaasu/ N] [/dow/ 1 and /laabu/ may have split from a single etymon] • COMP : ⇨ /dusu-dow/.

dow 2 T, dab 1 T ○ [tr] re-attach, join (long objects, at ends) ❁ rattacher (objets longs, par les bouts) [related to KS /dobu/].

dow-baano ○ [n] soft sand ❁ sable mou.

dow-gurey G ○ [n] sand dune ❁ dune de sable.

dowla, dawla, addowla, addawla [< Ar. √dwl] ○ a) [n] prestige, (good) reputation, glory ❁ prestige, (bonne) réputation, gloire [= /addowla/ in this sense] • LOCUT : /a duu dowla/ he became admired ∞ il a eu du prestige ○ b) [intr] (e.g. crop) be excellent ❁ ê. excellent.

dowla-nte ○ [partpl] elegant, classy, admired (person) ❁ (personne) élégante, prestigieuse.

doy ○ [intr] float (on water) ❁ flotter (sur l'eau).

doy-ndi ○ [tr] cause to float, put (boat) in water ❁ faire flotter, pousser (pirogue) dans l'eau [CAUS < /doy/] [sometimes confused with /doo-ndi/].

draa [= /daraa/].

duu 1 ○ a) [tr] get, obtain, earn ❁ obtenir, gagner [ABSTR /duu-rey ~ duu-ra/] ○ b) [intr] receive or get one's share ; be successful (in gaining sth) ❁ recevoir ou gagner sa part, avoir une réussite matérielle ○ c) [tr] (misfortune, illness) afflict or beset (sb) ❁ (mal, maladie) affliger (qqn) ○ d) [SerV] proceed to (do) ; (do) thereafter ❁ (faire) ensuite • EX : /a duu ka dur ga/ she proceeded to pound it ∞ puis elle l'a pilé • EX (negated) : /a na duu ka kaa/ he did not come thereafter ∞ il n'est pas venu ensuite.

duu 2 ○ [n] fish sp. ❁ poisson sp. [ID two *Labeo* spp. ; ⇨ /duu-bibi/, /duu-korey/, and /duu-kurumbu/].

duu 3 ○ [n] husk (of grain, esp. unshelled rice) ❁ enveloppe ou balle (de graine de céréale, surtout du riz non décortiqué) [cf. /soko/, /doobu/] [cf. HS /du/, Ful. /dumo/) • COMP : ⇨ /moo-duu/.

dubal, doobal 2 ○ [n] bustard (game bird) ❁ outarde [ID either a synonym for /deeli-goon/ or applied to smaller bustards such as *Eupodotis* spp.] [perhaps < Tam.].

dubi ○ [n] tree stump ❁ souche (d'arbre) • log (cut-down tree trunk) ❁ bûche (de bois).

duu-bibi ○ [n] dark fish sp. ❁ poisson sp. [ID *Labeo coubie*] [⇨ /duu/, /duu-kurumbu/].

duburey ○ [n] a fig tree sp. ❁ figuier sp. [ID probably *Ficus iteophylla*].

dugu ○ [n] incense ❁ encens [native types are /taara/ and /albarkante/].

dugudugu ○ [n] pygmy goose ❁ canard nain, 'sarcelle' [ID *Nettapus auritus*] [small, plump, a hunter's favorite].

duk! ○ [interj] [INTENS for /timme/].

duka 1 ○ [n] noise ❁ bruit [cf. /dikidaka/].

duka 2 ○ [tr] (cow, etc.) butt (sth) with head ❁ (vache, etc.) donner un coup de tête à (qqch.).

duu-korey D ○ [n] light-colored fish sp. ❁ poisson sp. de couleur claire [ID *Labeo senegalensis*] [cf. /duu-kurumbu/].

dukur ○ [intr, with optional Dat or Postp /ga/] be or become angry (at sth) ❁ se fâcher (contre qqch.) [SYN /ñama/, /waasu/].

duu-kurumbu TDN ○ a) [n] light-colored fish sp. ❁ poisson sp. de couleur claire [ID *Labeo senegalensis*] TN ○ b) [n] [covers both *Labeo* spp., distinguishable as e.g. /duu-bibi/ and /duu-korey/] TD.

duule T, duula N ○ [n] cloud ❁ nuage [< Ful.].

dullu ○ [n] smoke ❁ fumée.

dum ○ [tr] briefly escort, see off (a guest, to the door or into the street) ❁ 'pousser' (qqn), raccompagner (qqn) à la porte ou à la rue.

duma ○ a) [tr] sow (esp. millet) ❁ semer (le mil) [Cf. /dumi/, /dumarey/, /sey/] ○ b) [n] seed ❁ semence N • sowing ❁ acte de semer N.

duma-jje ○ [n] kidney ❁ rein, rognon.

dumam ○ [n] small bundle (of cut-down grain plants) ❁ petit fagot (de céréales).

dumarey ○ [n] seed (for sowing) ; seedling, young sprout ❁ semence ; jeune pousse [related to /duma/, SYN /dumi/].

dumb-o [< /dumbu/] ○ a) [adj] short, small, brief, meager ❁ court, petit, dérisoire ○ b) [n] small piece, bit ❁ petit morceau.

dumb-o-dumb-o ○ [RDP < /dumb-o/].

dumbu ○ a) [tr] cut, sever, cut down, cut off ❁ couper • circumcise ❁ circoncire • cut up, divide, share ❁ diviser en parts ○ b) [intr] be cut, be shortened ❁ ê. coupé, ê. raccourci [ADJ /dumb-o/] ○ c) [tr] reap, harvest (grain) ❁ faucher, récolter (céréales) [cf. /hejey/] ○ d) [tr] settle, agree on (deal) ❁ se mettre d'accord ○ e) [tr] analyse ❁ analyser ○ f) [tr, plus /nda/ phrase] barter ❁ échanger • EX : /a dumbu X nda Y/ she bartered X for Y ∞ elle a échangé X pour Y ○ g) [n] piece ❁ morceau.

dumbu-dumbu ○ [intr] (heart) beat, throb ❁ (cœur) battre [RDP

< /dumbu/, cf. /ɓine-dumb-oy/].

dumbu-ndi ○ [intr] be cut ❁ ê. coupé.

dume [= /dime/].

dumey ○ [n] lower back ❁ (le) bas du dos [cf. /ɓanda/].

dumi ○ [n] seed ❁ semence [SYN /dumarey/].

dunde ○ [n] dung ❁ excréments [of horse, donkey, etc.] [cf. /moroo/].

duu-ndi ○ [intr] be found or obtained, be available ❁ ê. (re-)trouvé, ê. disponible.

dundu ○ [n] edible root tuber of the large water lily ❁ tubercule comestible du grand nénuphar [ID *Nymphaea lotus*] [also /dundu-mooney/ ; cf. /gaŋgari/] [cf. /ɓoy/, /haŋku/, /jinow/, /mooney/, /mulaamulaa/).

dundum ○ [intr] (thunder, machine) rumble ❁ (tonnerre, machine) gronder [cf. /hirri/ 2, /ɓaana-gudugudu/, /taram/) • EX : /ɓeene dio dundum / the sky is rumbling ∞ le ciel gronde.

dundu-mooney T [= /dundu/] [but cf. /mooney/].

duŋg-o ○ [adj] lukewarm ❁ tiède [< /duŋgu/].

duŋgu ○ [intr] be lukewarm ❁ ê. tiède [ADJ /duŋg-o/) [cf. /čenčen/, /koron/).

duŋgu-duŋgu ○ [RDP < /duŋgu/].

duŋgu-ndi ○ [tr] warm (up) ❁ réchauffer.

duŋgura ○ [intr] be short ❁ ê. court.

duŋguri ○ [n] cultivated cow-pea (bean) ❁ haricot cultivé, niébé [a cultivar of *Vigna unguiculata*] [shelled beans cooked].

duŋguri-korbo ○ [n] cow-pea greens ❁ tiges de haricot [sold as fodder].

duŋguri-ñaa ['bean-plant' ∞ 'haricot-plante', ⇨ /ñaa/ (c)] ○ [n] pregnant woman ❁ femme enceinte [humorous term].

dur ○ a) [tr] pound (grain, with mortar and pestle) ❁ piler (céréales) [in addition to this general term note the following : for rice /soko/, /dasa/ ; for millet /soko/, /sosom/, /ɓuka/] ○ b) [n] rice chaff ❁ enveloppes ou balles (de riz) [SYN /moo-duu/, cf. /tootoo/ 2].

duu-ra [= /duu-rey/].

durey ○ [intr] groan, moan ❋ gémir.

duu-rey, duu-ra [ABSTR < /duu/] ○ a) [n] earnings, income, what one gains, output ❋ rentes, bénéfice, produit ○ b) [n] getting ❋ acquisition • EX : /a duu-rey go sendu/ it is hard to get ∞ c'est difficile à obtenir.

durma ○ [intr] have a cold ❋ ê. enrhumé.

ndurñaa [= /adduñaa/ 'world' ∞ 'monde'].

durra ○ [tr] harm ❋ faire du mal à [< Ar. √ḍrr].

durru ○ a) [intr] (leaves) wither ❋ (feuilles) flétrir ○ b) [intr] become worn out ❋ devenir usé.

dursi ○ [tr] study (text) intensively, memorize ❋ apprendre (texte) par cœur, 'bûcher' [< Ar. √drs].

dusu ○ [n] termite ❋ termite.

dusu-dow ['termite-sand' ∞ 'termite-sable'] ○ [n] tomb ❋ tombeau [SYN /alkabur/, cf. /saarey/].

dusum ○ [intr] doze ❋ sommeiller.

dutal N ○ [n] bird sp. ❋ oiseau sp. [ID said to be a large fish-eater ; in KS and Ful. 'vulture' ∞ 'charognard'].

dutu ○ [n] small neckless gourd with hole (milk container) ❋ gourde sans cou [ID from a variety of *Lagenaria siceraria*] [cf. /jollo/, /gaasu/ 1].

duwey ○ [n] (fruit of) ebony tree ❋ (fruit d') ebénier [edible, sold in markets] • entire tree : /duwey-ñaa/] [ID *Diospyros mespiliformis*, distinct from the Nigerian *D. crassifolia*, the source of commercial ebony wood].

e

ekay-kuŋkum ○ [n] hairdo style ❋ une coiffure de femme [alternating front-to-back and back-to-front ridges] [cf. /tur/, /kuŋkum -fey-hinja/].

ene, eene [= /yene/, 1SgDat enclitic].

etale ○ [tr] spread out ❋ étaler [< Fr.] [not common, cf. /daar/,

/yendi/).

e! ⭘ [interj] oh ! ❁ ah !

ey [= 1Sg /ay/ as direct object clitic].

eyda [for use in greetings, ⇨ /gomni/ and /laafya/].

f

faaba ⭘ [tr] help ❁ aider [= KS /faaba/, etc., but cf. Ful. √faab-].

faabu TN ⭘ [intr] (animal) be skinny, emaciated ❁ ê. maigre (animal).

fadda ⭘ [n] palm-fiber sack (for grain) ❁ sac en feuilles de palmier (pour les céréales).

fafa ⭘ [n] (woman's) breast ❁ sein • LOCUT : /X čow [Y ga] fafa/ X call (on God) to punish Y ∞ X supplier (Dieu) de punir Y [Y usually an affine, whom X is not allowed to punish directly for a transgression].

fafaa ⭘ a) [tr] pamper (child), coddle, treat well ❁ amadouer, dorloter, bien traiter ⭘ b) [n] kiddie, child ❁ gars, enfant.

fafa-jje ⭘ blood relative ❁ parent de sang, (un) consanguin [includes cousins, not just sibling or 'breastmate' as the compound might suggest].

fahaam, faham ⭘ [tr, intr] understand ❁ comprendre, entendre [< Ar. √fhm] [ABSTR /fahaam-ey/].

fahaam-di, faham-di ⭘ [tr] make understand ❁ faire comprendre [with CAUS /-ndi/].

fahaam-ey ⭘ [n] understanding, wisdom ❁ connaissance • LOCUT : /mey fahaam-ey/ (situation) make sense, be logical ∞ (situation) ê. compréhensible, logique.

faaji ⭘ [tr] miss (absent person, home), long for ❁ avoir la nostalgie de.

faku ⭘ a) [intr] (e.g. car) get bogged ❁ (voiture, etc.) s'embourber ⭘ b) [ReflV] get stuck ; be entrenched (in a place) ❁ s'embourber ; 'se planquer' (quelque part) • EX : /ni faku ni/ you are stuck (or entrenched) ∞ tu t'es embourbé (ou planté).

faku-hoy ○ [n] herb sp. ❁ herbe sp. [ID the cultivated *Corchorus olitorius*, also the local wild spp. *C. fascicularis* and *C. tridens*] • dark green sauce made from leaves of this herb ; rice meal including this sauce ❁ sauce verte ; plat de riz avec cette sauce [cf. /hoy/].

faala ○ [n] cheap (thing), free of charge ❁ (qqch. de) pas cher, gratuit [SYN /ɓatala/, /yaada/, /foroba/] • EX : /a či faala/ it is free ∞ c'est gratuit.

falaŋga ○ [n] the boy (in a peer group being circumcised) who is the son of the man hosting group ❁ le garçon (dans un groupe de circoncisés) qui est le fils de l'homme qui accueille le groupe [cf. /ɓaŋgu/].

fãã N [reduced variant of /fahaam/].

fana ○ [intr] crawl ❁ ramper, marcher à quatre pattes.

fandi ○ a) [intr] (skiff) land on shore, come to shore broadside ❁ (pirogue) accoster ○ b) [tr] land (skiff), bring (skiff) into shore ❁ faire accoster (pirogue).

faŋga ○ [tr] load (boat) ❁ charger (pirogue, bateau).

faani 1 ○ [intr, tr] dig ❁ creuser [cf. /guusu/] • dredge up (sand, to make or clear canal) ❁ curer (canal).

faani 2 ○ [n] milk cream, 'skin' on milk ❁ crème de lait, peau du lait.

faŋku, foŋku ○ [tr] shove, strike, bump, collide with ❁ pousser, cogner.

far! 1 N ○ [interj] [INTENS for /korey/ 'white' ∞ 'blanc'] [< Ful.] • EX : /a korey far!/ it is snow white ∞ c'est blanc comme neige.

far! 2 TG ○ [interj] (not) at all ! ❁ (pas) du tout ! [used clause-finally as all-purpose INTENS] [cf. /fey!/].

far 3 ○ a) [intr] be a flop, be (worth) nothing at all ❁ ê. un zéro [cf. /farow/] • ○ b) [intr, negated] (not) work out well ❁ (ne pas) bien sortir [(a) and (b) are arguably distinct lexical items].

faar 1 T, faaru 1 GN ○ a) [intr] be thirsty ❁ avoir soif ○ b) [n] thirst ❁ soif [also /hari-faar/].

faar 2 T, faaru 2 GN ○ [tr] winnow (grain) ❁ vanner (les céréales) [with winnowing van and a basket underneath] [cf. /feetu/, /teeni/].

faar 3 T, faaru 3 G ○ [tr] sharpen (blade) ❁ aiguiser (lame).

faraa 1 TGN [< *farga or *farɣa, from Ar. √frɣ] ○ a) [intr] be or get tired, do strenuous labor ❁ ê. fatigué, faire du travail acharné ○ b) [n] fatigue ; hard labor ❁ fatigue ; travail acharné [cf. /faraa-koy/] • LOCUT : /ay kow ay faraa/ I removed my fatigue (= relaxed after work) ∞ j'ai enlevé ma fatigue (= je me suis reposé après le travail) [cf. /faraa-kow/] ○ c) [intr] suffer (physically and/or emotionally), be in misery ❁ souffrir, ê. misérable ○ d) [n] suffering, hardship ❁ souffrance, misère [cf. /faraa-koyni/].

faraa 2 ○ [tr] chop (wood) ❁ couper (le bois) [form perhaps influence by /faraa/ 1, cf. Ka /fàrà/].

faraa-baa ['work-portion' ∞ 'travail-part'] ○ [n] wages for hard work ❁ gages pour un travail acharné.

faraa-kom ○ [n] manual laborer ❁ ouvrier [rare, rejected by some speakers].

faraa-kow ['fatigue-remove' ∞ 'fatigue-enlever'] ○ [n] rest, relaxation ❁ repos.

faraa-koy ○ [n] weary person ❁ personne fatiguée.

faraa-koyni ○ [n] person living in misery ❁ personne qui vit dans la misère.

faraa-ndi 1 ○ [tr] wear out, bother, oppress ❁ fatiguer, déranger, opprimer [CAUS < /faraa/ 1].

faraandi 2, farandi ○ [n] quarter (section of city) ❁ quartier (d'une ville).

faransi N ○ [n] France ❁ la France [< Fr. France, français].

faraa-nte ○ [partpl] tired, suffering ❁ fatigué, souffrant.

fari ○ a) [intr] grow crops, do agricultural labor, (esp. with hoe) ❁ cultiver, travailler dans les champs (surtout avec un 'daba') • COMP below ○ b) [n] field (for crops) ❁ champ cultivé.

fari-čirkose ○ [n] lunch eaten in the fields ❁ repas de midi pris dans le champ.

fari-koy ○ [n] farmer, farm worker ❁ agriculteur, cultivateur.

farin ○ [n] (wheat) flour ❁ farine (de blé) [< Fr.].

fari-ndi ○ [intr] (crops) be grown ❁ ê. cultivé.

fari-wakkati ○ [n] growing season ❁ saison de culture.

farka ○ [n] donkey ❁ âne.

farka-boy-koy ○ [n] donkey driver ❁ ânier [/boy/ 3].

farka-farka ○ [n] Egyptian plover, crocodile bird ❁ pluvier d'Égypte (oiseau) [ID *Pluvianus aegyptius*] [RDP <'donkey'].

farka-foo ['...-one' ∞ '...-un'] ○ [n] victory (in game) ❁ victoire (au jeu) • EX : /ay dam a ra farka-foo/ I beat him (in game) ∞ je l'ai battu (au jeu).

farka-kaney ['...-melon' ∞ '...-melon'] ○ [= /kooro-kaney/].

farka-taba ['...-tobacco' ∞ '...-tabac'] ○ [n] bushy herb sp. ❁ buisson sp. [at edge of river] [ID *Ambrosia maritima*].

farka-teeli ['...-intestines' ∞ '...-intestin'] ○ [n] an aquatic grass ❁ une graminée aquatique [ID *Paspalidium geminatum*] [weed in rice fields].

farmaasi G ○ [n] pharmacy, druggist ❁ pharmacie, pharmacien [< Fr.].

farow ○ [intr] (field) yield poorly ❁ (champ) donner peu [context : poor grain harvest] [cf. /far/ 3a].

farrati ○ [n] danger ❁ danger [probably < Ful., ultimately from a Koranic phrase].

farru 1 ○ [n] clearing, cleared area (potential field or home site), empty lot ❁ terrain défriché, terrain vide.

farru 2 ○ [intr] go poopoo (defecate) ❁ faire caca [baby-talk register] [cf. /waa/ 1, /terey/ 1].

faaru 1,2,3 GN [= /faar/ 1,2,3].

fasal ○ [tr] cut up ❁ découper [< Ar. √fṣl].

faasal ○ [intr] be spoiled, ruined, no good ❁ ê. gâté [possibly < Ar. √fsd] [SYN /hasara/, cf. /mussu/].

fata ○ a) [n] armpit ❁ aisselle ○ b) [n] wing ❁ aile • COMP : ⇨ /nori-fata-koy/.

fatara T, fatala N ○ [n] turban ❁ turban [SYN /tabey/].

faati 1 [< Ar. √fwt] ○ a) [intr] pass away [euphemism for 'die'

∞ 'décéder [cf. /bun/, /firaa/] ⚪ b) [SerV] have already (done) ❁ avoir déjà (fait) [more common in GN than T, cf. /bey/].

faati 2 [woman's name, short for /faatumata/] [< Ar. √fṭm].

fatta TGN [< *farta] ⚪ a) [intr] go out, leave, exit ❁ sortir • turn out well, be adequate, 'fly' ❁ bien finir, suffire • EX : /a si fatta/ it won't fly (= is inadequate) ∞ ça ne sortira pas bien ⚪ b) [n] going out ❁ sortie (action).

fatta-doo ⚪ [n] exit ❁ sortie.

fatta-mee ⚪ [n] exit, way out ❁ (porte de) sortie.

fatta-nda N ⚪ [tr] go out with, take outside ❁ sortir (qqch.), porter dehors.

fatta-ndi ⚪ [tr] take out, drive out, expel ❁ faire sortir, chasser.

'fãysa' [= /fẽysa/].

fee ⚪ a) [intr plus indicative 'that' clause] announce, proclaim ❁ proclamer, publier • EX : /i fee kaa fatta si dam čijoo/ they announced that there is no going out tonight (curfew) ∞ ils ont annoncé qu'on ne sort pas dehors ce soir (couvre-feu) ⚪ b) [tr] proclaim ❁ proclamer, publier • EX : /i fee aššaraa taawo di/ they announced the new law ∞ ils ont publié la nouvelle loi ⚪ c) [n] announcement ❁ proclamation.

feefe ⚪ [n] African black pepper(-corns) ❁ poivre noir africain [resembles ordinary black pepper, /alhorobi/, but the fruits have noticeable stalks ; the two types are often ground and used together in cooking] [ID *Piper guineense*].

fefere 1 ⚪ [intr] cause trouble, mess around, behave outrageously ❁ faire du scandale, commettre des atrocités, déconner.

fefere 2 ⚪ [intr] become untied ❁ se détacher.

feeji ⚪ [n] sheep ❁ mouton [cf. /čipsi/, /gaaru/ ; breeds : /moloo/, /kundum/) • COMP below.

feeji-gaaru ⚪ [n] ram ❁ bélier.

feeji-haabu ['...-cotton' ∞ '...-coton'] ⚪ [n] wool ❁ laine.

fee-koy G ⚪ [n] town crier ❁ crieur publique.

felew T, felow G, felow̃ N ⚪ [intr] be lightweight ; be weak ❁ ê. léger ; ê. faible [SYN /doon/ 2, cf /baan/].

felew-ndi ⚪ [tr] lighten ❁ alléger.

felew-nte ○ [partpl] light ❁ léger.

feema ○ [n] large charcoal-burner (with three arms to hold cooking pot) ❁ fourneau (de charbon), foyer à trois bras pour soutenir la marmite [cf. /furnoo/].

feena ○ a) flat square of woven palm-frond with handle (used as fan or pot cover) ❁ carré en feuille de doum avec manche (utilisé comme éventail ou couvercle de marmite) T [cf. /lefe/] ○ b) penis ❁ pénis N [vulgar ; notorious feature of N dialect] [SYN /foori/].

fendu ○ [n] winnowing van ❁ van [either a round, flat, slightly concave basket or a sieve-like implement] [cf. /faar/, /feetu/, /teeni/] • COMP : ⇨ /bomo-fendu/.

fendu-fendu ○ [n] cross-beam in ceiling ❁ gaulette, traverse (tronc d'arbre dans un plafond) [less massive than the central ceiling-beam /gar-bundu/].

fendu-fendu-ñaa T ○ [n] shrub sp. ❁ arbuste sp. [ID *Guiera senegalensis*, now rare in zone, but wood imported for use in ceiling beams] [SYN /tuuri-čirey/ T, /njoloki/ N].

feŋge ○ [n] sibling-in-law ❁ beau-frère, belle-sœur [gender optionally specified by COMP final /-har/ 2 or /-woy/ 1].

feeni ○ [tr] fan (e.g. person, hot food), ventilate ❁ éventer, venter, ventiler [irregularly related to /feena/, cf. /lefe/].

feeni-haya ○ [n] fan ❁ éventail [subsumes /feena/ and /lefe/].

fentu ○ [n] edible fruit ❁ fruit comestible [occasionally imported for sale in markets] [ID *Detarium microcarpum*].

feer T, feeri GN ○ a) [tr] open ; stretch out (limbs) ❁ ouvrir ; étirer (bras, jambes) • uncover (jar) ❁ découvrir, retirer le couvercle de (canari) ○ b) [intr] (e.g. door) open (by itself) ❁ s'ouvrir • (millet plant) bear nearly ripe grains (as outer fuzz blows away) ❁ (tige de mil) porter des grains presque mûrs (le duvet extérieur étant emporté par le vent) • LOCUT : /a gaa si feer/ he is frustrated ∞ il est frustré, déçu [/gaa/ 1] ○ c) [n] being open ❁ qualité d'être ouvert • wideness ❁ largeur • EX : /mee di kaa goo [feer ra]/ the door which is open ∞ la porte qui est ouverte.

ferey TGN ○ [n] brick (mud-gravel mix or block of stone) ❁ brique (en banco ou en pierre) [cf. /ferey-ije/] • pebble ❁ caillou.

-feer-ey ⚬ [n] openness ❁ ouverture [only as COMP final] • COMP : ⇨ /tira-feer-ey/, /gaa-feer-ey/.

ferey-čirey G ⚬ [n] red brick ❁ brique rouge [a specialty of Goundam brickmakers].

ferey-ije ⚬ [n] single brick ❁ brique individuelle • stone block (cut from larger one) ❁ petit morceau de pierre.

feeri GN [= /feer/].

feer-mee ['open-mouth' ∞ 'ouvrir-bouche'] ⚬ [n] tenth Muslim lunar month ❁ dixième mois musulman [follows fasting month /hammee/, precedes /hinanjam/].

feer-nte ⚬ [partpl] opened ❁ ouvert • COMP : ⇨ /moo-feer-nte/.

ferre 1 ⚬ a) [intr] be foul-smelling, stink, have strong body odor ❁ puer [ADJ /ferr-o/] [cf. /hew/] [= Ka /férdé/] ⚬ b) [n] a strong-smelling shrub sp. ❁ arbuste sp. à forte odeur [also called /tuuri-ferre/] [ID *Senna* (= *Cassia*) *occidentalis*] [SYN /saŋgasaŋga/].

ferre 2 ⚬ [n] a medicinal bark ❁ une écorce médicinale [imported from south, from tree *Khaya senegalensis*, cf. /kahi/] [= Ka /fèrdè/].

ferre-hew ⚬ [n] bad odor (body odor, odor of fish, etc.) ❁ mauvaise odeur.

ferr-o ⚬ [adj] bad-smelling, rank, foul ❁ puant [< /ferre/ 1].

fesu N ⚬ [tr] winnow ❁ vanner [to remove pebbles, etc.].

feetu T ⚬ [tr] winnow (tossing partly ground grain up from a winnowing van, blowing on it or letting the wind carry off the chaff) ❁ vanner (au vent, pour enlever le son) [cf. /faar/, /teeni/, /fendu/).

feewa ⚬ [n] cooperative work by group ❁ travail collectif.

fey 1 ⚬ a) [intr] diverge, be separate, be distinct, be of more than one type ❁ ê. distinct, à part, de plusieurs sortes ⚬ b) [tr] separate, keep apart ❁ séparer [cf. /fey-nda/] ⚬ c) [intr, tr] get a divorce, divorce (sb) ❁ divorcer, divorcer avec (qqn) ⚬ d) [n] separation, divorce ❁ séparation, divorce.

fey! 2 N ⚬ [all-purpose utterance-final INTENS] [cf. /far!/ 2].

fey 3 ❍ [tr] attach leather to (object) ❅ attacher du cuir à (objet) • EX : /a fey [huri di ga] kuuru/ he applied leather to the knife (handle) ∞ il a appliqué du cuir au (manche du) couteau.

fey-nda [= /fey/ 1 fused with /nda/] ❍ a) [tr] get away from, drop ❅ se séparer de, quitter T [cf. /fur/] ❍ b) [intr, tr] finish, be done with ❅ finir N [cf. /ben/] ❍ c) [intr plus /nda/ and nominalized verb, negated] not cease to do, do constantly ❅ ne pas cesser de.

fẽysa 1 T ❍ [intr plus Dat] support (sb, by intervening in a fight or dispute) ❅ appuyer (qqn, dans une querelle ou bagarre) [= KS /faasa/].

fẽysa 2 G ❍ [n] egg ❅ œuf [SYN /tondi/].

fiči [= /fiji/].

fifir ❍ a) [tr] stir (sauce or milk) with swizzle-stick ❅ remuer (sauce, lait) avec bâton [cf. /diibi/, /kulba/) ❍ b) [n] [= /fifir-bundu/) ❍ c) [tr] tickle ❅ chatouiller.

fifir-bundu ❍ [n] swizzle-stick (stirring stick) ❅ bâton à remuer [rotated like egg-beater by rubbing between hands ; made from tree roots].

figi [= /fiji/].

fiji TN, figi N, fiči G ❍ [tr] bury ❅ enterrer [= KS /fiji ~ fiči/].

filan N [= /fulan/].

filaan T, filaana T, flaan T, filaani N [< Ar. √fln] ❍ [n] so-and-so, such-and-such ❅ un tel • LOCUT : /filaan bil filaan/ so-and-so ∞ un tel [< Ar. 'so-and-so son of so-and-so'].

filijoo ❍ [n] casting-net for fish ❅ épervier (filet de pêche).

filla ❍ a) [tr] repeat, recount ❅ raconter, répéter ❍ b) [SerV] do again ❅ refaire, faire encore une fois [often omits Infinitival /ka/].

filla-bari ❍ [n] poker (game) ❅ poker.

filla-nte ❍ [partpl] next ❅ prochain.

fimbi ❍ a) [n] whistle (sound) ❅ sifflet (son) [cf. /laati/] • LOCUT : /kar fimbi/ (to) whistle ∞ siffler ❍ b) [n] a hairdo style ❅ une coiffure de femme [like /bajagol/ but with thinner ridges].

fii ❍ [intr] blow nose, eject snot ❅ se moucher, expulser la morve.

fi! N ○ [interj] black ❋ noir [INTENS for /bibi/] • EX : /a bibi fi!/ it is jet (pitch) black ∞ c'est noir noir, très noir.

findi ○ [n] buttocks, rear end ; tail ❋ fesses ; queue.

findi-kambur ○ [n] buttocks, rear end ❋ fesses.

finji ○ [n] fonio grain (as sold in markets) ❋ fonio (commercial) [ID grains of the southern grass *Digitaria exilis*] [cf. /gãyši/].

firaa T, firka TGN ○ a) [intr] err, make a mistake ❋ avoir tort, faire une erreur • break loose, break away ❋ s'évader ○ b) [intr] (child) pass away, die ❋ (enfant) décéder [euphemism, cf. /bun/, /faati/] ○ c) [n] mistake ❋ erreur.

firiŋka ○ [intr] drown ❋ se noyer [SYN /yoole/].

firji ○ a) [intr] be green, blue ❋ ê. vert, bleu ○ b) [adj] green, blue ❋ vert, bleu [cf. /boro-firji/) • EX : /i-firji di/ the green (blue) one ∞ le vert (le bleu).

firka [= /firaa/].

firri N ○ [intr] fly, soar ❋ s'envoler, voler [SYN /deesi/ 2].

'firsi' [⇨ /fissi/].

fisaa ○ [n] broom ❋ balai [cf. /fiisi/].

fisi ○ [intr] (cooked rice) be oily ❋ (riz) ê. huileux.

fiisi ○ [intr, tr] sweep ; clear off (spot of ground) ❋ balayer ; nettoyer (un espace de terre) [related irregularly to /fisaa/].

fiisi-fiisi ○ [n] leftovers, crumbs ❋ miettes, restes (d'un repas, etc.).

fisiki ○ a) [intr] do a search ❋ chercher ○ b) [tr] (animal) paw or scratch (ground) ❋ (animal) gratter (la terre), piaffer • EX : /goroŋgo di fisiki dow di/ the chicken scratched at the ground ∞ le poulet a gratté la terre.

fissi [< *firsi] ○ a) [intr] shoot a stream of water from mouth ❋ faire gicler de l'eau de la bouche [e.g. by putting water in mouth and forcefully expelling it ; also said of spitting cobra, cf. /fiss-ow/] ○ b) [tr] spray water on (sb) ❋ asperger (qqn).

fiss-ow [< *firs-ow] ○ [n] [now used chiefly in idioms] • LOCUT : /futu-kom fiss-ow/ nasty (as a) ❋ méchant comme un [now largely-forgotten original meaning : 'spitting cobra' ∞ 'serpent cracheur', *Naja nigricollis* ; KS /firs-ow/].

fita ○ [n] leaf ❁ feuille (d'une plante) • tea (leaves) ❁ (feuilles de) thé • sheet of paper ❁ feuille (de papier) • feather ❁ plume • COMP : ⇨ /čirow-fita/, /njerfu-fita/.

fitifiti ○ [intr] (e.g. fish, chicken) wriggle, squirm, writhe ❁ frétiller, gigoter.

fitila ○ [n] lamp, light ❁ lampe, lumière • light bulb ❁ ampoule.

fitila-čambu ○ [n] (old-time) oil lamp ❁ lampe-tempête à huile (à l'ancienne).

fitila-jaara ○ [n] wick ❁ mèche.

fitiriwale ○ [n] spiteful and ungrateful person ❁ (un) ingrat [rare word < Bam., Bazin 203 'fitiringalé'].

fitirow TG, futurow G, fitrow N [< Ar. √fṭr, also in Ful. & Bam. ; KS has /almaari/ in this sense] ○ [n] twilight prayer (6-7 PM) ❁ prière du crépuscule (vers dix-huit ou dix-neuf heures) • twilight, dusk, darkness ❁ crépuscule, obscurité.

fittow ○ [tr] fling away, throw away ❁ jeter loin, lancer (pour s'en débarrasser].

flaan [= /filaan/].

foo 1 ○ [num] a(n), one ; the same ; alone ❁ un, une ; le même ; seul [Absol usually /a-foo/ TG, usually /i-foo/ N, Ord /lawal/ T, /foo-nte/ N] [cf. /folloku/, /koon/] • some, a certain ❁ quelque, un certain • EX : /boro foo/ a person, one person ∞ une personne • [after Neg] (not) any ❁ aucun [cf. /haya foo/ s.v. /haya/].

foo 2 ○ [interrog adj] which ? ❁ lequel ?, laquelle ? • EX : /boro foo ?/ which person ? ❁ quelle personne ? • Absol form ('which one ?' ∞ 'lequel ?') : /i-foo/ T or /a-foo/ GN • COMP : ⇨ /mise-foo/, /taka-foo/, /čille-foo/.

foo 3 ○ [intr, tr] greet, say hello (to) ❁ saluer.

fofori TN, fafari G ○ a) [tr] peel (mango, sweet potato) ❁ peler, éplucher (mangue, patate) TGN [cf. /kooši / N, /kokoši/] ○ b) [tr] shell (nuts) ❁ ôter la coque de (noix, arachides) TG [SYN /fokoti / N] [cf. /kokoši/] [= KS /feferi/).

fogoti N [= /foti/].

fokoti N ○ [tr] shell (nut) ❁ décortiquer (noix).

folloku N ○ [adj] a single (one) ❁ un seul [related to /foo / 1].

foolo ○ [n] small bag ❁ petit sac.

fom ○ [intr] huddle, crouch low (to hide) ❁ se tapir, se blottir.

fooma ○ a) [intr] act proudly, put on airs, be puffed up with pride ❁ se vanter, faire le fanfaron ○ b) [n] pride, conceitedness ❁ arrogance, fierté.

fombu ○ a) [tr] crack (nuts, seeds) ❁ décortiquer (noix, pépins) • ○ b) [intr] (bird, chick) be hatched (= crack open eggshell) ❁ (oiseau) éclore • EX : /goroŋgo di fombu/ the chick hatched (= emerged) ∞ le poussin est sorti (de l'œuf) • become cracked ❁ ê. décortiqué ○ c) [n] a type of dried watermelon seed ❁ sorte de pépins [dark brown variety, cf. /kaney/ and /musamusa/] • a watermelon grown for these seeds ❁ pastèque cultivée pour ces pépins [ID a cultivar of watermelon, *Citrullus lanatus*, cf. /kaŋkani/].

fondo TGN ○ a) [n] route, road ❁ route, chemin [cf. /loloo/, /mbedda/] • LOCUT : /noo X se fondo/ (e.g. father) authorize (child) to travel ∞ (père, etc.) autoriser (enfant) à voyager ○ b) [n] way (to accomplish sth) ❁ façon (de faire qqch.).

foŋku [= /faŋku/].

foono ○ [n] monkey, primate ❁ singe [ID applied to any nonhuman primate ; spp. formerly in the zone are the patas monkey (red & white) *Erythrocebus patas*, and the vervet (greenish), *Cercopithecus aethiops*] [SYN /buubu/].

foo-nte N ○ [ord] first ❁ premier [SYN /lawal/ T, /jinaa/ G] • EX : /i-foo-nte di/ the first one ∞ le premier.

for ○ [intr] be prestigious ❁ ê. prestigieux [perhaps < Fr. fort].

foor 1 ○ a) [tr] skin and cut up (slaughtered animal) ❁ dépouiller (enlever la peau de) et dépecer (animal égorgé).

foor- 2 [⇨ /foor-yoobu/].

forfor ○ [n] scalp disease resulting in partial baldness ❁ teigne.

foori ○ [n] penis ❁ pénis [= KS /foori/ 'testicles' ∞ 'bourses', cf. Bam. /foro/ 'penis'] [cf. /feena/].

forkiya ○ [n] a simple man's boubou ❁ boubou simple [knee- or ankle-length, long sleeve, deep V-slit at neck, side pockets, one front pocket at chest] [looks synchronically like DIMIN < /forko/, but /forkiya/ is larger than /forko/] [cf. Ful. /for(o)kiya/) [SYN /reglã/, cf. /derbe/).

forko ○ [n] traditional waist-length man's shirt with pockets at waist ❁ chemise d'homme traditionnelle [cf. /forkiya/, /tilbi/).

forme ○ [intr] (water) solidify (freeze into ice) ❁ (eau) devenir de la glace [< Fr. former].

foroba ○ [n] free thing ❁ chose gratuite [uncommon word] [perhaps < Bam. /furuba/] [cf. /yaada/, etc.].

foroba-haya ○ [n] free thing ❁ chose gratuite.

foor-yoobu ○ [n] la Foire, one of the three marketplaces of Timbuktu ❁ la Foire (un marché à Tombouctou) [initial < Fr. Foire].

foti T, fogoti ~ fogoči N ○ [tr] knock or pull off (a piece) ❁ détacher (un morceau) en frappant ou tirant • EX : /ay foti takula di kuna/ I broke off (a piece) from the bread ∞ j'ai enlevé (arraché) un morceau de pain.

foto ○ [intr] (rice) be soggy, doughy (not fully cooked) ❁ (riz) ê. mouillé, pâteux (pas bien cuit) • COMP : ⇨ /mee-foto-nte /.

fotoo ○ [n] photo ❁ photo [< Fr.].

fuu ○ [intr] fart ❁ péter [< *fuun or *fũũ] [euphemism : /kow hew/ 'remove air' ∞ 'enlever de l'air'] • COMP : ⇨ /afuu-afuu/.

fufu 1 ○ a) [intr] feel cold ❁ avoir froid [cf. /yey/, /hargu/) ○ b) [n] intense cold, bitterly cold weather ❁ froideur extrême • COMP : /fufu-alwakati / G = /fufu-waate/ N cold season ❁ saison froide.

fufu 2 ○ a) [tr] crush or grind into powder (with stones or mill) ❁ écraser en poudre (avec pierres ou moulinette) [cf. /fufu-massiin/, /fufu-tondi/, /gassi/] ○ b) [intr] be ground ❁ ê. écrasé.

fufule ○ a) [intr] (floodplain, river) subside, dry up partially ❁ (fleuve) décroître, (mare) se dessécher un peu [cf. /yaasu/] ○ b) [n] LOCUT : /dam fufule/ (soaked rice) dry off partially ∞ (riz trempé) se dessécher un peu [to become /gumi/].

fufule-ndi ○ [tr] soak and then dry off (rice) ; steam (rice) ❁ tremper et ensuite sécher (riz) ; étuver (riz) [cf. /gumi/] [SYN /fuuru-ndi/].

fufu-massiin ○ [n] handmill, = grinding machine ❁ (petit) moulin, moulinette.

fufu-ndi ○ [tr] cause (machine) to grind ❁ faire moudre.

fufu-tondi ○ [n] flattish stone with slightly concave top surface on which millet is ground (with a smaller rounded stone) ❁ pierre plate pour écraser le mil [cf. following entry, also /gassi/].

fufu-tondi-ije ○ [n] small rounded stone for grinding millet ❁ petite pierre ronde pour écraser le mil [cf. preceding entry].

fuufuwaa N ○ [n] cantharid (insect) ❁ cantharide [SYN /afuu-afuu/ T, cf. /fuu/].

fugãã [Def /fugaan di/] ○ [n] aluminum alloy (metal in tin cans) ❁ aluminium (métal des boîtes de conserve).

fuka ○ [tr] brandish (fist or weapon) ❁ brandir (bras ou arme) • make menacing gesture at (sb) ❁ menacer (qqn).

fukaarey ○ [n] tiny herb sp. ❁ petite herbe sp. [rare, term recorded at Bourem Inali near T].

fuula ○ [n] hat ❁ chapeau • wig ❁ perruque.

fulan TN, filan N ○ [n] Fula (ethnic group) ❁ peul • COMP below.

fulan-čiini ○ [n] Fulfulde (language) ❁ langue peule.

fulan-kombe ○ [n] a Fulfulde-speaking caste ❁ Rimaîbé (une caste peule) [formerly enslaved to free Fula].

fumb-o [< /fumbu/] ○ a) [adj] rotten, foul-smelling ❁ pourri, fétide ○ b) [adj] step- ❁ beau- [after kin term, denoting relationships involving step-parents or co-wives] • COMP : ⇨ /baba-fumb-o/, /ñaa-fumb-o/, /ije-fumb-o/.

fumbu ○ [intr] rot, decay, decompose ; smell rotten, foul ❁ pourrir ; ê. fétide [ADJ /fumb-o/].

fumbu-ndi ○ [tr] make rotten ❁ faire pourrir.

fummee N ○ [intr] eat breakfast ❁ prendre le petit déjeuner [SYN /čirkaare/] [< Ful. √fumm-, but synchronically may contain /mee/ 1 'mouth' ∞ 'bouche'].

fun ○ a) [tr] pierce, puncture ❁ percer, trouer [cf. /fune/ 1] ○ b)

[intr] (tire) go flat, be punctured ✿ (pneu) crever.

fune 1 ○ [n] puncture (small hole through sth) ✿ petit trou (à travers qqch.) [related irregularly to /fun/] [not used in sense 'pit' ∞ 'trou (creusé)', cf. /guusu/].

fune 2 ○ [n] twin ✿ jumeau, jumelle [= Bamba KS /funow/, perhaps < Ful. /fune/] [SYN /tawey/].

funeeter ○ [n] window ✿ fenêtre [< Fr.].

fuuney TN, **fuuni** [near T] ○ a) [tr] seek, look for (sth) ✿ chercher (qqch.) N [cf. /taasi/] ○ b) [intr, tr] look, peer ; search (through), examine ✿ lorgner ; fouiller T • EX : /ay fuuney huu di ra/ I searched in the house ∞ j'ai fouillé dans la maison ; /ay fuuney ga wala a sii kaa ra/ I kept an eye out for him to see if he wasn't coming ∞ je l'ai guetté pour voir s'il ne venait pas.

fuuni [= /fuuney/].

fũsu 1 TN, **fuusu 1** T ○ [intr] blow ✿ souffler.

fũsu 2 TN, **fuusu 2** T ○ a) [tr] inflate (balloon, by blowing) ✿ gonfler (ballon, en soufflant) [cf. /fuuru/] ○ b) pimple, swelling (on body) ✿ bouton (sur la peau), gonflement.

fũsu 3 ○ [n] open sore ✿ abcès.

fũsu-ndi ○ [tr] inflate (tire) ✿ gonfler (pneu) • cause to swell ✿ gonfler • EX : /wirči di fũsu-ndi ga/ the disease made him swell up ∞ la maladie l'a fait enfler.

funtam, funtow ○ [n] heat (from cooking) ✿ chaleur (de cuisine).

funtow [= /funtam/].

fur ○ a) [tr] abandon, avoid, get rid of, release, dump ✿ laisser, abandonner, lâcher [cf. /fey/, /fey-nda/] ○ b) [intr] be abandoned, released, dumped ✿ ê. abandonné, ê. laissé ○ c) [tr] pay dues (to association) ✿ payer la cotisation, cotiser T [SYN /jẽse/ GN] ○ d) [n] dues ✿ cotisation ○ e) [tr] lay (egg) ✿ pondre (œuf).

fur-baa ○ [n] rejected or abandoned thing ✿ chose rejetée ou abandonnée • outcast, loner ✿ paria.

fur-mee ['leave-mouth' ∞ 'laisser-bouche' perhaps by a secondary folk etymology] ○ [n] small deep-fried millet cakes (breakfast pastry) ❁ beignets de mil [= KS /furme/].

furnoo ○ [n] small charcoal burner for tea ❁ petit fourneau de charbon pour le thé [< Fr.] [cf. /feema/].

furšeeti T, furseeti T, furšeetu G ○ [n] fork ❁ fourchette [< Fr.].

fuuru TN ○ [intr] swell up ❁ se gonfler [cf. /fũsu/ 2].

fuuru-ndi ○ [tr] cause to swell ❁ gonfler • steam (rice) ❁ étuver (riz) [SYN /fufule-ndi/].

fururu ○ [intr] (sb) have one's skin break out in white pimples ❁ (qqn) avoir sa peau couverte de boutons blancs [from bathing in cold weather].

fusa ○ [n] traditional practice whereby an unmarried girl must publicly choose one of her suitors ❁ obligation pour une jeune fille de choisir un de ses amants rivaux en public [she chooses one, who then makes tea for the losers ; the event may lead to a formal betrothal].

fuusu [= /fũsu/ 1,2 above, alphabetized as though /funsu/].

fut-ey [ABSTR < /futu/] ○ [n] evil, evil thing ❁ mal, chose mauvaise • nastiness ❁ méchanceté • irritation, anger ❁ colère.

fuutey ○ [n] kitchen ❁ cuisine.

futoo G ○ [INTENS with /moreyda čiino/] • LOCUT : /moreyda čiino futoo/ right now ∞ en ce moment, à l'instant [< */futu woo/] [intensifies /moreyda čiino/].

futu ○ a) [intr] be bad, angry, nasty, vicious ❁ ê. mauvais, méchant, fâché [cf. /laal-o/, /jaas-o/ 1b] ○ b) bad, angry ❁ mauvais, méchant [cf. /futoo/] • COMP : ⇨ /bun-futu/, /čirow-futu/, /hari-futu/ ○ c) [generalized strong emphatic] : /čow futu/ amazing learning ∞ connaissance impressionnante.

futu-nte ○ [partpl] bad, nasty ❁ mauvais, méchant.

futurow G [= /fitirow/].

fuuya-nte [= /fuuye-nte/].

fuuye [< Ful.] ○ a) [intr] be lazy, idle ❁ ê. paresseux, fainéant ○ b) [n] laziness ❁ paresse • inability to act, inertia ❁ inertie, indécision.

fuuye-nte, fuuya-nte ○ [n or adj] lazy, idle, weak ❁ paresseux, fainéant, faible.

g

ga 1 ○ [3Sg clitic as direct object or after /nda/] [cf. /a/].

ga 2 ○ [probably derived from /gaa/ 1 'body' ∞ 'corps'] [postp] on ✵ sur • by ✵ par [with /bisa/ 'pass' ∞ 'passer'] • from, away from ✵ de [with ablative verbs like 'go/take out' ∞ '(faire) sortir'] • at the expense of, on the account of ✵ au dépens de.

ga 3 N [= /ŋga/ 1].

ŋga 1 TGN, ga N ○ [Full 3Sg pronoun, cf. plural /ŋgi-yo/] he, him, she, her, it ✵ lui, elle [used instead of 3Sg /a/ or /ga/ as preposed topic, fronted focal constituent, and left conjunct of /nda/, also optionally as possessor or before noun-like postposition] • LOCUT : /ŋga bine/ as for her ✵ quant à elle ; /ŋga na ay guna/ it's she whom I saw ✵ c'est elle que j'ai vue ; /ŋga na.../ that's when... ∞ c'est alors que...

ŋga ! 2 ○ [interj] yes ! ✵ oui ! [perhaps a special use of /ŋga/ 1, but cf. synonym /ŋgoonga !/ < Ful.].

ŋga 3 ○ [Subject Focus morpheme, following a focalized subject, singular or plural] • EX : /ay ŋga guna ga/ it was I who saw it ∞ c'est moi qui l'ai vu.

gaa 1 ○ [n] (living) body, organism ✵ corps (vivant), organisme [for 'dead body' ∞ 'cadavre', ⇨ /bukow/] [cf. /ga/ 2, /gaa/ 2] • COMP : ⇨ /gaa-feer-ey/, /gaa-koon/, /gaa-haabu/, /gaa-korey/ • LOCUT : ⇨ /feer/ • LOCUT : /mey gaa/ become sizeable ∞ devenir grand.

gaa 2 ○ [Presentative morpheme preceding verb] • EX : /a gaa goo/ here she is ∞ la voici ; /i gaa kaa/ here they come ∞ les voici qui arrivent [perhaps originally a special use of /gaa/ 1].

gaa 3 ○ [utterance-final emphatic particle]... indeed ! ✵... même ! [used by certain T speakers] [< Hass. Ar. /gaʕ/].

gaa 4 ○ [n] [= /dagaa/ 'camp' ∞ 'campement'].

gaa 5 G [occasional G pronunciation of /kaa/ 1 'come' ∞ 'venir' in /gaa ta.../].

gaba ○ [intr, with Postp /ga/] hold on (to) ❁ tenir fort • EX : /ay gaba i ga/ I held on to them ∞ je me suis accroché à eux.

gaaba TN ○ [intr] yawn ❁ bâiller.

gaaba-ndi T, gaabu N ○ [intr] try hard, have courage or stamina ❁ prendre courage, s'efforcer [related irregularly to /gaabi/) • EX : /gaaba-ndi, yer ma ben‿ndi goy woo/ have courage (= keep working hard) so we may finish this job ∞ prends courage pour que l'on finisse ce travail.

gaabi ○ a) [n] (muscular) strength, (physical) power ❁ force (physique) [cf. /gaaba-ndi/, /hin-ey/, /saahĩ/) • hardness, toughness ❁ dureté ○ b) [tr] force ❁ forcer.

gaabi-goy ○ [n] hard labor ❁ travail acharné.

gaabi-koy ○ [n] strong person ❁ personne forte.

gaabi-koyni ○ [n] strong person ❁ personne forte.

gaa-bibi G ○ [n] slave ❁ esclave, captif [cf. /bañña/, /koŋŋo/, /tam/].

gaabu N [= /gaaba-ndi/].

gafaa ○ [n] leather grain sack (for horses) ❁ sac de céréales en cuir (pour les chevaux).

gaa-feer-ey ['body-openness' ∞ 'corps-ouverture'] ○ [n] joy ❁ joie.

gaga ○ [intr] be stupefied, dumbfounded ❁ ê. ébahi.

gaaga TGN, [rarely] gaara ○ [n] pied crow ❁ corbeau pie [onomatopoeic] [ID *Corvus albus*, black with white breast and collar].

gagari ○ [n] fishline with hooks ❁ ligne à hameçons (pour pêcher) [strung laterally over water with several hooks hanging down].

gagari-ije ○ [n] fishhook ❁ hameçon.

gagey ○ [tr] gin (cotton), remove seeds from (cotton) ❁ égrener (coton).

gaa-haabu ○ [n] body hair ❁ poils • LOCUT : /ay gaa-haabu di tun/ I got excited with anticipation (of food, sex, etc.) ∞ j'étais excité [cf. /bilisi/].

gaja ○ [n] type of mat ❁ sorte de natte.

gajagaja ○ [tr] do badly, botch ❁ faire (qqch.) mal, bousiller • EX :

/ay gajagaja taa di/ I botched the sewing ∞ j'ai bousillé la couture.

gaa-jiibi ['body-filth' ∞ 'corps-saleté'] ○ [n] menstruation, menstrual blood ✱ les règles (de femme) [SYN /alhidiya/].

gaa-koon T, gaa-koonu N ['body-naked' ∞ 'corps-nu'] ○ a) [intr] be naked ✱ ê. nu [often used in an attached clause with adverbial function] • EX : /yer fur gi [ŋgi gaa koon]/ we left them naked ∞ nous les avons laissés nus ○ b) [adj] naked ✱ nu [cf. /kuuru-koon/].

gaa-korey ○ [n] light-skinned person (Arab, Tuareg) ✱ personne de peau claire [cf. /boro-čirey/, /tubaabu/].

gaa-koy GN ○ [n] local boss, rich man ; policeman ✱ patron, richard ; policier [cf. /gaa/ 4] [SYN /amiir/ T].

gaku ○ [tr] throw (sth) down ✱ jeter (qqch.) à terre.

gaa-kuuru N ○ [n] skin ✱ peau [SYN /kuuru/ 1].

gala ○ [intr] be (too) expensive ✱ ê. (trop) cher.

gala-ndi ○ [tr] make (sth) expensive ✱ rendre (qqch.) cher.

galaŋga ○ [n] handcuffs ✱ menottes [said to be < Bam, cf. HS /gaŋgal/].

galbal ○ [n] open animal pen in marketplace ✱ parc à animaux (au marché).

galiya, galiye ○ [n] inner room (of house) ✱ chambre, pièce intérieure T [form suggests Ful. /galle/, but sense points to Ful. /garuwal/] [⇨ /galle/ and /gar/ 2].

galkuta T, galguta G, galgute N ○ [n] large heron-like river bird ✱ grand oiseau de fleuve [ID applied variously to the 'spoonbill' ∞ 'spatule', *Platalea alba*, the 'saddlebill stork' ∞ 'jabiru', *Ephippiorhynchus senegalensis*, and the 'marabou stork' ∞ 'marabout', *Leptoptilos crumeniferus*].

galle N ○ [n] housing compound ✱ 'concession', enclos (copropriété d'appartements) [walled block of apartments around a shared courtyard] [< Ful.] [cf. /galiya/].

gambu TG ○ [n] door (as moving object) ✱ (battant de) porte [for 'doorway' ∞ 'porte' as passageway, ⇨ /huu-mee/] • COMP : ⇨ /algaalum-gambu/.

game ⭘ a) [n] boundary (of field) ❁ limite (d'un champ) T [SYN /hirri/ 3] ⭘ b) [postp] between ❁ entre TGN [often combined with Recip /nda čere/ 'together' ∞ 'ensemble'].

gana 1 ⭘ [intr] move out, relocate ❁ déménager [esp. in weddings] [cf. /gana-ndi/, /suttaan-fatta/] [= KS /gana/].

gana 2 ⭘ [n] udder ❁ mamelle (d'animal) [= KS /gane/].

gaŋa ⭘ [n] basket-like strainer ❁ passoire en forme de panier [for bourgou syrup, cf. /kundu/] [cf. Ful. /gaŋaare/).

gana-ndi ⭘ a) [tr] cause (sb) to move out (of a home) ; take (newlywed) to the couple's new home ❁ faire déménager (qqn) ; amener (marié[e]) à la maison conjugale ⭘ b) [n] ceremonial procession taking newlywed (usually bride) to couple's new home ❁ défilé qui amène marié(e) à la maison conjugale.

ganda ⭘ a) [n] ground ❁ terre ⭘ b) [n] land, territory, country ❁ terre, pays T • village ❁ village G [cf. /gandoo/] ⭘ c) [adv] down below, on the ground ❁ en bas ; sur le sol, à terre • EX : /a kar ga ganda/ he knocked him down ∞ il l'a terrassé.

ganda-bir ⭘ [intr] lie face down (on belly) ❁ se coucher sur le ventre [perhaps < *ganda-biri 'ground-bone' ∞ 'terre-os', cf. KS /ganda-biri/] [ANT /haŋgasu/].

ganda-daar T ['ground-spread' ∞ 'terre-étaler'] ⭘ [n] prostrate plant sp. ❁ plante terreste sp. [ID probably *Boerhaavia* sp.].

ganda-korfo ['ground-rope' ∞ 'terre-corde'] ⭘ [n] snake ❁ serpent TGD [general term].

gande ⭘ [n] chest (body part) ❁ poitrine.

gaande N ⭘ [n] a leguminous plant sp. found in or near water ❁ plante légumineuse sp. [ID single specimen collected was *Sesbania sesban*] [probably < Ful.].

gandey N ⭘ a) [intr] drop in (for a visit) ❁ rendre visite [cf. /kabey/ 1 T] ⭘ b) [tr] bump into ❁ bousculer [cf. /faŋku/ T].

'ga-ndi' [= /gar-ndi/].

gandoo [< */ganda woo/] ⭘ [n] this country ❁ ce pays T • this town ❁ ce village G.

ganduura ⭘ [n] a type of full-length boubou (man's outer garment)

❁ sorte de boubou [short sleeve, ankle-length, slit from knee down, two inside pockets] [cf. /derbe/].

gaŋga ○ [tr] prevent, block, hold up, delay ❁ empêcher, retarder.

gaŋgam T ○ [n] ○ [n] dark ground beetle spp. ❁ coléoptère ambulant foncé spp. [cf. /komañaga/, /dandaawiri/].

gaŋgam-bibi N ○ [n] [= /gaŋgam/ T].

gaŋgani ○ [n] hard flat land (e.g. dry clay) ❁ terrain plat et dur.

gaŋgani-kottu ['...-rip' ∞ '...-déchirer'] ○ [n] small prostrate herb sp. which pushes its root through clay ❁ petite herbe qui s'enracine dans l'argile [ID around T applied mostly to *Bergia suffruticosa*, but perhaps extends to other spp. of similar habitat].

gaŋgari ○ [n] dried and hardened water lily tuber (/dundu/) ❁ tubercule séché et endurci de nénuphar [stored, eventually ground up for porridge].

gaŋgari-bita ○ [n] porridge from water lily root ❁ bouillie de tubercule de nénuphar [cf. /gaŋgari/].

gani 1 ○ a) [intr] (food, milk) be fresh ❁ (aliment, lait) ê. frais (non pourri) • (meat) be raw ❁ (viande) ê. crue • (soil) be moist ❁ (terre) ê. humide • (heart) be disappointed ❁ (cœur) ê. déçu ○ b) [adj] fresh, raw ❁ frais, cru.

gani 2 ○ [n] louse ❁ pou [cf. /nkanji/].

gaani 1 TG, gaanu N ○ [intr] dance ❁ danser.

gaani 2 T ○ [n] dance ❁ danse.

gaaniya ○ [n] island ❁ île [SYN /guŋgu/].

ganja-haya [= /ganji-haya/].

ganji 1 T ○ a) [n] wilderness, outback, bush (away from towns) ❁ brousse [cf. /ganji-bibi/] [SYN /saawo/ GN] • abroad, away from home ❁ pays d'exode • COMP : common as initial meaning 'wild' ∞ 'sauvage' as opposed to domestic animal ○ b) [n] abroad (far from home town) ❁ (en) exode.

ganji 2 ○ [n] forked stick ❁ bois fourchu [used e.g. to construct sheds].

ganji 3 ○ [n] genie, spirit (of water or forest) ❁ djinn (d'eau ou de forêt) • EX : /a-a mey ganji yo/ he has a demon (inside) ∞ il a un diable en lui [in daily life, not spirit-possession ceremonies, cf. /hawka/ and /hollo/].

ganji-bibi ['...-black' ∞ '...-noir'] ○ [n] woods, forest ❁ forêt [/ganji/ 1]

ganji-boro ○ [n] country person, villager ❁ broussard [cf. /čee-ka-kaa/] • exile, foreigner ❁ étranger (loin de son pays), personne en exode.

ganji-guba G ○ [n] wild pigeon ❁ pigeon sauvage [ID includes the 'speckled pigeon' ∞ 'pigeon des rôniers', *Columba guinea*, and a black-collared sp., probably the 'mourning dove' ∞ 'tourterelle pleureuse', *Streptopelia decipiens*] [cf. /ganji-tuujum/ TN, /gubaguba ~ guba/, /maŋa/ N].

ganji-haw 1 ['forest-cow' ∞ 'brousse-vache', /haw/ 2] ○ a) [n] buffalo ❁ buffle [ID *Syncerus caffer*] ○ b) [n] roan antelope ❁ hippotrague [ID *Hippotragus equinus*].

ganji-haw 2 ○ [n] (spoken) magical charms [uncommon] [presumably /haw/ 1].

ganji-haya, [rarely] ganja-haya ['forest-thing' ∞ 'brousse-chose'] ○ [n] lion ❁ lion [intelligible as compound, but probably a transformation of *ganji-hayla 'wild cat' ∞ 'chat sauvage', still used in KS].

ganji-hãyši ['forest-dog' ∞ 'brousse-chien'] ○ [n] mammal sp. ❁ mammifère sp. [uncommon word] [ID probably 'wild dog' ∞ 'lycaon', *Lycaon pictus*].

ganji-ije ○ [n] wild animal ❁ bête sauvage.

ganji-muši ○ [n] wild cat ❁ chat sauvage [ID *Felis* sp., but can be applied to various cat-like wild animals including the 'civet' ∞ 'civette', *Viverra civetta*] [cf. /muurumuuru/ N, /akajaja/].

ganji-takiriya ○ [n] wild sparrow ❁ moineau sauvage [uncommon expression] [ID applied to e.g. the 'indigo finch' ∞ 'combassou', *Vidua chalybeata*].

ganji-toŋkono ○ [n] shoveler (wild duck) ❁ sarcelle souchet (canard sauvage) [ID *Anas clypeata*].

ganji-tuujum ○ [n] wild pigeon ❁ pigeon sauvage [ID at T, the 'speckled pigeon' ∞ 'pigeon des rôniers', *Columba guinea* ; at N the 'mourning dove' ∞ 'tourterelle pleureuse', *Streptopelia decipiens*, a black-collared sp.] [cf. /maŋa/ N, /gubaguba/].

ŋgâši G [= /gâyši/].

gar 1 ○ a) [tr] find, encounter ✵ trouver, rencontrer [cf. /gar-haya/] ○ b) [tr or intr, plus indicative clause] (sb) find (that...) ✵ (qqn) trouver (que...) ○ c) [like (b) but with fixed 3Sg subject] it happens that..., it turned out that... ✵ il se trouve que..., 'ça trouve que...'.

gar 2 ○ [n] room (of house) ✵ pièce (d'une maison) GN [< Ful. /garuwal/] [cf. /galiya/, /huu/].

gaar T, gaaru N ○ [intr] interpose, stand in the way ✵ s'interposer, bloquer le chemin • EX : /a gaar ay jine/ he stood in front of me (blocking my way) ∞ il s'est interposé devant moi.

gaara 1 T, gaare N ○ a) [intr, plus Dat] bless ✵ bénir • EX : /a gaara yene/ he blessed me ∞ il m'a béni ○ b) [n] blessing ✵ bénédiction.

gaara 2 ○ [n] [rare variant of /gaaga/ 'crow' ∞ 'corbeau'].

'gaara' 3 [//gooa ra//] ○ be in it ✵ ê. là-dedans.

garam ○ [n] gram ✵ gramme [< Fr.].

garaasa T ○ [n] blacksmith ✵ forgeron [a caste traditionally associated with magic ; make leather as well as metal goods ; term can extend to goldsmiths, but cf. /jam/] [< Ful. /gargasaajo/].

gaaraaži ○ [n] garage ✵ garage [< Fr.].

garboy ○ [n] [= /gorboy/].

garbu ○ [n] large water jar (larger than /hoobu/) ✵ grande jarre d'eau (canari).

gar-bundu T, gaar-bundu T ['?-stick' ∞ '?-bâton'] ○ [n] central ceiling-beam of house ✵ 'rônier', poutre principale du plafond [COMP initial either from 'house' ∞ 'maison', KS /garu/, Ful. /garuwal/ ; or from verb /gaar/ ; perhaps the latter is a secondary association] [cf. /fendu-fendu/].

gardi N ○ [tr] guard, stand watch over ✵ garder, surveiller (lieu) [< Fr.].

gardi-forko T, gardi-farko N ○ [n] district police ✵ goumier, garde de cercle [< Fr. garde de cercle, crossed with (Eaux et) Fôrets].

gaare N [= /gaara/ 1].

garey ○ [tr] expel, chase away ❁ expulser, chasser • drive (animals) ❁ chasser (animaux, devant soi).

garey-ndi ○ [tr] catch up with, rejoin ❁ rejoindre • head for ❁ se diriger vers.

garfu ○ [tr] claw at, scrape, scratch (deeply), abrade ❁ griffer, gratter [cf. /kaaji/].

gar-haya ['find-thing' ∞ 'trouver-chose'] ○ [n] inheritance, inherited thing ❁ legs, héritage [SYN /kaaya-haya/].

gari ○ [n] hail(-stones) ❁ grêle.

gaari 1 TG ○ [n] saddle (for horse or camel, but not donkey) ❁ selle [cf. /dofor/] • COMP : ⇨ /bari-gaari/.

gaari 2 greeting : /X nda gaari!/ [where X= 2Sg or 2Pl] [generally used as parallelistic follow-up to /X nda goy!/ 'goodbye' ∞ 'au revoir' (to someone involved in an activity).

garja ○ [n] traditional scythe ❁ faucille [cf. /wowdu/, /goto/].

gar-ndi, gar‿ndi ○ [intr] be found ❁ se trouver.

garow T, garaw N ○ [n] money owed (debt, credit) ❁ crédit, dette • EX : /i si din garow/ they do not take credit ∞ il ne font pas crédit.

garsaka TN, gassaka T ○ [tr] dislike, hate ❁ garder rancune contre ; détester [stronger than /konno/ 1].

garsak-ey, gassak-ey ○ [n] hate, grudge ❁ haine, rancune [ABSTR < /garsaka/].

garsambey ○ [n] tree sp. ❁ arbre sp. [ID *Bauhinea rufescens*].

garši N [= /gassi/].

garsiisi ○ [n] parade, military display ❁ défilé, spectacle militaire [< Fr. exercises].

gaaru 1 T ○ [n] ram ❁ bélier [also /feeji-gaaru/].

gaaru 2 N [= /gaar/].

gaši ○ [n] native cheese ❁ fromage indigène [made by Tuaregs ; sold in thin, very hard cakes ; pounded in mortar before adding to food].

gaaši ○ [n] lace ❁ dentelle • anything transparent, lacy ❁ qqch. de transparent.

gassaka [= /garsaka/].

gassi T, garši N, garsi G ○ a) [tr] grind (millet grains) into flour (with stone) ❁ écraser ○ b) [n] coarsely crushed millet ❁ mil écrasé [often served with curdled milk].

gaasu 1 ○ [n] half-gourd (large bowl-shaped recipient) ❁ calebasse [ID from a variety of *Lagenaria sicerarea*] [cf. /dutu/, /jollo/].

gaasu 2 ○ [tr] abrade (surface) ❁ gratter (surface) • make slashes in (earth, to sow) ❁ faire des 'poquets' (taillades) dans (la terre, pour semer) [SYN /jabe ~ jebbe/ N, /jokoro/, /toči/).

gata ○ a) [tr] fetter, immobilize (e.g. donkey) by tying its forelegs together ❁ entraver (âne, etc.) [cf. /tefer/] ○ b) [n] rope used for this purpose ❁ entrave.

gaawel ○ [n] spear ❁ lance.

gaawo ○ [n] Gao (city) ❁ Gao (ville).

gaawo-gaawo [RDP < /gaawo/] ○ [n] hairdo style ❁ une coiffure de femme [a curving ridge coming down behind each ear].

gaay 1 ○ a) [tr] prevent (fight) ; restrain (fighters) ; pen in, confine ❁ empêcher (bagarre) ; retenir (lutteurs) ; enfermer [SYN /jendi/] [= KS /gagey/] • EX : /i-i gaay albasi di ma si dam/ they prevent trouble from happening ∞ ils empêchent qu'un problème arrive ○ b) [intr] (fight) be averted ❁ (bagarre) ê. empêchée.

gaay 2 ○ [n] huge catfish sp. ❁ très grand silure sp. [ID *Arius gigas*] [= KS /jegey/] [cf. /booru/].

gaay 3 ○ [tr] delay (sb) ❁ retarder (qqn).

gaay! 4 ○ [interj] [INTENS for cognition verbs /guna/, /fahaam/, /bey/] • EX : /ay guna ga gaay!/ I looked hard at it ∞ je l'ai bien regardé.

gaaya ○ [n] plain rice (without sauce) ❁ riz nature.

gayagaya ○ [n] first light (just before sunup) ❁ point du jour (juste avant le lever du soleil) [cf. /gey/ 2].

gaay-gaay ○ [RDP < /gaay/ 1].

gaayka ○ [n] river eagle ❁ aigle pêcheur [ID *Haliaetus vocifer*] [rare word, cf. /jitey/].

gaay-ndi [< /gaay/ 1] ● a) [tr] (God) limit (sb's life) ❁ (Dieu) limiter (la vie de qqn) ● b) [intr] be prevented ❁ ê. empêché.

gãyši T, gaynši T, ŋgãyši GN, ŋgãši G ● a) [n] wild fonio ❁ fonio sauvage [grass with edible grains] [ID primarily *Panicum laetum*, but applied in the field to other grasses such as *Echinochloa colona* ; cf. /finji/] ● b) grain residue after pounding in mortar ❁ brisures de céréales qui restent après le pilage G [SYN /jombu/ T].

gaazwal, gaazuwal ● [n] diesel oil ❁ gas-oil, gazole [< Fr.].

ŋge-e [= /ŋgi-yo/ 1 or 2].

gey 1 TN ● a) [intr] linger, endure, last, spend a long time ❁ durer, rester longtemps [VO /gey-nda/] ● b) [SerV] (do) a long time ago ❁ (faire) il y a longtemps.

gey 2 ● [n] light, daylight, illumination ❁ lumière [cf. /gaya-gaya/].

gey-nda [< /gey/ plus /-nda/] ● a) [VO] go without (sth) for a long time ❁ se priver de (qqch.) pendant longtemps • be absent from for a long time ❁ s'absenter de pendant longtemps • EX : /ay gey-nda ni/ I haven't seen you for a long time ∞ ça fait longtemps que je ne t'ai pas vu ● b) [SerV] EX : /ay gey-nda ka duu *Castel* beer di/ I haven't had a large Castel (beer) for a long time ∞ ça fait longtemps que je n'ai pas eu un grand Castel (bière).

gi, ɟi ● [3Pl object enclitic] [cf. /i/].

ŋgi, nji [= /ŋgi-yo/ 1 or 2].

ŋgi-i [= /ŋgi-yo/ 1 or 2].

'giira' [//goo͜i ra//] ● be in (=among) them ❁ ê. dans (=parmi) eux.

ŋgi-ya, nji-ya [= /ŋgi-yo/ 1 or 2].

ŋgi-ye, nji-ye [= /ŋgi-yo/ 1 or 2].

gi-yo N [= /ŋgi-yo/ 2].

ŋgi-yo 1 ● [Full 3Pl pronoun] they, them ❁ eux, ils, elles [PL < /ŋga/ 1].

ŋgi-yo 2 [= /ŋgu-yo/]

'ŋgi-yoo', 'nji-yoo' [= /ŋgi-yo/ 1 or 2 plus Impf /o/].

go [= /o/, Impf marker].

goo 1 ○ a) [quasi-verb with overt or implied locational] be (in a place) ; be present, exist ✻ ê présent, se trouver (quelque part) ; exister [replaced by /šii/ in negation] ○ b) [quasi-verb plus Loc of nominalized verb] be engaged in (doing) ✻ ê. en train de (faire) [marked progressive construction] [cf. /čindi/ (c)] ○ d) [quasi-verb plus Postp /ga/] have (sth) in one's possession or custody ✻ avoir (qqch.) avec soi ○ e) [clause-final, preceded by pronominal subject] [truncated positive sentence, as in answer to yes-no question ; a kind of stressed prepausal variant of Impf /o ~ go/] • EX : /ay goo (yaa)/ yes I (am, do) ∞ oui, je (le suis, le fais) [in this function may be followed by Emphatic /yaa/].

goo 2 ○ [n] (man's) girlfriend ✻ copine (d'un homme) [argot ; normally possessed] [< Eng. girl] • EX : /ay goo di/ my girl ∞ ma copine.

'ŋgo-o' [surface form of three combinations involving Impf /o/ : a) /ŋgu‿o/ with LogoSg /ŋgu/ as subject, b) /ŋga‿o/ with 3SgF /ŋga/ 1 as subject, or /... ŋga‿o/ with SFoc /ŋga/ 3 following a focused subject NP].

godoro N [= /gudorõ/].

goofa ○ [n] hairdo style ✻ une coiffure de femme [central tuft on crown with white shell, ringed by ridges, with optional gold headband /kumna/] [cf. /dur/].

gogor ○ a) [intr] smile, laugh ✻ sourire, rire ○ b) [tr] laugh at ✻ rire de ○ c) [n] laughter ✻ rire [also /gogor-ey/].

gogor-ey ○ [n] laughter ✻ rire.

gooja 1 ○ [intr] chew cud ✻ ruminer [perhaps < Ful. /waac-/, cf. KS /goyow/].

gooja 2 ○ [tr] train, break in (animal) ✻ dresser (animal) [= KS /gooji/].

golbi ○ [intr] be bent ✻ ê. plié [cf. /golli/].

golle T, golo G ○ [tr] metal hook (to knock down high branches) ✻ hameçon en métal (pour frapper les branches élevées) • hook (for fastening handles to metal tools such as hoes) ✻ hameçon (pour attacher le manche d'un outil).

golli ○ a) [tr] bend, twist ✻ tordre ○ b) [intr] be bent ✻ ê. tordu [cf. /golbi/].

gombili ✪ [n] scab ❋ croûte de plaie.

gomni ✪ a) [n] good fortune (health, prosperity) ❋ bonheur (bonne santé, prospérité) • [greeting] /nda gomni/ = /nda gom-ni‿eyda/ in good health ❋ en bonne santé [cf. /laafya]/ ✪ b) down payment, first installment ❋ premier versement.

gomni-jamna ✪ [n] formal wedding announcement ❋ annonce de mariage.

goon ✪ [tr] swallow ❋ avaler.

gondi ✪ a) [n] snake sp. ❋ serpent sp. T [ID short but thick, light-colored, in desert] ✪ b) snake (in general) ❋ serpent (en général) DN [adj added for specificity] [SYN /ganda-korfo/] • COMP below.

gondi-bibi N ✪ [n] dark snake sp. ❋ serpent noirâtre.

gondi-čaara-čaara N ✪ [n] striped snake sp. ❋ serpent rayé sp.

gondo, ŋgondo ✪ [n] snake-like fish sp. with tough scales ❋ poisson sp. à écailles dures [now rare] [ID *Polypterus* spp.].

goney ✪ [n] eel-like fish ❋ anguille [now rare] [ID *Gymnarchus niloticus*].

ŋgooŋga ! ✪ [interj] yes ! ❋ oui ! [SYN /ŋga !/ 2] [< Ful. /(ŋ)gooŋga/ 'truth' ∞ 'vérité'].

goŋgo G [= /goroŋgo/ 'chicken' ∞ 'poulet'].

goŋgo-dijey G [= /gorgo-dijey/ N].

goŋgorom ✪ [n] padlock ❋ cadenas [said to be < Bam.] [SYN /jukurum/].

goŋkoto D [= /joŋkoto/].

goor ✪ [intr] expand, grow ❋ grandir, augmenter • EX : /moo woo go goor/ that rice expands (as it cooks) ∞ ce riz se gonfle.

gorboy T, garboy TG ✪ [n] date (fruit) ❋ datte [esp. the native date, ⇨ /gorboy‿ñaa/].

gorboy-honn-o T, garboy-honn-o G ✪ [n] native date (fruit) ❋ datte sauvage [ID ⇨ /gorboy‿ñaa)/].

gorboy-muskur T, garboy-muskur G ✪ [n] imported sweet date

❅ datte douce [from Algeria] [SYN /sinjina-garboy/ G, cf. /tomoro/] [ID fruit of a variety of *Phoenix dactylifera*] [COMP final < Ar. √skr, cf. /sukal/].

gorboy-ñaa ○ [n] date tree ❅ dattier [ID since the true date palm, *Phoenix dactylifera*, does not occur locally, the term applies normally to the 'wild date' ∞ 'dattier sauvage', *Balanites aegyptiaca*, not a palm ; for its fruit ⇨ /gorboy-honno/].

ŋgorfu ○ [n] crawling vine with sharp, spiked fruits ❅ plante rampante aux fruits épineux [ID *Tribulus terrestris*].

gorgo N [= /goroŋgo/].

gorgo-digey N, goŋgo-dijey G ○ [n] rooster ❅ coq.

goori ○ [n] edible yam-like heart of doum palm shoot ❅ partie comestible (cœur) d'un jeune palmier [cf. /koŋgom/].

goro ○ a) [intr] sit, stay, dwell ❅ s'asseoir, rester, habiter • LOCUT : /goro nda X/ expect X ∞ s'attendre à (= prévoir) X ○ b) [n] sitting ❅ acte de s'asseoir.

gooro ○ [n] kola (cola) nut ❅ cola [chewed ; traditionally a common tip for a small service] [ID from trees *Cola nitida* and possibly *Cola acuminata*] [regional word, cf. Bam /woro/] • COMP : ⇨ /jiŋgar-gooro/, /ditta-gooro/].

goro-hay ○ [n] subsistence costs, (everyday) cost of living ❅ frais de subsistence.

gooro-hay ['kola-price' ∞ 'cola-prix'] ○ [n] small tip or reward ❅ pourboire, 'prix de cola'.

gooro-jje ○ [n] kola nut ❅ noix de cola.

goro-ndi ○ [tr] cause to sit, stay, or dwell ❅ laisser s'asseoir ou rester • set up (camp) ❅ dresser (campement) • bring (circumcision novices) to the camp reserved for them ❅ amener (les circoncisés) à leur campement.

goroŋgo TD, gorgo N, goŋgo G ○ [n] chicken ❅ poulet • COMP : ⇨ /gorgo-digey/.

gooro-waaga ○ [n] small basket for kola nuts ❅ petit panier pour les noix de cola [also /waaga/].

gorru ○ [n] ditch, canal, seasonal creek ❅ marigot, fossé, canal [= KS /gooru/].

gooru N ● [tr] insult ❁ insulter [SYN /wow/ T].

goso ● [intr] (rice) be undercooked ❁ (riz) ê. trop peu cuit.

gooti ● [tr] glare at ❁ fixer d'un regard furieux.

goto ● [n] scythe ❁ faucille [cf. /garja/, /wowdu/].

gow 1 [tr] mix (dough or crushed-millet cream, with some water) ❁ mélanger (pâte, ou crème de mil écrasé, avec de l'eau) [= KS /gabu/] • EX : /ay gow doon di/ I made (mixed) the millet cream ∞ j'ai mélangé la crème (de mil).

gow 2 ● [n] molar tooth ❁ dent molaire.

gow 3 [n] tooth decay ❁ carie (dentaire) [= KS /gow/].

gow 4 ● [n] type of magician ❁ sorte de sorcier [originally a caste of hunters].

goy ● a) [intr] work ❁ travailler ● b) [tr] manufacture, produce ; work (metal) ❁ produire ; travailler (métal) ● c) [n] work, task, job ❁ travail • typical activity (of a class of persons, an animal sp., etc.) ❁ action caractéristique (d'un animal, etc.).

goy-doo ● [n] workplace ❁ lieu de travail.

goy-fut-ey ● [n] bad deed ❁ mauvaise action [cf. /futu/].

goy-hay ● [n] wages, salary, fee ❁ gages, salaire [cf. /ɓana/].

goy-meyra ● [n] odd job, piecework ❁ petit travail.

ŋgoyo ● [n] a cultivated vegetable resembling tomato and eggplant ❁ aubergine du pays [ID *Solanum aethiopicum*] [< Bam.].

goyri ● a) [n] sprain ❁ entorse, luxation ● b) [intr] have a sprain ❁ se faire une entorse, s'être luxé qqch..

grogræ̃ ● [n] hairdo style ❁ une coiffure de femme [with wicks] [< Fr. gros grains].

gu N [= /ŋgu/].

guu 1 ● [num] five ❁ cinq [Absol /a-guu/ T, /i-guu/ GN] [vowel shortened in /woy-gu/ '50'].

guu 2 ● [n] stallion ❁ étalon [= /bari-guu/].

ŋgu TGN, ŋu T, gu N ● [Sg Logophoric or third person Reflexive pronoun] he, she, it, himself, herself, itself ❁ il, elle, lui-même, elle-même [PL /ŋgu-yo/ or /ŋgi-yo/ and their variants].

gubaguba T, guba GN ● [n] dove ❁ tourterelle [ID mainly the

'laughing dove' ∞ 'tourterelle maillée', *Streptopelia senegalensis*] [cf. /ganji-tuujum/, /aruwel/, /lumbeelu/].

gudorõ T, godoro N ○ [n] asphalt (on road) ❁ goudron [< Fr.].

guuju ○ [intr] (lips) pucker, swell up ❁ (lèvres) se plisser, se gonfler.

gujubi ○ [intr] (string) be tangled up ❁ s'enchevêtrer • LOCUT : /a gujubi [ay bomo di ra]/ it got confused in my mind ∞ ça s'est mélangé dans mon esprit.

gujuguju ○ [tr] shake back and forth ❁ remuer ici et là • EX : /ay gujuguju ay mee di/ I shook (= rinsed) out my mouth ∞ je me suis remué (= rincé) la bouche • COMP : ⇨ /bomo-gujuguju-nte/.

guuju-ndi ○ [tr] pucker (mouth, i.e. lips) ❁ plisser (bouche, lèvres) • EX : /a guuju-ndi a mee di/ he puckered his lips ∞ il a plissé ses lèvres.

gulli 1 ○ a) [tr] tie (knot) ❁ nouer ○ b) [n] knot ❁ nœud [= KS /guli/].

gulli 2 T ○ [intr] arrive (or return home) in evening ❁ arriver (ou revenir) le soir [SYN /jaaje/, cf. /biyaa/, /woyme/ 1].

gum ○ a) [tr] cover, put lid or roof on ❁ couvrir [cf. /bomo-gum-di/, /gum-čere/] ○ b) [n] roof ❁ toit ○ c) [tr] turn (glass) over ❁ renverser (verre) ○ d) [tr] pile up ❁ entasser.

guma ○ a) [intr] be inexpensive ❁ se vendre à bon marché, ê. pas cher [ADJ /gum-o/] ○ b) [intr plus Dat] be beneficial to ❁ ê. avantageux pour [cf. /-gum-o/].

guma-ndi ○ [tr] increase (quantity), add a little extra to ❁ augmenter (quantité) [e.g. merchant adds a little extra as a sweetener] [cf. /damsu/].

guma-nte ○ [partpl] inexpensive ❁ pas cher.

gumbagumba ○ [n] large fly sp. ❁ grande mouche sp.

gumba-ndi [⇨ /hew-gumba-ndi/].

gum-čere ○ [n] eating bowl with cover ❁ 'tasse' (= assiette en forme d'écuelle) pour manger avec couvercle [< Recip VP /gum čere/ 'cover each other' ∞ 'couvrir l'un l'autre']

gum-gum ○ [RDP < /gum/].

gumi ○ [n] rice that is boiled and dried before threshing ✱ riz étuvé, riz bouilli et desséché avant d'être battu [cf. /fufule/].

gum-o [< /guma/] ○ a) [adj] right(-handed) ✱ (côté) droit [also /kamba-gumo/) [Absol /i-gum-o/] • COMP : ⇨ /kamba-gum-o/ • LOCUT : /jere gum-o/ right side ✱ côté droit ○ b) [adj] cheap ✱ bon marché.

gum-o-gum-o ○ [uncommon phrase-final particle] very much, extremely ✱ très, beaucoup.

gumoy 1 ○ [n] dock ✱ quai • place at side of river for doing laundry ✱ lieu au bord du fleuve où on fait la lessive.

-gum-oy 2 ○ [n] [ABSTR < /gumo/] • COMP : ⇨ /kokoro-gum-oy/.

-gun [⇨ /nooru-gun/].

guna ○ a) [tr] see ✱ voir • receive (sth sent) ✱ recevoir (qqch. d'envoyé) ○ b) [n] view, sight ✱ vue.

guna-čere ['see-friend' ∞ 'voir-ami'] ○ [n] wary rivalry ✱ rivalité, concurrence.

guna-ndi ○ [intr] be seen ; be visible ✱ ê. vu ; ê. visible.

guna-nte ○ [partpl, used as n] looks, appearance ✱ aspect (visible), apparence physique.

gunde GN ○ [n] belly ✱ ventre [SYN /guŋgu/ T].

gundey ○ [n] a dish in which sauce is cooked into the rice ✱ 'riz au gras' (plat) [in other meals the sauce is cooked separately and served onto rice at the table].

guŋgu ○ a) [n] belly ✱ ventre T [SYN /gunde/ N] • pregnant woman ✱ femme enceinte • EX : /woy kaa či guŋgu/ a woman who is pregnant ∞ une femme qui est enceinte • LOCUT : /jow guŋgu/ get knocked up (pregnant) ∞ tomber enceinte [cf. /kun/] ○ b) [n] island, rise in river bed which is exposed (at low flood or all year) ✱ île, élévation TG [SYN /gaaniya/].

guŋgu-jur ['belly-run' ∞ 'ventre-courir'] ○ [n] diarrhea ✱ diarrhée.

guŋguma ○ [intr] bend over ✱ s'incliner.

guŋgurey ○ [intr] flip over ✱ se renverser.

guŋguri ○ [n] testicles ✱ testicules [original sense 'egg' ∞ 'œuf' now expressed by /tondi/].

gunjuru ○ [n] a type of woolen boubou (man's outer garment) worn mainly by Fula ❁ sorte de boubou en laine porté par les peuls.

gur ○ [intr] draw water from well ❁ puiser • COMP : ⇨ /hari-gur/.

guram, gurum ○ a) [n] heap, pile ❁ tas ○ b) [intr] be heaped up ❁ ê. entassé ○ c) [tr] heap up, accumulate ❁ entasser, accumuler.

gurey ○ [n] dune, high ground, mound ❁ dune, terrain élevé, proéminence (de terre) [cf. /hondu/, /gurgusu/ N] • COMP : ⇨ /dow-gurey/ • river bank (above actual shore) ❁ berge (du fleuve) [cf. /isa-mee/].

gurfa [= /gurfu/].

gurfu, gurfa ○ [intr] (person, camel) kneel ❁ s'agenouiller.

gurgumajje T, gurmundeeji G ○ [n] fighting stick, club ❁ gourdin, bâton.

gurgusu N ○ [n] sand dune ❁ dune de sable [cf. /hondu/, /gurey/].

gurje ○ [intr] come to blows, get into a fight ❁ lutter, se battre.

gurma [< name of an ethnic group in Burkina Faso] [ANT /hawsa/] ○ [n] south bank of the Niger River ❁ rive droite (= méridionale) du fleuve Niger • the Gourma, region south of the river ❁ le gourma, région au sud du fleuve [as in town name Gourma Rharous] [swampier, less populous than /hawsa/] • south ❁ sud (locally) [cf. /woyna-kaŋey/].

guuru ○ [n] metal ❁ métal [for specific metals : ⇨ compounds below, also /badila/, /alhindi/] • metal object (bar, hoe, spear, etc.) ❁ objet en métal (barre, daba, lance, etc.).

guuru-bari ['...-horse' ∞ '...-cheval'] ○ [n] bicycle, motorcycle ❁ vélo, moto [calque < Bam. /nege-so/].

guuru-bata ○ [n] tin can ❁ boîte (de conserve).

guuru-bibi ['...-black' ∞ '...-noir'] ○ [n] iron ❁ fer.

guuru-čirey ['...-red' ∞ '...-rouge'] ○ [n] red metal(s) (e.g. copper) ❁ métal rouge (cuivre, etc.) [cf. /guuru-kara/].

guuru-fur N ['metal-leave' ∞ 'métal-laisser'] ○ [n] time to stop work (in field, with tools) ❁ heure de cesser le travail (au champ, avec daba, etc.).

guuru-guuru [RDP </guuru/] ○ [n] spare parts (for cars, etc.) ❁ pièces détachées (des voitures, etc.).

guuru-kara ['...-yellow' ∞ '...-jaune'] ○ [n] yellowish metal (such as copper) ❁ métal jaune (cuivre, etc.) [cf. /guuru-čirey/].

gurum [= /guram/].

gurumbu ○ [n] cube, ball, lump (e.g., sugar) ❁ boule, boulette, morceau • COMP : ⇨ /ɓoro-gurumbu/.

guuru-sasar ○ [n] metal chain ❁ chaîne en métal.

guus-o ○ [adj] deep ❁ profond [< /guusu/].

guusu ○ a) [intr] be deep ❁ ê. profond ○ b) [adj] deep ❁ profond [also /guus-o/) • COMP : ⇨ /ɗiji -guusu/ ○ c) [n] pit, hole (concave excavation) ❁ creux, fosse, trou (creusé) [for 'puncture' ∞ 'trou', ⇨ /fune/].

gusum ○ a) [n] millet pudding ❁ 'tô' (repas à base de mil) [a traditional staple food, served with sauce] • COMP : ⇨ /melente-gusum/ ○ b) [tr] cook (grain) as a hard pudding ❁ préparer (céréales) en tô.

guttu ○ [intr] be greedy, gluttonous ❁ ê. cupide ou gourmand.

guttu-kom ○ [n] glutton ❁ gourmand.

ŋgu-yo, ŋgi-yo 2 ○ [Pl < /ŋgu/, Logophoric or third person Reflexive pronoun] they, themselves ❁ eux, elles, eux-mêmes, elles-mêmes [speakers who use /ŋgi-yo/ 2 make it homophonous with the Full 3Pl pronoun /ŋgi-yo/ 1].

h

hãã [entry follows that of /han/]

haaba ○ [intr] (quadruped) trot ❁ aller au trot.

haaba-ndi ○ [tr] cause (quadruped) to trot ❁ faire trotter.

haabu 1 ○ [n] cotton ❁ coton [cf. /ɓii/ 3] • COMP : ⇨ /feeji-haabu/, /gaa-haabu/.

haabu 2 [cf. /lilendi/, /hĩsa/ 1, /yahdar/] ○ a) [tr] gather up (objects) ❁ ramasser (objets) ○ b) [intr] pack up, get (things) ready to go ❁ faire les bagages ○ c) [ReflV] get ready, organize oneself (to go) ❁ s'apprêter (à partir).

haabu-bii ○ [n] making of cotton thread ❁ fabrication de fil de coton.

haabu-ñaa ○ [n] cotton tree ❁ cotonier [ID *Gossypium* spp., introduced].

haaga ○ [tr] fry (fish, cakes) in oil or butter ❁ frire (poisson, galettes) à l'huile ou au beurre.

hagaga ○ [n] loud noise, din ❁ vacarme, grand bruit.

haaga-nte ○ [partpl] fried ❁ frit.

hagey G [= /hahey/].

hahaala ○ [n] a small catfish fish sp. ❁ petit silure sp. [same as or similar to /hahariya/].

hahariya ○ [n] a small catfish fish sp. ❁ petit silure sp. [ID one or more spp. of family Schilbeidae] [cf. /hahaala/].

hahey T, hagey G ○ a) [n] sieve ❁ tamis [cf. /teme/ and terms listed there] • COMP : ⇨ /jaara-hahey/ ○ b) [tr] sift ❁ tamiser.

haaje N ○ [n] need ❁ besoin [< Ar. √ħwj] [cf. /yentasu/, /toonda/].

haji, hajji ○ [intr] perform the pilgrimage to Mecca ❁ faire le pèlerinage à la Mecque [< Ar. √ħjj] [cf. noun /alhajaaji/).

haaji TN, aji G ○ [n] sedge sp. ❁ souchet (cypéracée) sp., 'gazon' [ID *Cyperus* spp. with root tubers or rhizomes used for incense, chiefly *C. rotundus* (small bulbous root swelling, also notable for forming a seasonal thick turf in drying floodplains) and *C. maculatus* (horizontal rootstock)] [cf. /taara/ 1] [SYN /ŋkiiji/ N, cf. /haaji-woroo/, /digisa/) [cognate to KS /azi ~ aɣizi/].

haaji-woroo N ['...-fat' ∞ '...-gros'] ○ [n] sedge sp. ❁ souchet (cypéracée) sp. [ID not seen, said to resemble /haaji/].

hajje TN [frozen < *hay-ije] [SYN /haywana/] ○ a) [n] little thing ; whatchamacallit ? ❁ petite chose ; chose ? [SYN /haywana/, /haydine/) ○ b) [intr, tr] do whatchamacallit (to...) ? ❁ choser, chosiner, machiner.

hajji [= /haji/].

hal TGN [most common variant], hala TN, har T, hara T, hali G [perhaps ultimately < Ar. /ħattaa/, cf. Bam. /hali/) [ANT /jaa/] ○ [clause-initial particle] until... ❁ jusqu'à ce que... • [before NP] until..., all the way to... ❁ jusqu'à...

haala ○ [n] traditional song-and-dance celebration by farmers after good harvest ❁ fête des cultivateurs après une bonne récolte.

halači [< Ar. √hlk, also in Bam.] ○ a) [tr] ruin, destroy, screw ❁ abîmer, détruire, (aller) foutre • EX : /ay halači derbe di/ I ruined my clothing ∞ j'ai abîmé mon habit ○ b) [intr] be ruined ❁ ê. abîmé [cf. /hasara/].

halal ○ [intr] be permitted by Islam ❁ ê. permis par l'Islam [< Ar. √ħll] [ANT /harram/].

hali G [= /hal/].

haliwa ○ [n] type of candy ❁ sorte de bonbon [< Ar. √ħlw, cf. /alhalaawa/].

-hallaji [⇨ /billahallaji/].

halum TN ○ [n] liana sp. ❁ liane sp. [ID *Leptadenia hastata*] [fruit can be sucked] [DjCh /hanam/].

ham ○ a) [n] meat, flesh ❁ viande, chaire T • fish ❁ poisson N [cf. /hari-ham/, /ɓasi/] ○ b) [n] inert person ❁ personne inerte [cf. Eng. meathead] [cf. /jiney/ (c)].

-haama [⇨ /masar-haama/].

haamaa ○ [n] grandchild ❁ petit fils, petite fille [gender optionally marked by adding /-har/ 2 or /-woy/ 1].

hambir ○ [n] hair ; feather ❁ cheveux, poil ; plume • COMP : ⇨ /mee-hambir/.

hambur ○ [intr, tr] be afraid (of), fear ❁ avoir peur (de) • EX : /a-a hambur ey/ he is afraid of me ∞ il a peur de moi.

hamburey ○ [n] fear ❁ peur.

hamey ○ a) [tr] grab, catch ❁ attraper, saisir [cf. /jirfiti/, /ñafu/] ○ b) [n] seizure, grabbing.

ham-hari N ○ [n] fish ❁ poisson [general term] [cf. /ham/, /hari-ham/].

ham-ije ['meat-child' ∞ 'viande-enfant'] ○ [n] a large fish sp. ❁ 'capitaine' (poisson) [ID *Lates niloticus*] [SYN /ham-korey/].

ham-karji ['meat-thorn' ∞ 'viande-épine'] ○ [n] porcupine ❁ porc-épic [ID *Hystrix* sp.].

ham-korey ['meat-white' ∞ 'viande-blanche'] ○ [n] a large fish sp. ❁ 'capitaine' (poisson) [ID *Lates niloticus*] [SYN /ham-ije/].

ham-kukur-o N ○ [n] smoked fish ❁ poisson fumé.

hamma ○ [n] eldest brother ❁ frère aîné [primarily a personal name].

hammee [< *haw-mee 'tie-mouth' ∞ 'attacher-bouche', arguably still segmentable, cf. /feer-mee/] ○ a) [intr] fast (abstain) ❁ jeûner ○ b) [n] ninth Muslim month (fasting month), Ramadan ❁ 'carême' musulman (= ramadan) [in this sense also /hammee-handu/] [follows /čee-konn-o/, precedes /feer-mee/].

hamni 1 ○ [n] powder, flour, anything granulated ❁ poudre, farine [= Ka /hàmnì/] • LOCUT : /čiiri hamni/ granulated salt (not salt bars) ❁ sel grené.

hamni 2 ○ [n] fly (insect) ; any similar flying insect (e.g., bee) ❁ mouche ; insecte volant [= Ka /hàmnì/].

hamni-hahey [= /hamni-teme/].

hamni-teme ○ [n] sieve with. medium-sized holes ❁ tamis à trous moyens [used for /gusum/] [also called /hamni-hahey/, cf. /teme/, /hamni/ 1].

hampa ○ [tr] chew (tobacco) ❁ chiquer (du tabac) • EX : /a-a hampa tabaa/ he chews tobacco ∞ il chique le tabac.

ham-talatu ○ [n] piece of meat ❁ morceau ou tranche de viande.

hamu [= /haamugu/].

haamugu, hamu ○ [n] a desert grass sp. ❁ une graminée sp. du désert [ID *Schoenefeldia gracilis*].

han hã T, handi T, handin N ○ a) [n] (a particular) day ❁ jour [used in adverbial expressions locating scene in time, contrast /jaari/, /jirbi/] [bisyllabic variants may result from fusion of Def /di/ or an older variant *din, but they now allow a further Def marker : /handi di/] [cf. /han-oo/, /hõõ/, /han-e/] ○ b) Relative clauses : /haŋkaa.../ (the time) when... ❁ (le temps) où...

hãã [with invariant nasalized vowel] ○ a) [tr] ask question of, inquire of, interrogate ❁ interroger, poser une question à ○ b) [tr, plus /nda/ phrase] ask for (sth) ❁ demander (qqch.) • EX : /a hãã͜ey nda X/ he asked me for X ∞ il m'a demandé X.

haŋa ○ [n] ear ❁ oreille [< *haŋŋa].

haŋa-korbo ○ [n] earring ❁ boucle d'oreille.

hančin ○ [n] goat ❁ chèvre.

handi [= /han/].

handin [= /han/].

handarey T ○ [n] star ❁ étoile [SYN /saaney/].

handir ○ a) [intr] dream ❁ rêver ○ b) [n] dream ❁ rêve.

handu ○ [n] moon ; month ❁ lune ; mois • COMP : /handubana/ monthly pay ❁ salaire mensuel.

han-e N ○ [postp] on (day) ❁ dans (jour) [used with day names] [also in KS ; related to /han/] • EX : /alkamiisi han-e/ on Thursday ∞ jeudi.

hãfi ○ [n] clay bowl (for washing or cooking) ❁ 'tasse' (= écuelle ou bol) ronde en terre cuite.

haŋga ○ a) [tr] run alongside (linear reference), stick close to (line or plane surface) ❁ longer • EX : /haŋga čeesu di ka koy!/ hug the shoreline ! ∞ longez la rive ! [said in boat] • keep up (custom) ❁ maintenir (coutume) [SYN /kamba/] ○ b) [intr] be followed, (custom) continue to be practiced ❁ ê. suivi, (coutume) se pratiquer encore ○ c) [intr plus Postp /banda/] stay close to (sb, sth), follow everywhere ❁ rester à côté de, suivre partout • EX : /a haŋga [ay banda]/ he followed me ∞ il m'a suivi • (child, apprentice) be subservient to (parent, master) ❁ (enfant, apprenti) suivre (parent, maître).

haŋga-banda G ○ [n] companion ❁ compagnon [SYN /banda-haŋga-koy/ T].

haŋga-kasine ○ [n] follower, pal, fellow traveler ❁ compagnon.

haŋgasu ○ [intr] lie on one's back, lie face up ❁ se coucher sur le dos [ANT /ganda-bir/].

hani TGN ○ [n] electric fish ❁ poisson électrique [ID *Malapterurus electricus*] [also /hani-booru/ N].

hani-booru N [= /hani/].

hanjire TG, hanjure TN ○ [n] parent-in-law ❁ beau-parent [gender optionally specified by adding /-har/ 2 or /-woy/ 1] [= KS /anzura/, etc.].

hanjure [= /hanjire/].

haŋkaa 1 T, haŋkaa-čele G ○ [n] triangular stone oven (hearth) ❁ foyer (en pierres) [three large stones flanking fire, on which cooking pots are set] [= KS /alkaŋey ~ haŋka ŋey/].

han‿kaa... 2 [⇨ /han/ (b)].

haŋkaa-čele G [= /haŋkaa/].

haŋku TG ○ [n] edible fruit of the large water lily ❁ fruit comestible du grand nénuphar [ID *Nymphaea lotus*] [cf. /dundu/, /jinow/, /ɓoy/].

haŋku-doorey ○ [n] annual gathering of /haŋku/ water lily fruits (and tubers) ❁ cueillette annuelle de fruits (et tubercules) de nénuphar [= /doorey/] [cf. /dundu/].

hanna TGN ○ [intr or SerV] stay up late at night, spend night (doing) ❁ veiller, passer la nuit (à faire).

hanoo GN ○ [n] today ❁ aujourd'hui [used adverbially] [< *han woo] [SYN /hõõ/ T].

hanši G [= /hãyši/].

hanti ○ [n] edible dried root tubers of a sedge ❁ 'pois sucrés' (tubercules de souchet) [ID from *Cyperus esculentus*, imported for sale from south].

hantum ○ [tr, intr] write ❁ écrire [< Ar. √xtm].

hantum-di [//hantum-ndi //] ○ [intr] be written ❁ ê. écrit.

har 1 TGN ○ a) [tr with NP object, or intr plus indicative clause, with optional dative in either case] say, tell ❁ dire • EX : /ay har ga mana/ I told it to you ∞ je te l'ai dit ; /a har ŋgu‿o kaa/ she said she would come ∞ elle a dit qu'elle allait venir ; /ma har X/ it is like ('you would say') X ∞ c'est comme ('tu dirais') X ○ b) [intr plus subjunctive clause, and optional dative] tell (sb) to... ❁ dire (à qqn) de... [in reported imperatives] • EX : /a har (yene) [ay ma kaa]/ he told me to come ∞ il m'a dit de venir.

har 2 TG, ar N [= KS /aru/] [ANT /woy/ 1] ○ a) [n] man ❁ homme o b) [COMP final specifies male sex with gender-neutral kin terms and animal sp. names, e.g. /kaaga-har/ 'grandfather' ∞ 'grand-père'].

har 3 [= /hal/].

hara [= /hal/].

harandan o [n] dew ❁ rosée [possibly related to /hari/ 'water' ∞ 'eau'].

har-beer T, ar-beeri N o [n] adult man ; elder man ❁ homme adulte ; vieil homme [also common as a nickname].

harče G o [n] (rival) suitor (of unmarried woman) ❁ amant rival (d'une jeune femme) [< *har-če, cf. /har/ 2, with obscure second element, parallel to /wočče/ < *woy-če].

harey o [n] double-sided drum ❁ tambour à deux faces [cf. /koloo/, /tubal/] • DERIV : /harey-koy/ T = /harey-kar-koy/ N drummer ❁ joueur de tambour.

hargu N o [intr] (sth) be cold ❁ ê. frais [cf. /yey/, /fufu/].

har-hiiji o [n] married man ❁ homme marié.

har-hiŋka-jje ['man-two-child' ∞ 'homme-deux-enfant'] o [n] child of one's father's brother ❁ enfant de l'oncle paternel de qqn [also /ɓaba-hiŋka-jje/] [parallel to /woy-hiŋka-jje/].

hari o a) [n] water ❁ eau • LOCUT : /hari banda/ on the far side of the water (= river) ∞ de l'autre côté de l'eau (= du fleuve) o b) [n, esp. as COMP final] juice, liquid ❁ jus, liquide.

hari-faar T, hari-faaru G o [n] thirst ❁ soif [also /faar/ 1].

hari-futu ['...-evil' ∞ '...-méchante'] o [n] (modern) beer, liquor ❁ bière, boisson alcoolique [cf. /dolo/, /alxamuur/].

hari-gur o [intr] draw water (from well) ❁ puiser [also /gur/].

hari-ham T o [n] fish ❁ poisson [general word] [cf. /ham/, /ham-hari/ N].

hari-haŋga T ['water-follow' ∞ 'eau-suivre'] o [n] bird sp. that skims low over water ❁ oiseau qui survole l'eau [unidentified].

hari-hãyši D ['water-dog' ∞ 'eau-chien'] o [n] aquatic mammal sp. ❁ mammifère aquatique sp. [ID probably an 'otter' ∞ 'loutre'].

hari-hoog-ey ['water-dryness' ∞ 'eau-sécheresse'] o [n] low flood (in annual cycle) ❁ décrue [February to June] [ANT /hari-mun-ey/].

hari-hoy ['water-leaf sauce' ∞ 'eau-sauce à feuilles'] ○ [n] algae ❁ algues.

hari-ije ○ [n] a tadpole-like water creature ❁ animal aquatique qui ressemble au têtard.

hari-jiŋgar [esp. GN] ○ [n] circumcision ❁ circoncision [SYN /baŋgu/ 2].

hari-koŋgorey ○ [n] lack of water ❁ manque d'eau [also /koŋgorey/].

hari-kuŋgura T ○ [n] aquatic tortoise ❁ tortue aquatique.

hari-mun-ey ['water-pouring' ∞ 'eau-verser'] ○ a) [n] high flood (in annual cycle) ❁ crue [peaks around September] [ANT /hari-koog-ey/] ○ b) [intr] pee (urinate) ❁ uriner [euphemism for /toosu/, esp. to children] [nominalization used as verb ; cf. /mun/].

hari-ñin ○ [n] water-drinking ❁ action de boire l'eau • LOCUT : /a hari ñin na ben koyroo/ he hasn't finished drinking the water in this town (= he hasn't been able to leave) ∞ il n'a pas fini de boire l'eau de ce village (= il n'a pas pu partir).

har-jeen-o ○ [n] old man ❁ vieil homme.

harji ○ [n] two-pronged spear without attached rope ❁ harpon à deux pointes sans corde [cf. /dama/].

har-kumbur ○ [n] bachelor ❁ homme célibataire.

har-kuuru ○ [n] womanizer, ladies' man ❁ coureur de jupons [/-kuuru/ 2, cf. /woy-kuuru/].

harme TG, arme N ○ [n] brother ; father's brother's son ❁ frère ; fils de l'oncle paternel [esp. for female] [< *har-me, parallel to /woyme/, cf. /har/ 2/] [cf. /beere/, /keyna/).

har-meyre, har-meyra ○ [n] young man ❁ jeune homme.

har‿ndi ○ [intr] be said, sayable ❁ ê. dit, ê. possible à dire.

har-ñaajin ○ [n] boy who takes himself to be a man ❁ garçon qui se prend pour un homme.

harra ○ [tr] miss (target) ❁ rater (cible) [< *harta, cf. KCh /harra/, KS /harta ~ hatta/, Za /hàttà/].

harram ○ [intr] be sacrilegious (to Islam) ❁ ê. un sacrilège [< Ar.

√ħrm] [ANT /halal/].

har-terey ○ [n] manhood, manliness ❁ virilité.

haaru G ○ [tr] hoe, turn over (earth) ❁ biner (terre) avec le daba.

hasara ○ a) [intr] be lost, ruined, bad ❁ ê. perdu, détruit, mauvais [< Ar. √xsr, cf. /hasar-ow/] [SYN /faasal/, /mussu/] ○ b) [tr] ruin, waste ❁ gâter, gaspiller.

hasara-nte ○ [partpl] ruined, spoiled ; naughty ❁ perdu, gâté ; méchant (mal élevé).

hasar-ow ○ [n] destruction, damage ❁ destruction.

hasar-ow-koy ○ [n] spendthrift ❁ prodigue, dépensier.

hasey ○ [n] mother's brother ❁ oncle maternel [cf. /konde/] • father's sister's husband ❁ mari de la tante paternelle.

hassu ○ [intr] gasp for air, choke ❁ haleter, s'étrangler [e.g. from swallowing water] [= KS /harsu/] [cf. /maay/].

hasu ○ [n] shrub or tree sp. used for chewsticks ❁ arbuste ou arbre sp. pour cure-dents [ID *Boscia angustifolia*, abundant near G, and the closely related *Maerua crassifolia*] [cf. /koši/, /hirow/ 2].

haasum ○ [intr] be ashamed or humble ; act with humility, act honorably ❁ avoir honte ; agir avec humilité [< Ar. √ħšm] [cf. /haawindi/].

haasum-ey N ○ [n] humility, sense of shame ❁ humilité.

haw 1 ○ a) [tr] tie (up), bind ❁ attacher • LOCUT : /a haw ni bomo di/ it bewildered (tongue-tied) you ∞ ça t'a jeté dans la perplexité • COMP : ⇨ /bomo-haw-ey/, /ganji-haw/ 2, /hammee / ○ b) [intr] be tied ❁ ê. attaché [also /haw-ndi/) ○ c) [tr] put on, wear (clothing) ❁ mettre, porter (habits) ['tie' = 'put on clothes' since pants require a belt or cord, and women's wraps (pagnes) require tying] [cf. /dam/ 1] ○ d) [tr] conclude (agreement), close (deal) ❁ conclure (un marché, un accord).

haw 2 ○ [n] cow, cattle ❁ vache, bovin.

hawey 1 ○ [n] paternal aunt ❁ tante paternelle.

hawey 2 ○ [n] LOCUT : /kani hawey/ sleep on an empty stomach ∞ 'faire une nuit blanche' (= dormir sans avoir mangé) [perhaps related to /-haw-ey/ 3] • COMP : ⇨ /kani-hawey/, /tira-si-kani-hawey/.

-haw-ey 3 ○ [n] [ABSTR < /haw/ 1 'tie' ∞ 'attacher', attested in /bomo-haw-ey/].

hawgara ○ [n] large leather grain sack ❁ grand sac de céréales en cuir.

haw-haw ○ [RDP < /haw/ 1].

hãwhãw [entry follows that of /haw-ndi/].

haawi ○ a) [intr] be ashamed, be humiliated ❁ avoir honte [SYN /haasum/] • EX : /a si haawi/ she is shameless (immoral) ∞ elle est sans vergogne ○ b) [n] shame ❁ honte.

haawi-ndi ○ [tr] cause to be ashamed ❁ faire honte à [cf. /haasum/] • EX : /ay haawi-ndi ga/ I made him ashamed ∞ je lui ai fait honte.

hawjey ○ [tr] watch over, stand guard over ❁ surveiller.

hawka ○ [n] demon (which takes over a person in spirit-possession cult) ❁ diable (d'une personne possédée, dans le culte du 'vaudou') [cf. /hollo/, /ganji/ 3, /jerma-horey/].

hawka-jje ○ [n] participant in spirit-possession rites ❁ personne qui participe aux rites des possédés [SYN /hollo-jje/].

haw-kuna ['tie-interior' ∞ 'attacher-intérieur'] ○ [n] belt ❁ ceinture.

haw‿mee [= /hammee/].

haw-ndi ○ [n] be tied ❁ ê. attaché.

hãwhãw ○ [intr] (dog) bark ❁ aboyer [onomatopoeic] [cf. /suu/ 2].

hawre TN ○ a) [n] supper ❁ dîner TN ○ b) [intr] eat supper ❁ prendre le dîner [esp. N] [cf. /hawru/].

hawru TN ○ a) [n] supper ❁ dîner N ○ b) [intr] eat supper ❁ prendre le dîner [esp. T] [cf. /hawre/].

hawsa ○ a) [n] north bank of the Niger R. ❁ rive gauche (= septentrionale) du fleuve Niger [SYN /sahal/ ; ANT /gurma/] • the Haoussa, region north of the river ❁ le haoussa, région au nord du fleuve • north ❁ nord [direction] ○ b) [n] Hausa ❁ Hausa [ethnic group in countries Republic of Niger, Nigeria, etc.].

hawsa-hawsa ○ [n] traditional wide men's pants ❁ pantalon large traditionnel [cf. /siibi/].

hay 1 ○ [n] price, cost, fee ❁ prix [usually as COMP final] • COMP : ⇨ /hii-hay/.

hay 2 ○ a) [tr] give birth to ❁ accoucher, enfanter [MEDIOP and noun /hay-ndi/] • COMP : ⇨ /ɓaba-hay/, /woy-hay/ ○ b) [intr, tr] (plant) produce fruit or grains ❁ (plante) donner (fruits, graines).

hay 3 ○ [tr] stab, pierce ❁ poignarder, percer.

hay 4 ○ [n] thing ❁ chose [variant of /haya/ used chiefly as head of relative clause] [cf. 'whatchamacallit ?' words /haydine/, /haywana/, /hajje/] • LOCUT : /hay di kaa se.../ because... ∞ parce que... [SYN /sabi/].

hay 5 LOCUT : /hay X se/ woe is X ! ❁ malheur à X !

haya ○ a) [n] thing, something ❁ chose [usually /hay/ 4 as head of relative clause] [< Ar. √ħwj] • LOCUT : /haya foo/ anything ∞ quelque chose • [after negation] nothing ∞ rien ○ b) [n] a substantial amount ; wealth ❁ une quantité importante ; richesse • LOCUT : /too haya/ amount to quite a lot ∞ s'élever à un montant important ○ c) [n] (a) while (duration of time) ❁ (un) moment (= une durée dans le temps) • LOCUT : /haya keyna/ a little while ∞ un moment, quelque temps ; /haya siiti/ time is short ∞ le temps presse ○ d) [preceding a clause] well... ❁ bon...

haya-gani ['thing-fresh' ∞ 'chose-fraîche'] ○ [n] shea butter ❁ beurre de karité [taboo replacement at night for /ɓulaŋga/].

'hãydi' [= /hay-ndi/].

haydine GN ○ [n] whatchamacallit ? ❁ chose ? [SYN /hajje/, /haywana/].

hayga ○ [n] grass sp. of shallow water ❁ graminée sp. d'eau peu profonde [ID *Panicum subalbidum*].

hay̠-jje [= /hajje/].

hay-ndi ○ a) [intr] be born ❁ naître [MEDIOP < /hay/ 2] ○ b) [n] birth ❁ naissance.

hayni ○ [n] millet (a staple grain crop) ❁ (petit) mil [ID cultivated forms of *Pennisetum glaucum*] millet grains ❁ grains du mil [parts : /jeeni/, /kaari/, /doobu/ ; pounding in mortar : /soko/, /sosom/, /buka/, food products : /gusum/, /bitandi/, /doon/ 3, /gassi/ ; wild variety : /čelenče/].

hayni-lenje T ○ [n] large bundle of millet ● grand fagot de mil [SYN /bula/ N].

hãyši TGN, hãysi TGN, hãši G ○ [n] dog ● chien.

hayraa ○ [n] parent ● parent (père ou mère) [= KS /ihayra/ with variant DefSg /ihayrag-oo/].

haywana ○ a) [n] whatchamacallit ? ● chose ?, machin ? [perhaps < *hay(a) 'thing' ∞ 'chose' and Possessive /wane/] [SYN /haydine/, /hajje/] ○ b) [intr, tr] do whatchamacallit ? ● choser, chosiner, machiner.

hẽẽ [= /hem/].

heku T ○ a) [n] hiccough ● hoquet ○ b) [intr] hiccough ● avoir le hoquet.

hejey ○ a) [n] harvest ● récolte ○ b) [intr, tr] harvest ● récolter [cf. /dumbu/] • EX : /i hejey hayni di/ they reaped the millet ∞ ils ont récolté le mil.

hem T, hẽẽ N, hew̃ G ○ [intr] weep, whine ● pleurer, sangloter [emphasis on noise, not tears] • make continuous mechanical noise (hum, grinding, etc.) ● faire un bruit mécanique.

hem-di T, hee-ndi N, hew-ndi G ○ [tr] cause to weep ● faire pleurer.

hemme ○ [intr] be sad ● ê. triste [< Ar. √hmm].

hemme-ndi ○ [tr] sadden ● attrister.

hee-ndi [= /hem-di/].

henen 1 TGN, hinan 1 T [= Za /h̃in ây/ 'de bonne heure'] ○ [intr] (sth) be clean ; (sb) be cleanly ● (qqch.) ê. propre ; (qqn) ê. propre d'habitude [SYN /korey/ 1 N].

henen 2 TGN, hinan 2 T [= Za /hànán/] ○ [intr] (day) break ● (jour) poindre [subject is /suba/ TGN or /moo/ 4 N].

henjem N ○ [tr] wait for ● attendre [SYN /batu/ 1, /muñe/, /kaari/).

henjere ○ [n] fish sp. with large scales ● poisson sp. à grandes écailles [ID *Heterotis niloticus*].

hentu TGN ○ [adv] over there ❁ là-bas [deictic, pointing or otherwise indicating] [cf. /doodi/].

here 1 TGN ○ [particle following spatiotemporal expression] around, along ❁ par, vers [combination is an NP but often functions adverbially] [cf. /hine/] • LOCUT : /nee here/ around here ∞ par ici.

here 2 N [= /herey/].

herey TG, here 2 N, heerey N ○ a) [intr] be hungry ❁ avoir faim ○ b) [n] hunger ❁ faim.

herey-nte ○ [partpl] hungry ❁ affamé.

hew TN ○ a) [n] wind, air current ❁ vent • odor ❁ odeur [cf. /ferre/ 1] • LOCUT : /jow hew/ N pant ∞ haleter ; /kow hew/ break wind (= fart) ∞ lâcher un vent (= péter) [euphemism for /fuu/] ; /hew goo͜a ra/ = /hew goo͜a niine/ he is arrogant ∞ il est arrogant ○ b) [n] any disease involving swelling ❁ ballonnement (maladie).

hew-gumba ○ [intr] suffocate ❁ ê. asphyxié.

hew-gumba-ndi ○ [tr] suffocate ❁ étouffer, asphyxier.

hew̃ G [= /hem/].

hii 1 ○ a) [n] skiff (canoe or small boat propelled by poles or by paddles) ❁ pirogue [cf. /dii/, /huunu/, /pinaasi/] • boat (in general) ❁ bateau ○ b) [n, in compounds] vehicle (boat, bus, aircraft) ❁ véhicule • COMP : ⇨ /siisi-hii/, /beene-hii/, /hii-hay /.

hii 2 ○ a) [tr plus Dat] lend (sth) to (sb) ❁ prêter (qqch.) à (qqn) ○ b) [tr] borrow ❁ emprunter.

hĩĩhãã [entry follows that of /hin-ey/].

hii-hay ○ [n] boat fare ; fare (for any vehicle) ❁ prix du bateau ; prix du transport [/hii/ 1].

hiij-e T, hiij-ey GN ○ [n] marriage ❁ mariage [ABSTR < /hiiji/ 1, cf. example under /hiiji-ndi/ 1].

hiij-ey [= /hiije/].

hiijey-ndi 1,2 G [= /hiiji-ndi/ 1,2].

hiiji 1 ○ a) [intr] get married ❁ se marier [= Za /hĩĩjĩ/] • COMP : ⇨ /har-hiiji/, /woy-hiiji / ○ b) [tr] wed ❁ épouser [cf. /hiije/,

/jow/ (a)].

hiiji 2 ○ [intr] (e.g. rice) become softened (by soaking in water) ❁ (riz, etc.) s'amollir [= Za /hĩĩjĩ/] [cf. /menne/].

hiiji-ndi 1 T, hiijey-ndi 1 G ○ [tr] give (child) in marriage, cause to marry ❁ marier (un enfant, à qqn).

hiiji-ndi 2 T, hiijey-ndi G 2 ○ [tr] soften, soak (rice, to soften it) ❁ amollir • punning proverb : /hiije na či hiiji-ndi/ marriage is not (as easy) as soaking (rice) ❁ le mariage n'est pas (aussi facile que d') amollir (le riz).

hii-jur-ndi ○ [n] skiff (boat) race ❁ course de pirogues.

hii-kore ○ [n] stern (rear of boat) ❁ poupe, arrière d'une pirogue.

hiila ○ [tr] trick, deceive ❁ tricher, trahir [< Ar. √ħwl].

hilli ○ [n] horn ❁ corne • barb, sharp projection ❁ barbelé(s), barbelure.

hilli-foo ['horn-one' ∞ 'corne-une'] ○ [n] rhinoceros ❁ rhinocéros.

hima 1 ○ a) [SerV] should, ought to... ❁ devrait... ○ b) [intr plus /nda/ phrase] deserve ❁ mériter.

hima 2 G ○ [tr] resemble ❁ ressembler à [cf. /hima-nda/].

hima-nda TN ○ [tr] resemble ❁ ressembler à [/-nda/ 2].

hima-ndi ○ [tr] compare ❁ faire la comparaison de • equate, treat as equals ❁ mettre sur le même plan.

hime TN ○ [n] navel ❁ nombril [= KS /hume/] [SYN /juutum/, /yuubu/ G].

himey T, humoy TG, ñumey GN, ñumoy N, ñimey N, ñume N ○ a) [intr] bathe, take a bath ❁ se laver, se doucher, prendre un bain ○ b) [tr] wash (e.g. hands) ❁ laver (les mains, etc.).

himey-ndi T, humoy-ndi T, ñumẽy-ndi N ○ a) [tr] wash (e.g. clothes) ❁ laver (les habits, etc.) ○ b) [intr] do the laundry ❁ faire la lessive.

hin ○ a) [SerV] can, be able to ❁ pouvoir ○ b) [tr] be competent at, master, be able to do ❁ maîtriser • defeat, conquer ❁ battre, triompher contre • LOCUT : /no-o hin [ni bomo]/ you are self-reliant (master of yourself) ∞ tu te suffis à toi-même.

hina ○ [tr, intr] cook ❁ préparer (repas).

hina-hina ○ [RDP < /hina/].

hina-jiney ○ [n] cooking utensil (pot, pan, etc.) ❀ ustensile de cuisine (marmite, etc.).

hinan [= /henen/ 1,2].

hinanjam T, hinjam GN ○ a) [intr] breathe ❀ respirer T [SYN /hĩĩhãã/] ○ b) [intr] relax, rest ❀ se reposer TGN [SYN /hinjam/, /kow... faraa/] ○ c) [n] breath, breathing ❀ respiration ○ d) [n] eleventh Muslim lunar month ❀ onzième mois musulman [follows /feer-mee/, precedes /čipsi/].

hinanjam-di T, hinjam-di N ○ [tr] cause or allow to relax ❀ faire reposer [with CAUS /-ndi/].

hina-nte [= /hinna-nte/, or PARTPL of /hina/].

hindi ○ [tr] (God) grant ❀ (Dieu) accorder [perhaps /hin-ndi/].

hine [minor dialectal variant, used like the much more common /here/] [cf. KS /hine/].

hin-ey ○ [n] wealth, wherewithal, means (to buy sth), opportunity ❀ moyens (d'acheter qqch.), possibilité (de faire qqch.) • strength, durability ❀ force [SYN /gaabi/, cf. /saahĩ/] • (military or political) force, army ❀ armée, pouvoir (militaire ou politique) • LOCUT : /ay dam ay hin-ey di/ I did my best, I did what I could ∞ j'ai fait mon possible.

hĩĩhãã ○ [intr] breathe ❀ respirer [onomatopoeic, also in Bam.] [cf. /hinanjam/].

hĩĩhaa-ndi ○ [tr] cause to breathe ❀ faire respirer.

hinja ○ [num] three ❀ trois [Absol /a-hinja/ T, /i-hinja/ GN].

hinjam N [= /hinanjam/ at least as 'relax' ∞ 'se reposer'].

hinja-nte ○ [ord] third ❀ troisième.

hinje 1 ○ a) [intr plus Dat] excuse ❀ pardonner • EX : /hinjey yene/ excuse me ! ∞ excusez-moi ! ○ b) [tr] forgive (a debt) ❀ annuler (dette).

hinje 2 ○ [n] long wooden pestle (for pounding grain in mortar) ❀ pilon.

hinje-yje ○ [n] small pestle ❀ petit pilon.

hiŋka ○ [num] two ❀ deux [Absol /a-hiŋka/ T, /i-hiŋka/ GN] [for

/hiŋka.../ 'be able to...' ∞ 'pouvoir...', ⇨ /hin/].

hiŋka-nte ○ [ord] second ❅ deuxième.

hinna ○ [intr plus Dat] pity ❅ avoir pitié de [< Ar. √ħnn, cf. Bam. /hine/].

hinna-nte TG, hina-nte G ○ [partpl] [reinforcer of /kul/ 'all' ∞ 'tout'] LOCUT : /X kul hinna-nte/ all of X, every one of X ∞ tout X, tous et chacun de X [PARTPL in form, obscurely related to /hinne/ 1 or 2].

hinne 1 ○ a) [n] amount, quantity ❅ quantité • LOCUT : /hinne kul kaa.../ however much..., whatever (amount)... ∞ quelle que soit la quantité que..., tout ce que... ; /hinne foo ?/ what amount ? ∞ quelle quantité ? [/foo/ 2] ○ b) [n] size ❅ pointure • EX : /ay čee di hinne taam/ shoes of my (my foot's) size ∞ chaussure de ma pointure (de la pointure de mon pied) ○ c) [n] period of time ❅ durée de temps [cf. /haya/] • LOCUT : /saa di hinne/ immediately, right away ∞ tout de suite.

hinne 2 [village near T] ○ [particle] only ❅ seulement [as in KS] [cf. /nin/ 2, /tan/] • LOCUT : /woo hinne/ only that ∞ ça seulement.

hinni ○ a) [intr plus Dat] pity ❅ avoir pitié de ○ b) [n] pity ❅ pitié.

hĩsa 1 TGN [= KS /hanse/] ○ a) [tr] make, manufacture ❅ produire • make properly or expertly ❅ produire comme il faut TGN • fix, prepare, repair ❅ réparer, préparer TGN ○ b) [ReflV] get oneself ready ❅ se préparer [SYN /haabu/ 2, /lilendi/, cf. /yahdar/ ○ c) [intr] be made ❅ ê. produit ○ d) [n] product ❅ produit.

hĩsa 2 TGN ○ [SerV] (be, do) very much ❅ (être, faire) beaucoup [= KS /hansa ~ hense/] • EX : /a-a hĩsa ka boori/ it is very good ∞ c'est très bon.

hĩsa-hay ○ [n] labor charge (for making or repairing sth) ❅ prix (de fabrication ou de réparation).

hĩsa-hĩsa ○ [RDP < /hĩsa/ 1].

hĩsa-ndi ○ [intr] be made ; be repaired ❅ ê. produit ; ê. réparé [< /hĩsa/ 1].

hĩye [= /hiñe/].

hiñe TN, hiỹe T, hĩye T ⭘ [n] tooth ❁ dent [cf. /gow/ 2,3].

hiiri ⭘ [n] bead (e.g. of necklace) ❁ perle (de collier, etc.) [cf. /taŋgu/] • COMP : ⇨ /jinde-hiiri/, /mee-hiiri/.

hiiri-taŋgu ⭘ [n] string of beads ❁ fil (= collier) de perles.

hirow 1 TN, hurow TN ⭘ a) [intr plus optional locational] enter ❁ entrer • get involved or tangled up (in), join (association) ❁ s'emmêler (dans), prendre part (à), s'inscrire dans (une association) • LOCUT : /i hirow čere ra/ they got into it (= brawl) ∞ ils se sont emmêlés là-dedans (= se sont mis à se battre) ; /a hirow yene taŋgari ra/ he has gotten into lying to me • LOCUT : ⇨ /ɓine/ 1 ⭘ b) [intr] (promise) be fulfilled ❁ (promesse) ê. tenue ⭘ c) [intr] be circumcised ❁ subir la circoncision [short for /hirow baŋgu/ 2, cf. /ɓaŋgu/, /ɓaŋgu-hirow/].

hirow 2 T, hurow N [n] shrub used for chewsticks ❁ arbuste utilisé pour les cure-dents [ID *Salvadora persica*] [cf. Ful. /hiroowi/] [cf. /koši/, /hasu/].

hirow-ndi ⭘ [tr] cause to enter, put or take in ❁ faire entrer, introduire.

hirri 1 TN ⭘ [n] trap ❁ piège [esp. for animals rather than fish] [SYN /kumsey/, cf. /lata/] [= KS /hiri/].

hirri 2 ⭘ [n] stormcloud, thunderstorm ❁ orage, tonnerre [cf. /dundum/].

hirri 3 GN ⭘ [n] boundary (of field) ❁ limite (d'un champ) [SYN /game/ T] [= KS /hirri/, Ka /hìrɗí/].

'hiisa' [= /hĩsa/].

hoo 1 ⭘ a) [intr] be hunting ❁ ê. à la chasse T • be fishing ❁ ê. à la pêche N ⭘ b) [n] hunt ❁ chasse T • fishing ❁ pêche N • LOCUT : /koy hoo/ go hunting, fishing ∞ aller à la chasse, à la pêche [here /hoo/ can be taken as either verb or noun] ; /i hoo čere/ they hunted for (but missed) each other ∞ ils se sont cherchés (l'un l'autre) en vain.

hoo 2 ⭘ [tr] exceed (proper limit) ❁ dépasser (limite) • defy, no longer obey (God) ❁ défier (Dieu).

hõõ [entry follows that of /hollo-horey/].

hoobu 1 TG ○ [n] large earthenware water jar ❁ canari.

hoobu 2 ○ [tr] draw or pull out ; unsheathe (sword) ❁ retirer, déboîter ; dégainer.

hoobu-ndi ○ [tr] take off (clothes) ❁ ôter (habits).

hoo-doo N ○ [n] fishing zone ❁ zone de pêche.

hoggo G ○ [n] a dance ❁ une danse.

hoo-koy ○ [n] hunter ❁ chasseur T • fisher ❁ pêcheur N.

holhol ○ [n] area between collarbone and base of neck ❁ région entre la clavicule et la base du cou [= KS /hohorey/].

holhol-biiri ○ [n] collarbone ❁ clavicule.

hollo ○ a) [intr] be crazy, insane ❁ ê. fou • be in or go into a state of trance or spirit possession ❁ ê. possédé (par un esprit), entrer en transe [cf. /hawka/, /ganji/ 3] ○ b) [adj] crazy ❁ fou [arguably /holl-o/ in this usage].

hollo-jje ○ [n] participant in spirit-possession rites ❁ personne qui participe aux rites des possédés [SYN /hawka-jje/].

hollo-kom ○ [n] insane person ❁ fou • person in a trance ❁ personne en transe • rabid animal ❁ animal qui a la rage.

hollo-horey ○ [n] spirit possession, ritual folk healing ❁ culte du 'vaudou' [SYN /jerma-horey/].

hollo-ndi ○ [tr] drive crazy ❁ rendre fou.

hõõ TG ○ [n] today, nowadays ❁ aujourd'hui, actuellement, de nos jours [often used adverbially, or as COMP initial meaning 'contemporary' ∞ 'moderne'] [< *han woo/, cf. /han-oo/ GN] [cf. also /jaaroo/] • LOCUT : /hõõ jaaroo/ nowadays ∞ de nos jours.

hondiya ○ [n] adolescent girl, young unmarried woman ❁ jeune femme célibataire.

hondu ○ [n] dune, mound, high ground ❁ dune, terre haute [cf. /gurey/].

hoŋgu ○ [intr, tr] believe, think ; remember ; expect ❁ croire, penser ; se rappeler ; s'attendre à [often followed directly by indicative clause] [cf. /goro-nda/].

hoŋgu-nte ○ [partpl, used as n] having thought ❁ ayant pensé • ex. /ay hoŋgu-nte di banda na a kaa/ after I thought (about him), he came ∞ j'ai pensé de lui, puis il est venu.

honney [= /honno/].

honno 1 ○ a) [tr] espy, see (from afar), catch sight of ❁ apercevoir (de loin) T [cf. /soyne/] ○ b) see ❁ voir GN [SYN /guna/ T].

honn-o 2 ○ [adj] bitter ; serious ❁ amer ; grave [< *horn-o, cf. verb /horon/] • COMP : ⇨ /gorboy-honn-o/.

horey TN ○ a) [intr] have fun, play ; sing and dance, have a party ❁ jouer, s'amuser ; chanter et danser ○ b) [n] game, fun, playing, singing and dancing, celebration, festivity ❁ jeu, danse et musique, soirée.

hoorey ○ [n] shrub sp. with edible 'beans' ❁ arbuste sp. à 'pois' comestibles [ID *Boscia senegalensis*] [= KS /horgey/].

horey-horey [RDP < /horey/] ○ [n, used adverbially] so-called, inauthentic ❁ soi-disant, faux • EX : /sorko horey-horey/ a so-called Bozo (member of B. ethnic group) ∞ un soi-disant Bozo [e.g. a Songhay who has adopted the life of the Bozo fishing people].

hori ○ [n] grain of bourgou grass ❁ grain de bourgou [cf. /kundu/].

hori-hori ○ [n] aquatic grass resembling bourgou ❁ graminée aquatique qui ressemble au bourgou [ID not seen locally ; used in KS to denote e.g. *Echinochloa pyramidalis*].

hooro ○ [n] large palm-leaf basket (carried on head, e.g. to carry grain from field) ❁ grand panier en feuilles de doum (porté sur la tête) [called /kokondo/ in KS ; there is also a village named /hooro/].

horon [ADJ /honn-o/] ○ a) [intr] be bitter-tasting, hot-tasting ❁ ê. amer, épicé, piquant [cf. /hottu/] • COMP : ⇨ /gorboy-honn-o/ ○ b) [intr] be painful, grave, serious ❁ ê. grave, faire mal, ê. sérieux • (sb) be in pain ❁ (qqn) avoir une douleur ○ c) [n] pain ❁ douleur.

hosso ○ [n] a caste of male and female griots (famous for vulgar behavior) who attend at deflowerings and female circumcisions ❁ corporation des griots, ils assistent aux dépucelages et aux circoncisions [< *horso].

hott-o [< /hottu/] ○ [adj] piquant ❁ piquant • painful ❁ qui fait mal • sad ❁ malheureux.

hottu [< *hortu] [ADJ /hott-o/, INTENS /tey!/ 2] ○ a) [intr] be hotly spiced ❁ ê. piquant, épicé [cf. /horon/] ○ b) [plus Postp /ga/] be hard on (someone) ❁ faire malheur à • EX : /a hottu yer ga/ it was hard on us ∞ ça nous a fait du malheur ○ c) [intr] feel sharp pain ❁ sentir une douleur aigüe.

hoy 1 ○ a) [intr] spend the midday hours ❁ passer la (mi-)journée • EX : /ay hoy a banda/ I spent the mid-day with him ∞ j'ai passé la journée avec lui ○ b) [n] mid-day including early afternoon ❁ midi (plus le début de l'après-midi).

hoy 2 ○ [tr] skim off (liquid) ❁ écumer, écrémer.

hoy 3 ○ [n] any green sauce made with dried leaves ❁ toute sauce verte préparée avec des feuilles séchées [cf. /maafe/] • compounds designate more specific types of sauce : /faku-hoy/, /laa-hoy/, /koo-hoy/, /hoy-bibi/.

hoy-baani N ○ [tr] say goodbye to (sth, in daytime) ❁ dire au revoir à (pendant la journée) [/hoy/ 1].

hoy-bibi ○ [n] black gombo (sauce) ❁ gombo noir (sauce).

hoy-herey ○ [n] day without food ❁ jour sans nourriture [/hoy/ 1] [cf. /kani-hawey/].

hoy-kusu ○ [n] baking dish for millet pudding (/gusum/) ❁ casserole pour cuire le tô.

hoy-ndi ○ [intr] spend day (with) ❁ passer la (mi-)journée (avec) [/hoy/ 1] • EX : /ay hoy-ndi a banda/ I spent the day with him ∞ j'ai passé la (mi-)journée avec lui.

huu ○ [n] house ❁ maison • housing compound ❁ 'concession' (enclos d'appartements) G • (bird) nest, (animal) lair ❁ nid (d'oiseau), repaire (d'animal) • sheath (of sabre) ❁ fourreau (de sabre) • household, family ❁ famille • LOCUT : /a duu ŋgu huu/ she got her house (= passed the virginity test on her wedding night) ∞ elle a eu sa maison (= s'est réveillée ê. vierge la nuit du mariage).

huu-banda G ['house-rear' ∞ 'maison-derrière'] ○ [n] outhouse (toilet) ❁ toilette, W.-C. [euphemism, like /huu-kore/ and /ñumey-doo/) [SYN /salaŋga/, /ñeegen/].

huu-beeri ['house-big' ∞ 'maison-grande'] ○ [n] large plant ❁ grande plante [said of a millet plant which beats out adjacent seedlings to fill a spot in the field].

huu-bomo ['house-head' ∞ 'maison-tête'] ○ [n] head of household ❁ chef de famille [cf. /huu-jine/, /huu-koy/].

huu-boro ['house-person' ∞ 'maison-personne'] ○ [n] relative, kinsman ❁ parent [cf. /alkabiila/, /attanaa/, /arrahiim/, /babajje/, /ñaa-jje/] • common in the greeting : /huu-boro di yo ?/ and the family ? ∞ et la famille ?

huboy TN ○ [n] wild herb for sauce ❁ herbe sauvage utilisée dans la sauce [ID primarily *Cleome gynandra*].

huga T, huuga T, huugoy ~ huugey N ○ a) [n] obsession ❁ obsession [cf. /maarasu/] ○ b) [intr plus /nda/ phrase] concentrate one's effort on (sth) ❁ s'occuper de (qqch.) avec intensité • EX : /ni ta ma huga nda attey di/ you should put your effort into the tea ∞ tu devrais t'occuper du thé ; /ay ŋga̱o̱ huga nda yow di yo koyroo/ it is I who take care of visitors in this town ∞ c'est moi qui m'occupe des étrangers dans cette ville.

huga-ndi ○ [tr plus /nda/ phrase] cause to be obsessed (with...) ❁ rendre obsédé (par...).

huugey N [= /hugey/].

huu-ije G ○ [n] room (in house), apartment (in housing complex) ❁ pièce (d'une maison), appartement.

huu-jine ○ [n] head of household, head of family ❁ chef de famille [cf. /huu-bomo/, /huu-koy/].

hujun ○ [intr] be worried ❁ avoir des soucis.

hukkum ○ [n] leather tent ❁ tente en cuir • makeshift hut ❁ case temporaire.

huu-kore T ['house-back' ∞ 'maison-arrière'] ○ [n] outhouse (toilet) ❁ toilette, W.-C. [euphemism, like /huu-banda/ and /ñumey-doo/] [SYN /ñeegen/, /salaŋga/].

huu-koy ○ [n] head of household, head of family ❁ chef de famille [cf. /huu-bomo/, /huu-jine/).

humbal, humbar ○ [n] water bag ❁ outre.

huu-mee ['house-mouth' ∞ 'maison-bouche'] ○ [n] doorway, door

❁ porte (passage) [as passageway, not as moving object, cf. /gambu/].

humoy [= /himey/].

hun ○ a) [tr] leave, depart from (place) ❁ quitter (lieu) ○ b) [intr] come off, fall off, become detached ❁ se détacher • get up (and go), set off ❁ partir • cease to exist, be given up, be erased ❁ cesser d'exister, s'effacer • LOCUT : ⇨ /ɓine/ 1.

huna ○ a) [intr] live, be alive ❁ ê. vivant ○ b) [n] life ; lifetime ❁ vie ; (le) vivant (de qqn) • sustenance, livelihood, daily necessities, enough to live on ❁ subsistence quotidienne.

huna-ndi ○ [tr] sustain, nourish ❁ nourrir • keep alive, enliven, bring to life, animate ❁ laisser vivant, animer.

huna-nte ○ [partpl] living ❁ vivant.

hunde ○ [n] soul, spirit, life force ❁ âme, force vitale.

huneyno ○ [n] on (one's) own, alone ❁ de (lui-)même, seul [in stylistically colorful adverbial expressions, mainly with motion verbs] [= KS /hine/] • EX : /yee fatta ay huneyno/ I go out by myself, I go out on my merry way ∞ je sors comme je veux, je prends mon chemin.

hun-te [//hun-nte//] ○ [partpl] having left ❁ étant parti.

huunu TGN ○ [tr] pole (skiff) ❁ percher (pirogue) [cf. /hii/, /dii/] • DERIV : /huunu-koy/ gondolier ❁ piroguier.

huura ○ [n] fish sp. ❁ poisson sp. [has unusual long, downward pointing snout] [ID *Mormyrus rume*].

huri TG ○ [n] knife ❁ couteau [SYN /čendu/, cf. /huriya/].

huriya N ○ [n] knife ❁ couteau [originally a DIMIN, cf. < /huri/].

hurow TN [= /hirow/ 1,2].

hurru ○ [intr] slide, skid ❁ glisser.

i

i 1 ○ a) [3Pl pronoun] they, them ❁ ils, eux, elles [takes enclitic form /gi ~ ɟi/ after verb or /nda/] ○ b) [3Pl possessor before noun] their ❁ leur(s).

i- 2 ○ [Absol prefix used in T with non-numeral ADJ ; in N and G used with numerals as well as non-numeral ADJ] EX : /i-tin-o / heavy one ∞ (un) lourd TGN ; /i-hiŋka/ two ∞ deux GN [cf. /a-/ 2].

i-i [//i-o//] ○ [3Pl subject plus Impf].

ibaay ○ [n] wish, pleasure ❁ désir [cf. verb /baa/ 1].

ibere ○ [n] enemy ❁ ennemi • with possessive pronoun : /ay ibere di/ = /ay wane‿ibere di/ my enemy ❁ mon ennemi [the /wane/ variant is preferred] • COMP : ⇨ /yerkoy-ibere /.

iibiliisi T, ibilisi G ○ [n] demon ❁ diable [said e.g. of a compulsive gambler] [< Ar., cf. /bilisi/].

iddu ○ [num] six ❁ six [Absol : /iddu/].

iddu-nte ○ [ord] sixth ❁ sixième.

iifi N ○ [n] tree sp. ❁ arbre sp.

i-foo ○ [interrog adj] which one ? ❁ lequel ? [⇨ /foo/ 2].

ije ○ a) [n] child (young person) ❁ enfant (jeune personne) [normally unpossessed] ○ b) [n] child (offspring) ❁ enfant (fils, fille) [normally possessed] • young (of animal) ❁ petit (d'animal) • fruit (of plant) ❁ fruit (de plante) • grain (of rice or millet), bean (of pod) ❁ grain (de céréales), pois (de cosse) ○ c) [compounds of type X-ije] fruit, grain of X ∞ fruit, grain de X • small object associated with X ∞ petit objet associé avec X • COMP : ⇨ /baasu‿ije/, /hollo-jje/, /kamba-kobo-jje/, /maafe-jje/, /ñaa-jje/, /toŋgotoŋgo-jje/, etc.

ije-bajo ○ [n] only child ❁ enfant unique.

ije-čiina ○ [n] small child ❁ petit enfant.

ije-čirey ['...-red' ∞ '...-rouge'] ○ [n] baby ❁ bébé.

ije-fumb-o ○ [n] step-child, adopted child ❁ beau-fils, belle-fille [esp. of a man].

ije-har ○ [n] boy, son ❁ garçon, fils.

ije-keyna T, ja-keyna G ○ [n] small child ❁ petit enfant.

ije-maa T ['child-name' ∞ 'enfant-nom'] ○ [n] baptism, christening ❁ baptême [SYN /čaba/ N].

ije-meyre T, ija-mayra N ○ [n] children ❁ enfants.

ije-woy ○ [n] girl, daughter ❅ fille.

ilaa LOCUT : /ciji ilaa jaari/ day and night ∞ jour et nuit [< Ar. /'ilaa/ 'to' ∞ 'à'].

inšaalla, inšaallaah ○ [phrase] probably, undoubtedly ❅ sans doute [somewhat more confident than the Ar. source /'in šaa' allaah/ 'if God wills' ∞ 'si Dieu le veut'].

isa ○ [n] river ❅ fleuve • LOCUT : /isa here/ at or across the river ∞ au fleuve, de l'autre côté du fleuve.

isa-beer ['...-big' ∞ '...-grand'] ○ [n] [place near G].

isa-čeesu ○ [n] shoreline ❅ rive.

isa-daaney ['river-burrgrass' ∞ 'fleuve-cram-cram'] ○ [n] erect herb sp. with burrs ❅ herbe droite sp. à bardanes [ID *Pupalia lappacea*].

isa-mee ['river-mouth' ∞ 'fleuve-bouche'] ○ [n] riverbank, edge of river ❅ bord du fleuve [cf. /gurey/, /jendu/] [not 'river mouth' in Eng. sense].

isa-ñaa ○ [n] body of water (lake, or main part of river) ❅ masse d'eau (lac, ou partie principale d'un fleuve).

istwaar ○ [n] narrative, story ❅ histoire, conte [< Fr.].

iiye ○ [num] seven ❅ sept [Absol also /iiye/].

'iyye' [⇨ /iiye/].

iziin ○ [n] factory ❅ usine [< Fr.].

j

jaa [ANT /hal/] ○ a) [clause-initial particle] ever since..., from the time... ❅ depuis que... ○ b) [preposition] since (time), as early as (time) ❅ depuis (moment) • LOCUT : /jaa bii/ since yesterday, as early as yesterday ∞ depuis hier, même hier ; /jaa maa se/ because ∞ parce que.

jab 1 GN, jabu 1 N ○ [tr] punch, hit hard ❅ frapper, donner un coup de poing à [= KS /žab/].

jab 2 GN, jabu 2 N ○ [tr] reduce (sth), thin out (e.g. millet seedlings) ❅ diminuer (qqch., par ex. les jeunes plantes de mil) N

[= KS /žebu/].

jab T [n] riverbank ❁ berge [= KS /jabu/].

jabe N, jebbe N ○ [tr] make slashes in (earth, to sow) ❁ piocher, faire des 'poquets' (= taillades) dans (la terre, pour semer) [< Ful. /jabb-/] [SYN /gaasu/ 2 T, /jokoro/, /toči/).

jaabi ○ a) [tr] answer, reply ❁ répondre à [< Ar. √jwb, cf. KS /zaabi/, HS /jaabe/, Ful. √jaab-, Bam. /jaabi/] [SYN /tuuru/] • EX : /a jaabi ni/ he answered you ∞ il t'a répondu ○ b) [n] reply ❁ réponse.

jaabira-tuuri ○ [n] tamarix tree ❁ tamarix (arbre) [ID *Tamarix aphyla*] [an exotic, planted heavily by former Timbuktu governor Diabira] [SYN /saaboy-tuuri/].

jabu 1,2 N [= /jab/ 1,2].

jafa ○ [tr] chop, cut down (with axe) ❁ couper (bois) • hew (stone), chisel, carve (wood) ❁ tailler • hoe ❁ houer [cf. /toči/, /fari/).

jaaje GN ○ [intr] arrive or return in evening ❁ arriver ou revenir le soir [also in KS & HS, cf. Ful. √jaañ-] [SYN /gulli/ 2, cf. /biyaa/, /woyme/ 1].

jaka... ○ [clause-initial particle] lo and behold... ❁ voilà que... [gives rhetorical heightening to a narrative segment] [cf. Ful. /jaka/ 'but, then, already'].

ja-keyna [= /ije-keyna/].

jaku ○ [intr] defecate ❁ chier [SYN /waa/ 1].

jaala-fonto [= /jaara-fonto/].

jalba ○ [tr] walk all around (e.g. town) ❁ parcourir (village, etc.) • EX : /a jalba koyra di/ she went all around the town ∞ elle a parcouru le village.

jaale [= /jaara/].

jaale-fonto [= /jaara-fonto/].

jam ○ [n] jeweler (gold- and silversmith) ❁ orfèvre, bijoutier TN • blacksmith ❁ forgeron N [cf. /garaasa/ T].

jamaa N [= /aljamaa/].

jaman [< Ar. √zmn] [n] era ❁ époque • season, period of time ❁ saison [cf. /alwakati/, /waati ~ alwaati/] • situation, circumstances ✿ situation, conjoncture.

jamba TN, jemba T ○ a) [tr] betray, deceive ✿ trahir [anything from missing a rendez-vous to a serious crime] ○ b) [intr] be deceptive ✿ ê. trompeur.

jambu N [= /jombu/].

jamdaŋga N ○ [n] fish sp. ✿ poisson sp. [possibly a juvenile /daa/ 2].

jamna TGN, jemna T, jarma N, jerma N [= DjCh /jɛnnɛ/, KS /žemni/] ○ a) [tr] split ✿ fendre • distribute, share out, divide (into portions) ✿ diviser, partager ○ b) [intr] be divided ✿ ê. partagé ○ c) [intr] be half-done, half-full (etc.) ✿ ê. fait à demi, ê. plein à demi (etc.) N ○ d) [n] center, midpoint ✿ centre.

jammahaa ○ [intr] be haughty, arrogant ✿ se vanter [cf. /fooma/].

jammu, jemmu ○ [tr] (griot) sing praises of (sb) ✿ (griot) chanter les louanges de (qqn) [by calling names of ancestors] [perhaps < Ful. /jamm-/ < Bam. /jamu/ 'family name '; cf. KS /zammu/] [cf. /saabu/].

jamna-jamna ○ [RDP < /jamna/].

jamna-ndi, jemna-ndi ○ a) [intr] be shared out, divided ✿ ê. divisé, partagé ○ b) [n] midpoint, dividing line ✿ ligne de division.

jan [= /jen/].

-jaŋey [= /-jeŋey/].

jaŋfun ○ [n] window (exterior or between rooms) ✿ fenêtre [= KS /zanfun/].

jaŋgu [= /joŋgu/].

jaŋka GD, njaŋka N [= /jaŋkajaŋka/].

jaŋka-jaŋka TD, zaŋka-zaŋka T, njaŋka N, jaŋka GD ○ [n] millet-eating bird spp. ✿ mange-mil spp. (oiseaux) [variant with /z/ < KS] [ID inconsistent around T, but upriver applied to 'weavers' ∞ 'tisserands' (males yellow and black, females dull brown) : at G, the 'village weaver' ∞ 'gendarme des villages', *Ploceus cucullatus* ; at N and D, the 'black-faced dioch' ∞ 'travailleur à bec rouge', *Quelea quelea* ; at N also the 'yellow-crowned bishop' ∞ 'worabée', *Euplectes afer*] [cf. /čirow-meysa/, /sorña/, /moo-čirow/).

jaŋka-juley G [= /jaŋka/].

jaŋka-kara N ○ [n] small yellowish bird sp. ❁ oiseau sp. [ID probably *Remiz parvulus*] [SYN /kara-dooso/ N].

jaŋkam ○ [intr] strut, walk elegantly ❁ marcher galamment, se pavaner.

jaraa ○ [intr] boil ❁ bouillir [= KS /zalga/] [SYN /waasu/].

jaraa-ndi, jara-ndi ○ [tr] cause to boil, bring to a boil ❁ faire bouillir.

jaara TGN, jaala, jaale ○ [n] cloth ; rag ❁ tissu ; chiffon T • clothing ❁ vêtement GN [cf. /derbe/].

jaara-fonto, jaala-fonto, jaale-fonto ○ [n] small bag (for coins, etc.) ❁ petit sac (aux monnaies, etc.).

jaara-hahey [⇨ /lilon-teme/].

jaara-jaara ○ [n] (in) tatters, raggedy ❁ (en) chiffons [RDP < /jaara/].

jaari ○ a) [n] day (vs. night), daytime ❁ jour, journée [cf. /jirbi/, /han/, /jaaroo] • (work-)day ❁ journée • EX : /yer o dey gi jaari/ we pay them by the (work-)day ∞ on les paie à la journée ○ b) [in idioms :] day of victory, triumph ❁ jour de victoire, triomphe • EX : /ni duu yer ga jaari/ = /ni duu yer nda jaari/ you had a victory over us ❁ tu as eu la victoire contre nous.

jaari-koy ○ [n] famous person ❁ personne renommée [SYN /maa-koy/).

jaariyo G ○ [n, used adverbially] in the daytime ❁ pendant la journée [= HS /za:ri, za:riyo/, dialectal KS /zaariŋ-oo/, Ka /záaríŋo/].

njarka TG, jarka N, ñarka N ○ [n] native violin ❁ violon [cf. /kubur/].

jarma N [= /jamna/].

jaaroo ○ [n] today ; nowadays ❁ aujourd'hui ; de nos jours [used adverbially] [< */jaari woo/] [cf. /hõõ/].

jarow ○ [n] grain (millet, rice) plant growing from seeds accidentally left from previous harvest ❁ plante (mil, riz) due aux semences laissées au cours de la récolte précédente.

jarrab ○ [intr] suffer (spiritually) ❁ souffrir (moralement) [cf. KS /zarabi/] [perhaps < Ar. √jrb].

jaase, jaaso ○ [intr] be good-for-nothing ❁ ê. un vaurien [ADJ /jaas-o/, PARTPL /jaase-nte/ or /jaaso-nte/] [< Ful. √jaas].

jaase-nte, jaaso-nte ○ [partpl] good-for-nothing, dreadful ❁ vaurien, très mauvais.

jaaso 1a [= /jaase/].

jaas-o 1b ○ [adj] bad ❁ mauvais • EX : ⇨ /boro-jaas-o/.

jaaso-nte [= /jaase-nte/].

jaati TN, jaatir T ○ [n] (one-)self ❁ (soi-)même [generally after pronoun or NP as COMP final] [variant /jaatir/ chiefly in Definite /jaatir͜di/] [cf. Ful. /jaati/, perhaps < Ar. /ðaat/] • EX : /ay jaati/ I myself ∞ moi-même.

'jaatiddi' [= /jaatir͜di/, ⇨ /jaati/].

jaatiji, jaatigi ○ [n] host (for visiting guest), landlord ❁ hôte, logeur [< Bam.].

jaatir [= /jaati/].

jaatum ○ [n] tomato ❁ tomate [SYN /tamaati/, cf. /ŋgoyo/] • LOCUT : /jaatum koog-o/ dried tomatoes ❁ tomates séchées.

jawey TGN ○ [n] tiger-fish ❁ 'poisson-chien' [ID *Hydrocynus* (= *Hydrocyon*) *brevis* and *H. forskali*].

jawey-hãyši ○ [n] fish sp. ❁ poisson sp. [ID said to resemble /jawey/, perhaps *Hepsetus* or *Barilius*].

'jaw̃' G [= /jen/].

-je [⇨ /ije/].

jee ○ [intr] swear, say on oath ❁ jurer • EX : /a jee bara ŋgu ma koy/ he swore he would go ∞ il a juré qu'il allait partir [cf. /bara/ 3].

jebbe N [= /jabe/].

jefe ○ [intr] shave (oneself) ❁ se raser.

jeeje 1 ○ [tr] load, burden (donkey, vehicle) ❁ charger (âne, véhicule) [cf. /čiraa/, /sige/ N].

jeeje 2 ○ [n] tall fig tree sp. ❁ figuier sp. [ID *Ficus gnaphalocarpa*] [one seen at Niafunké].

jejow ○ [n] barrier, (self-standing) wall ❀ barrière, mur [cf. /teče/].

jelfendu G [= /jerfendu/].

jeli ○ [n] a caste of Bambara griots (especially female singers) ❀ corporation de griots bambaras [< Bam.].

jellan, jallan ○ [n] sabre worn on strap under shoulder ❀ sabre porté sous l'épaule [< Ful. /jallal/].

jellu ○ [intr] stand on tiptoe ❀ se mettre sur la pointe des pieds.

jem N [= /jen/].

jemba [= /jamba/].

jembe ○ [n] Bambara-style drum ❀ tambour bambara.

jember ○ [num] thousand ❀ mil • LOCUT : /jember foo/ '1000' [as currency : '1000 riyals' = 5000 CFA].

jembu G [= /jombu/].

jemdi N [= /jendi/].

-je-meyre [= /ije-meyre/].

jemmu [= /jammu/].

jemna [= /jamna/].

jemna-ndi [= /jamna-ndi/].

jen T, jow̃ G, jan N, jem N [= KS /jeŋ ~ jaŋ/) ○ a) [tr] fail at ❀ échouer à ○ b) [SerV] fail (to...) ❀ manquer de, faillir [cf. /jeŋey/, /jendi/].

jeen TGN ○ [intr] be or get old, ancient ❀ vieillir, ê. vieux [ADJ /jeen-o/, ABSTR /jeen-ey/] [INTENS : ⇨ /kombokombo/).

jendarma ○ [n] gendarme (policeman) ❀ gendarme [< Fr.].

jendi T, jew-ndi G, jaw-ndi G, jemdi N ○ [tr, or with subjunctive clause] prevent, restrain (from doing sth) ❀ empêcher (de) [perhaps originally a CAUS < /jen/] [SYN /gaay/] • EX : /ay jendi a ma kaa/ I prevented him from coming ∞ je l'ai empêché de venir.

'jeen-di' [= /jeen-ndi/].

jendu ○ [n] riverbank ❀ berge (du fleuve) [most common in upriver villages, cf. /isa-mee/, /gurey/).

jeen-ey ○ [n] old age, oldness ❀ vieillesse, longévité [ABSTR < /jeen/].

jeŋey TN, -jaŋey G [originally an ABSTR < /jen/] ⭘ a) [n] poverty ❁ pauvreté [rare except as COMP final] • COMP : /X-jeŋey/ lack of X ❁ manque de X • COMP : /njerfu-jeŋey/ lack of money ∞ manque d'argent ⭘ b) [intr] suffer poverty ❁ subir la pauvreté.

jeŋey-nte ⭘ [partpl] down-and-out, destitute ❁ misérable (pauvre).

jeeni TGN ⭘ [n] millet ear (resembles corn cob) ❁ épi de mil [cf. /hayni/].

jenjem ⭘ [tr] gnaw at ❁ ronger [= KS /zenji/].

jenji ⭘ [n] bracelet ❁ bracelet [= KS /žeñi/] • COMP : ⇨ /čee-jenji/, /kamba-jenji/.

jeen‿ndi G ⭘ [tr] cause to become old ❁ faire vieillir.

jenne ⭘ [n] Djenné (city) ❁ Djenné (ville) • RDP below.

jenne-jenne [RDP < /jenne/] ⭘ [n] elegant woman's hairdo style ❁ une coiffure élégante de femme [complex pattern of ridges, with including loose braids ending in small tufts ; full-scale version includes headband of /mbeetu/ and other accessories].

jeen-o TG ⭘ [adj] old, aged, ancient, traditional ❁ vieux, ancien, traditionnel [< /jeen/].

jẽse GN ⭘ [intr] pay dues, make a contribution ❁ cotiser [SYN /fur/] • COMP below.

jẽse-jeen-o ⭘ [n] old custom ❁ coutume ancienne.

jente 1 ⭘ [intr, tr] learn (e.g., language) ; learn (a trade, as apprentice) ❁ apprendre ; faire l'apprentissage de (un métier) • EX : /yer jente koyra-čiini/ we learned Songhay ∞ on a appris le songhay.

jente 2 ⭘ [n] story ❁ conte.

jeppe N ⭘ [n] padding on donkey's back ❁ coussin ou bourre sur le dos d'un âne [< Ful. /jappe/].

jeer 1 T, jeeri 1 GN ⭘ [tr] lift, raise, hold up ❁ lever, hausser [SYN /sambu/].

jeer 2 T, njeer T, njeeri 2 GN ⭘ [n] gazelle ❁ biche [ID all local gazelles and antelopes, focally *Gazella dorcas*].

jerbu G ⭘ [intr] belch ❁ éructer [SYN /jettu/].

jere ⭘ a) [n] side ❁ côté • counterpart, other half ❁ complément, contre-partie • portion (of whole), section, half ✵ partie, moitié • LOCUT : /X nda jere/ X and a half ∞ X et demi • EX (parallel construction) : /jere foo..., jere foo.../ one part..., the other part... ∞ une partie..., l'autre partie... ○ b) [postp] beside, next to ✵ à côté de • EX : /čirow di key ay‿jere/ the bird stopped (= alit) next to me ∞ l'oiseau s'est arrêté à côté de moi.

jerfendu T, jelfendu G ○ [n] rag worn on head (to cushion a load or as cheap turban) ✵ chiffon porté sur la tête (en turban simple ou sous un fardeau) [SYN /tekkere/ N].

njerfu T, njorfu G ○ [n] money, silver ✵ argent [< Tam.].

njerfu-fita ○ [n] paper money, bank notes ✵ notes bancaires.

njerfu-korey ○ [n] silver (metal, coins) ✵ argent (métal, monnaies).

njerfu-njerfu ○ [n, used adverbially] for money ✵ pour de l'argent.

jeeri 1 GN [= /jeer/].

jeeri 2 G ○ [n] brand (on cattle) ✵ marque (sur une bête) [SYN /nuune/] • COMP : ⇨ /jeeri‿ije/, /tubal-jeeri/.

njeeri 1 ○ [n] blood-sucking terrestrial insect (tick sp.) ✵ sang-sue (pou) terrestre.

njeeri 2 GN [= /jeer/ 1].

jeeri‿ije G ○ [n] branding iron ✵ fer à marquer.

jeer-korey ['gazelle-white' ∞ 'biche-blanche'] ○ [n] addax (desert antelope) ✵ addax (antilope) [ID *Addax nasomaculatus*)].

jerma 1 ○ [n] Zarma (ethnic group) ✵ zarma (ethnie) [in the Republic of Niger].

jerma 2 N [= /jamna/].

jerma-horey ○ [n] spirit possession, ritual folk healing ✵ culte du 'vaudou' [associated with Zarmas] [SYN /hollo-horey/).

jese ○ [n] shoulder ✵ épaule.

jeesi ○ a) [intr] tilt, lean to side ✵ s'incliner (de côté) ○ b) [intr plus Postp /ga/] lean on, fall on ✵ s'adosser contre, tomber sur • EX : /ma si jeesi‿ay ga/ don't lean on me ! ∞ ne t'adosse pas contre moi ! ○ c) [intr] (boat) land, pull alongside ✵ (pirogue) accoster ○ d) [tr plus Postp /ga/] put alongside, prop (sth, against sth else) ✵ adosser, accoster • EX : /ay jeesi ga teče di ga/ I leaned it against the wall ∞ je l'ai adossé contre le mur ● e) [ReflV] come alongside ❁ accoster.

jesse ● [n] cotton thread ❁ fil en coton [< */jerse/, cf. Bam. /gese/, Ful. /geese/]].

jettu TN ● [intr] belch ❁ éructer [SYN /jerbu/ G].

jey 1 ● a) [tr] steal, rob ❁ voler, dérober ● b) [n] thief ❁ voleur.

jey 2 TN ● [intr] (plant) come up, sprout ❁ (jeune plante) pousser [cf. /semba/].

jeyban ● [n] vulture ❁ charognard [ID all spp.].

jeykar ● [n] somersaults, acrobatic stunts ❁ galipette, acrobatisme [usually children playing in sand].

ji [= /gi/, 3Pl object].

nji [= /ŋgi-yo/].

jii 1 [intr] swim ❁ nager [< *zii].

jii 2 [tr] push ❁ pousser [< *zii, perhaps same etymon as /jii/ 1].

jii 3 [n] butter, (milk) cream, grease ❁ beurre, crème (de lait), graisse [cf. /jii-jii/] [*jii].

jiiba ● [n] pocket ❁ poche [< Ar. √jyb].

jiibi ● a) [intr] be dirty ❁ ê. sale [ADJ /jiib-o/] ● b) [n] filth, garbage ❁ saletés, ordures • dirtiness ❁ saleté ● c) [n] a dark variety of sorghum grain ❁ sorte de sorgho noir [ID a less common cultivar of *Sorghum bicolor*, quite hard and requiring grinding by stones, often used for animal feed, cf. /bimbirim/, /saaba/, /kaari-kaana/].

jiibi-jiibi ● [n] dirty spots ❁ taches sales [RDP < /jiibi/].

jifa [< Ar. √jyf] ● a) [n] carrion, unslaughtered dead animal (cannot be eaten by Muslims) ❁ charogne, animal mort non égorgé ● b) [n] imbecile ❁ idiot.

jiga ● [n] metal implement used in game ❁ outil en métal utilisé dans un jeu.

jigi N [= /jiji/]

jihaadu ● [intr] fight a holy war ❁ faire la guerre sainte [< Ar. √jhd, cf. noun /ajjihaadu/].

jiji T, jigi N ● a) [intr] go up ❁ monter • land (on sth), alight

❁ mettre pied à terre ○ b) [n] high ground ❁ terre haute.

jii-jii ○ a) [n] oily or greasy thing ❁ chose huileuse [RDP < /jii/ 3] ○ b) [n] be oily ❁ ê. huileux.

jiji-ndi ○ [tr] raise, cause to rise, take up, take upstairs ❁ hausser, faire monter.

jijir ○ [intr] tremble, shake ❁ trembler, frissonner • LOCUT : /a mee dio jijir/ his mouth trembles (= he stutters) ∞ sa bouche tremble (= il bégaie).

jijiriya T, jijira GN, gigira G ○ [n] catfish spp. ❁ silure spp. [ID primarily dark *Synodontis* spp., but used loosely for all *Synodontis* spp. and even other catfish] [= DjCh /jigiriya/] [SYN /koŋgo / G, cf. /maarambana/].

jijir-ndi ○ [tr] cause to shake ❁ faire trembler.

jimballa ○ [n] region on the south bank (Gourma) near Niafunké ❁ zone dans le gourma vers Niafounké.

jimijamba G ○ [n] reddish sorghum ❁ sorgho rouge [SYN /bimbirim/ T].

jiminta ○ [n] a ball-shaped sweet pastry made with honey and ground millet and peanuts ❁ 'boules dakasa' (préparées avec du miel, des arachides, et du mil écrasé) [made farther south ; cf. /namti/) [< Bam. /jimita/].

jinaa [perhaps related to /jine/] ○ a) [particle] first (before anything else) ❁ d'abord • at first ❁ au début • for now, for the time being ❁ pour le moment • EX : /wo batu jinaa/ wait (PL) for now ! ∞ attendez d'abord ! • [with negation] not yet ❁ pas encore • EX : /a na kaa jinaa/ she hasn't come yet ∞ elle n'est pas encore venue ○ b) [adj] first ❁ premier G [Absol /i-jinaa/] • LOCUT : /čee jinaa di/ formerly ∞ autrefois [/čee/ 1] ○ c) [tr] do before (sb) ❁ faire avant (qqn) [only with preceding /ka/] [cf. /yenaa/] • LOCUT : /ka jinaa X/ before X ∞ avant X.

jinaa-boro ['before-person' ∞ 'autrefois-personne'] ○ [n] ancestor ❁ ancêtre [also /boro-jinaa/].

jinde ○ a) [n] neck ❁ cou ○ b) [n] voice ; characteristic sound or noise ❁ voix ; bruit caractéristique ○ c) [n] canal ❁ canal.

jinde-hiiri ○ [n] (bead) necklace ❁ collier, chaîne (de perles).

'ji-ndi ' (1) [= /jii-ndi/].

jindi 2 ○ [intr] refuse ❁ refuser [uncommon].

jii-ndi ○ [tr] cause to swim ❁ faire nager [/jii/ 1].

jine ○ a) [n] front ❁ devant • LOCUT : /koy jine/ go forward, advance, progress ∞ avancer, marcher en tête ○ b) [postp] in front of, ahead of ; in the presence of ❁ devant ; en présence de • EX : /a dira boro di yo jine/ he went ahead of the people ∞ il a marché devant les gens.

jiney ○ a) [n] gear, baggage, portable personal effects ❁ bagages [SG or PL in form] • utensil, equipment, apparatus, container ❁ ustensile, outil, récipient [often as COMP final] ○ b) [n] large sack ❁ grand sac ○ c) [n] useless person or thing (e.g. inert, old, broken, worn) ❁ personne ou chose incapable (usée, vieille, etc.) [cf. /ham/ (b)].

jiŋgam, jiŋkam ○ [n] mussel ; shell (of shellfish) ❁ moule ; coque (de moule) [used for scouring pots].

jiŋga-ndi [= /jiŋgar‿ndi/].

jiŋgar ○ a) [intr, tr] (person) pray, perform (prayer) ❁ prier, faire (prière) ○ b) [intr] (prayer) be performed ❁ (prière) se célébrer ○ c) [n] prayer ❁ prière • religious holiday ❁ fête religieuse ○ d) [n] east (direction of Muslim prayer) ❁ est [often followed by /here/ in this sense] [SYN /alčibla/, /woyna-huney/].

jiŋgar-beer ['feast-big' ∞ 'fête-grande'] ○ [n] aid el adha (annual Muslim feast with slaughtered ram) ❁ tabaski (fête musulmane).

jiŋgar-ey ○ [n] mosque ❁ mosquée [cf. /jiŋgar/].

jiŋgar-ey-čirow ○ [n] little African swift (bird) ❁ hirondelle [ID *Apus affinis*, which nests in minarets and towers].

jiŋgar-gooro ○ [n] small gifts for children during Islamic feast ❁ petit cadeau de tabaski pour les enfants [formerly /gooro/, now money or candy].

jiŋgar-ndi ○ a) [tr] cause to pray, lead in prayer ❁ faire prier TN ○ b) [tr] circumcise (boys) ❁ circoncire (garçons) N [after circumcision, boys may pray with men] [cf. /baŋgu/] • DERIV below.

jiŋgar-ndi-koy N ○ [n] circumciser ❁ cinconciseur [SYN /wanjam/ T].

jiŋgar-tenjere ○ [n] prayer mat ❁ natte de prière.

jiŋgi-tombo D ○ [n] a carp sp. ❁ carpe sp. [ID *Tilapia zillii*] [SYN /tombo-košiya/].

jinini [= KS /žinini/) ○ a) [intr] be dizzy ❁ avoir le vertige ○ b) [n] dizziness ❁ vertige.

jinji T ○ [n] pebble, gravel ❁ gravier, caillou [SYN /bele/, /koŋkoro/ N].

jinjimoko, jiŋkimoko ○ [n] parakeet ❁ perroquet [ID *Psittacula krameri*].

jinjir ○ a) [tr] form into balls ❁ mettre en boules ○ b) [n] small ball (e.g. of dough) ❁ boulette (de pâte, etc.).

jiŋkam [= /jiŋgam/].

jinni, aljinni ○ [n] djinn, genie ❁ djinn, diable [< Ar. √jnn].

jinow ○ [n] small water lily sp. and its edible root tuber ❁ petit nénuphar sp. et son tubercule comestible [ID *Nymphaea micrantha*] [cf. /dundu/, /mooney/).

jirbi ○ a) [intr] sleep ❁ dormir [cf. /kani/] ○ b) [n] day (and night) ❁ jour (et nuit) [used with nonsingular quantifier to indicate time duration ; cf. /han/, /jaari/] • EX : /jirbi hiŋka/ (for) two days ∞ (pendant) deux jours [cf. also /jirbi-iiye/).

jirbi-dafe ['sleep- ?' ∞ 'dormir- ?'] ○ [n] nightjar (bird) ❁ engoulevent (oiseau) [ID all spp.] ['sleeps' in grass during day ; COMP final obscure] [SYN /jirbi-jirbi/].

jirbi-iiye ['day-seven' ∞ 'jour-sept'] ○ [n] week ❁ semaine [can itself be quantified] • EX : /jirbi-iiye hiŋka/ two weeks ∞ deux semaines.

jirbi-jirbi [RDP <' sleep' ∞ 'dormir'] ○ [n] nightjar (bird) ❁ engoulevent (oiseau) [SYN /jirbi-dafe/].

jirey ○ [n] leprosy ❁ lèpre [= /maarasu/].

jirey-koyni ○ [n] leper ❁ lépreux.

jirfiti ○ [tr] seize, snatch ❁ retirer avec force • pull, jerk on (cord) ❁ tirer sur (corde).

jiiri 1 ○ [n] year ❁ année (cf. /jiiroo/) [< *jiiri].

jiiri 2 ⭘ [tr] rub ❁ frotter [< *ziiri].

jirkiti ⭘ [tr] rub ❁ frotter.

jiiroo ⭘ [n] this year ❁ cette année [< */jiiri woo/].

jisi ⭘ [tr] put down, set down ❁ poser [cf. /dam/, /jum-di/] • put away, save up, store ❁ stocker, emmagasiner.

jisima T, jasuma G ⭘ [n] roselle (bitter spice) ❁ oseille de Guinée (épice amère) [ID *Hibiscus sabdariffa*, both varieties] [green and red varieties of this plant are both used, but in different recipes].

jisi-ndi ⭘ [intr] be put down ❁ ê. posé.

jisi-nte ⭘ [partpl] deposited, stored up ❁ emmagasiné, déposé.

jitey TG ⭘ [n] river eagle ❁ aigle pêcheur [ID *Haliaetus vocifer*] [also /daa-jitey/ T, cf. /gaayka/].

jiti ⭘ a) [intr] be startled, be frightened ❁ tressaillir, frémir • hurry, rush, rush forward, attack ❁ se précipiter ⭘ b) [SerV] hurry to (do), (do) hastily or suddenly ❁ se précipiter à.

jiti-ndi ⭘ [tr] frighten ❁ épouvanter.

njiiwa ⭘ [n] a game ❁ un jeu [similar to /wali/].

nji-yo, nji-ya, nji-ye [= /ŋgi-yo/].

-jje [form of /ije/ 'child' ∞ 'enfant' in compounds after a vowel other than /i/ or /u/].

joo ⭘ [intr] look back ❁ regarder en arrière [= KS /zogu/, HS /zow/] • EX : /ay joo ka guna wala a goo ay banda/ I looked back to see if he was behind me ∞ j'ai regardé en arrière pour voir s'il était derrière moi.

joobu ⭘ [intr] (field) be overgrown with weeds and brush ❁ (champ) ê. envahi (par mauvaises herbes et broussaille) [= KS /zoobu/].

jofolo-kuuru ⭘ [n] foreskin ❁ prépuce.

johõ ⭘ [intr] (dog) bark ❁ aboyer [cf. /ŋowŋow/] [= KCh /zahã/].

jojoro ⭘ [intr] (sand, etc.) be piled up ❁ (sable, etc.) ê. superposé • EX (Recip) : /jiney di yo̧o̧ jojoro [čere ga]/ the utensils are (heaped) one on top of the other ❁ les ustensiles sont (entassés) les uns sur les autres.

jojoro-ndi N ⭘ [tr] pile (things) up ❁ entasser.

joko ● [tr, intr] (bird) peck (at) ❁ becqueter, picorer • (snake) snap at or bite ❁ (serpent) piquer [cf. /nam/].

jokoro ● [tr] dig into, punch hole in (ground) ❁ creuser dans, faire un 'poquet' ou trou dans (la terre) [SYN /gaasu/ 2, /jabe/ N] • EX : /ay jokoro dow di ka dam a ra hayni/ I dug into the ground (with a stick) to sow millet in it ∞ j'ai fait un poquet dans la terre pour y semer du mil.

jokoti ● [n] tuft, ball (of hair) ❁ touffe (de cheveux).

joku ● [n] dung ❁ fumier, fiente [cf. /wiri/, /leesi/].

jollaabiya ● [n] man's hooded robe ❁ djellaba [< Maghr. Ar.].

jollo ● [n] small gourd with neck (for milk) ❁ gourde à cou pour porter le lait [ID < a cultivar of *Lagenaria sicerarea*, cf. /dutu/, /gaasu/ 1].

njoloki N ● [n] shrub sp. ❁ arbuste sp. [ID *Guiera senegalensis*] [< Ful.] [SYN /fendu-fendu-ñaa/ T, /tuuri-čirey/ T].

jombo ● [n] a simple hairdo ❁ une coiffure simple de femme [many thin ridges in parallel front to back, formed into pony tail on back] [cf. /tur/].

jombu T, jambu N, jembu G ● a) [n] broken grains (rice, millet) left after sifting pounded grain ❁ brisures de céréales (riz, mil) après le premier pilage TN [SYN /gãyši/ G] • LOCUT : ⇨ /koom/ 1 ● b) [n] millet porridge ❁ crème de mil N [= /doon/ 3] ● c) [n] garden (with melons, etc.) ❁ jardin (avec des melons) TG.

jombu-jombu ● [n] fragments, little bits ❁ débris.

njoŋa N [= /joŋo/].

joŋgo ● [adj] broken, broken-down ❁ cassé [cf. /joŋgo-rey/].

joŋgo-rey ● [n] remnants, broken pieces ❁ débris, morceaux • junk ❁ bric-à-brac.

joŋgu TN, jaŋgu TGN ● [num] hundred ❁ cent • LOCUT : /jaŋgu hiŋka/ '200' [as currency : '200 riyals' = 1000 francs CFA].

joŋkom 1 ● [intr] strut, walk with ostentatious elegance ❁ se pavaner, marcher galamment [= KS /zaŋkam/].

joŋkom 2 ● [tr] peek at, squint at, strain to see ❁ jeter un coup d'œil furtif à, lorgner.

joŋkoto T, goŋkoto D ○ [n] lungfish ❁ poisson sp. [can hibernate in ground] [ID *Protopterus annectens annectens*] [SYN /siney ~ sina/ (D), /mboona / N].

joŋo T, njoŋa N, njoŋo G ○ [n] jackal ❁ chacal [ID all spp.].

joor ○ [tr plus optional Postp] put (sth) on top (of pile) ❁ mettre (qqch.) en haut (d'un tas) • EX : /a joor laabu di čere ga/ he put some (new) earth on top of the rest ∞ il a mis du banco au-dessus de l'autre.

jooran ○ [n] a caste of Fula griots (formerly slaves) ❁ corporation de griots peuls [possibly < Ful. /jooro/].

joorejje ○ [n] girls' rite in Ramadan ❁ rite de filles pendant le 'carême' [girls go singing house-to-house for grain or coins] [cf. /doodoo/].

njorfu G [= /njerfu/]

joori T ○ [n] liquid swill, slop (water mixed with grain chaff, given to sheep and goats) ❁ eau mélangée avec le son des céréales (donnée aux animaux) [also /joori-hari/ N].

joori-hari N [= /joori/].

jooke N ○ [n] public bathroom ❁ W.-C. publique.

joote [< Ful. √joot-] ○ [intr] be gluttonous or greedy, be difficult to please ❁ ê. gourmand, ê. difficile à plaire • be stingy ❁ ê. avare.

jooto ○ [n] large spoon, ladle ❁ louche (= cuiller) [ID from fruit of a variety of *Lagenaria siceraria*].

jow TGN [= KS /zaa/] ○ a) [tr] take, take possession of ❁ prendre [cf. /kow/] • carry ❁ porter • take (a wife), marry ❁ prendre (femme), épouser [cf. /hiiji/ 1] • recruit, elect (chief) ❁ recruter, élir (chef) ○ b) [SerV] engage in (doing) ❁ ê. en train de (faire).

jow̃ G [= /jen/].

jow-ndi ○ [intr] be taken ❁ ê. pris • EX : /ay montor jow-ndi/ my watch was taken ∞ ma montre a été prise.

jowya ○ [n] albino ❁ albinos.

juu ○ [n] row ❁ rangée [e.g. in vegetable garden].

jufu ○ [tr] slurp, sip (tea) noisily ❁ siroter, boire par à coup [= KS

/zuu/ or /zufu/].

juga ○ [n] wicker fish trap ❁ nasse de pêche [called /guura/ in KS].

juku ○ [tr] shake ❁ remuer, secouer [also RDP /juku-juku/] [= KS /zuku/].

juku-juku [⇨ /juku/].

jukundi [< Ful. /jukk-/] ○ a) [tr] to fine (someone) ❁ amender [looks like CAUS /-nda/ but simplex not used] ○ b) [intr] be unjustly treated ❁ ê. traîté d'une façon injuste ○ c) [n] fine, penalty ❁ amende.

jukurum ○ [n] padlock ❁ cadenas [SYN /goŋgorom/].

-juley [⇨ /jaŋka-juley/ G].

julli ○ [intr] (e.g. head) bend down, nod ❁ (tête, etc.) incliner, se pencher • verb-verb COMP : /sar ka julli/ do somersaults ❁ faire des acrobaties.

jumbu ○ [intr] go or come down, descend ; alight, land ❁ descendre ; atterrir [irregular CAUS /jum-di/] • LOCUT : /a jumbu i se/ it (= fact) dawned on them ∞ ils s'en sont rendus compte.

jumbu-noŋgu ○ [n] landing strip ❁ piste d'atterrissage.

jum-di TGN, jumbu-ndi N, [rarely] ju-ndi [CAUS < /jumbu/] ○ a) [tr] bring or take down, lower, unload ❁ laisser descendre, baisser, décharger ○ b) [tr] recite (Koran) ❁ réciter (le Coran) ○ c) [tr] (idea) dawn on (sb) ❁ (idée) apparaître à (qqn).

'ju-ndi' 1 [= /jur‿ndi/].

ju-ndi 2 [= /jum-di/, rarely].

juŋgaa ○ [n] hump (of cow or camel) ❁ bosse (de vache ou de chameau) [cf. /kooma/].

juŋgu G, ajuŋgu T ○ [n] mammal sp. ❁ mammifère sp. [ID informants hesitant, but apparently focally the 'fennec' ∞ 'fennec', *Fennecus zerda*, and secondarily the 'sand fox' ∞ 'renard des sables', *Vulpes pallida*] [= KS /nzuŋgu ~ zuŋku/].

junubu ○ [n] sin ❁ péché [< Ar. √ðnb, cf. Ful. /junuubu/] • LOCUT : /jow junubu/ commit sin ∞ pécher.

junubu-jow ['...-take' ∞ '...-prendre'] ○ [n] commission of sins ❁ perpétration des péchés.

jur, [rarely] juru ○ [intr] run, move fast, speed, race, flee ❁ courir, marcher vite, faire la course, se sauver • (liquid) flow ❁ (liquide) couler.

jur-kele ○ [n] one-stringed native guitar (played with finger) ❁ guitare monocorde (jouée avec le doigt) [< Bam. 'string-one' ∞ 'corde-une'].

jur-ndi ○ [tr] expel, force out, cause to run (away) ❁ expulser, faire courir • drive (vehicle) ❁ conduire (véhicule).

juru [rare variant of /jur/].

juutum T ○ [n] navel ❁ nombril [SYN /hime/, /yuubu/ G].

k

ka ○ [particle beginning infinitival VP, after a serial verb, in verb-verb compounds (cf. /julli/), or in narrative sequences ; serial verbs include /ɓey/, /ɓisa/, /ɓiyaa/, /duu/, /čindi/, /faati/, /hanna/, /hima/, /hin/, /hĩsa/ 2, /jen/, /jiti/, /jow/, /laafriiti/, /lobbe/, /moŋgo/, and /sinti/] [/ka/ is often omitted after /koy/ 1 'go' ∞ 'aller' and /filla/ 'repeat' ∞ 'raconter '; after /kaa/ 1 'come' ∞ 'venir', /ta/ 3 replaces /ka/].

kaa 1 ○ a) [intr] come ❁ venir [cf. /gaa/ 5] ○ b) [tr] become ❁ devenir ○ c) [SerV, with following /ta/] be going to ❁ ê. sur le point de • EX : /no-o kaa ta goy/ you will work ∞ tu travailleras • COMP : ⇨ /kaa-taawo/.

kaa 2 TGN ○ a) [Relative clause marker] • EX : /naŋgu di kaa ra na.../ the place in which... ∞ l'endroit dans lequel... ○ b) [clause-initial factive complementizer] that... ❁ que... [used after verbs like /ɓey/ 'know' ∞ 'savoir'] ○ c) [preceding indicative clause] in such a way that... ❁ de façon que... • when... ❁ quand... [reduced < /saa di kaa/, perhaps influenced by Fr.].

kaa 3 GN ○ [clause-initial] but... ❁ mais... [probably < Ful. /ka ~ kaa/, cf. DjCh /ŋkaa ~ kaa/, Bam. /nka/].

kaa- 4 G [COMP initial < /kaaga/].

kabbar ○ [intr] say 'God is great !' ❁ dire 'Dieu est grand !' [< Ar. √kbr, referring to the phrase /aḷḷaahu akbar ! 'God is great !'

∞ 'Dieu est grand !'].

kaabe 1 ○ a) [n] beard ❁ barbe ○ b) [n] a spice ❁ une épice [ID imported lichen sp., *Pseudevernia furfuracea*] [sold dried, resembles a scraggly whisker].

kaabe 2 ○ [n] large tree sp. ❁ grand arbre sp. [ID *Mitragyna inermis*] [e.g. near N].

kaabe-hambir ○ [n] whiskers ❁ favoris (poils sur le menton).

kabey 1 T [= KS /kabey/] [intr] drop in (on sb), make a detour (to stop by a chosen location) ❁ passer rendre visite, dévier (pour s'arrêter quelque part) [cf. /gandey/ N] • EX : /yer ma kabey ka guna horey di/ let's go over and see the game ∞ allons là-bas voir le match.

kabey 2 [= KS /kambey/] [tr] take (sth) along, take with oneself ❁ prendre (qqch.) avec soi.

kabi ○ [n] totem ❁ totem [taboo animal, etc.].

kabiin ○ [n] booth ❁ cabine [< Fr].

kaabu ○ [tr] calculate ❁ compter, calculer [= KS /kabu/].

kaabu-kaabu ○ [n] a boys' game ❁ un jeu de garçons [one player must knock some other with ball before others reach a goal-line ; last player stuck with ball loses].

kaddasu ○ [n] (sheet of) paper ; document, authorization ❁ (feuille de) papier ; document, autorisation [< Ar. √qrṭs].

kaadum ○ [tr] take care of (sb) ❁ prendre soin de (qqn) [e.g. medical patient, woman in seclusion after childbirth].

kafee ○ [n] coffee ❁ café • coffeehouse, café ❁ café (lieu).

kafee-koy ○ [n] café owner ❁ propriétaire de café.

kaaga ○ [n] grandparent ❁ grand-parent [paternal or maternal] [also the name of a village] • COMP : /kaaga-har/ T or /kaa-har/ G 'grandfather' ∞ 'grand-père '; /kaaga-woy/ T or /kaa-woy/ G 'grandmother' ∞ 'grand-mère'.

kaa-har [⇨ /kaaga/].

kahi DN ○ [n] large tree sp. ❁ caïlcédrat (arbre) [ID *Khaya senegalensis*] [often planted along waterways] [< Ful.].

kaaji ○ a) [tr] scratch ❁ gratter [cf. /garfu/] ○ b) [n] itchiness, rash ❁ démangeaison, gale.

kak! ○ [interj] [INTENS for /baa/ 2 'break' ∞ 'casser'] • EX : /a baa kak!/ it broke (into pieces) ∞ il s'est cassé.

kakas-o ○ [adj] hard (not soft) ✲ dur (pas mou) [< /kakasu/].

kakasu ○ [intr] be hard (not soft) ✲ ê. dur (pas mou) [ADJ /kakas-o/] [= KS /kasu/].

kakatu ○ [tr] (body) ache, cause pain to (sb) ✲ (corps) faire mal à (qqn).

kakow TN ○ [tr] quarrel or dispute with, challenge (verbally) ✲ contredire.

kakow-čere ○ [n] dispute ✲ querelle.

kaaku ○ a) [intr] clear one's throat, hawk (gather spittle in throat before spitting) ✲ se racler la gorge [onomatopoeic] [= KS /kaatu/] ○ b) [n] phlegm (in throat) ✲ mucosité (dans la gorge).

kala 1 ○ [phrase-initial particle] except... ; unless... ✲ sauf, à l'exception de... ; à moins que... [SYN /bara/].

kala 2 ○ a) [clause-initial particle] maybe ✲ peut-être [cf. /laalla/] • EX : /kala a koy ŋgi-ye doo/ maybe he has gone home ∞ peut-être qu'il est parti chez lui ○ b) [clause-initial emphatic yes-no interrogative particle] N • EX : /kala ni hollo ?/ N have you gone nuts ? ∞ es-tu devenu fou ?

kala 3 N ○ [uninflected impersonal quasi-verb, with following NP or subjunctive clause] it is necessary (that...) ✲ il faut (que...) [rare in KCh, common in KS] [SYN /bara/].

kala 4 ○ [tr] embroider ✲ broder.

kalaa! GN ○ [particle, often reduplicated] no ! ✲ non ! [perhaps < Tam.].

kaalafu ○ [intr plus /nda/] disagree with publicly, oppose or contradict ✲ contredire [< Ar. √xlf] • EX : /ay kaalafu nda X/ I disagreed with X ∞ j'ai contredit X.

kalaa!kalaa! [⇨ /kalaa!/].

kali ○ a) [n] enclosure made with thorn brush (as garden or animal pen) ✲ clôture faite avec des branches épineuses • small herd of animals (who share a pen) ✲ petit troupeau de bêtes (qui partagent une clôture) ○ b) [tr] pen in (animals) ✲ enfermer (animaux) dans une clotûre.

kalikali ○ [n] stairs, ladder ✵ escalier, échelle.

kalimatu ○ [n] word ✵ mot [< Ar. √klm] • EX : /wala kalimatu foo ma si hun ni mee di ra/ not one word should leave your mouth ! ∞ pas un mot doit sortir de ta bouche !

kalkow, kaŋkow ○ a) [n] lock, bolt ✵ serrure ○ b) [n] key ✵ clé [= /kalkow-ije/].

kalkow-ije, kaŋkow-ije ○ [n] key ✵ clé.

-kalla [⇨ /tubaarikalla/].

kallasi [< Ar. √xlṣ] ○ a) [tr] (e.g. God) protect, defend ✵ (Dieu, etc.) protéger ○ b) [intr] be protected (by God), saved ✵ ê. protégé, sauvé ○ c) [n] (God's) protection ✵ protection (de Dieu).

kallasi-koy ○ [n] Savior (= God) ✵ Sauveur (= Dieu).

kaalum 1 [< Ar. √qlm] ○ [n] pencil ✵ crayon.

kaalum 2 [< Ar. √qlb] ○ [n] large block of sugar ✵ grand morceau de sucre.

kam TN, koŵ GN [= KS /kaŋ/) ○ a) [intr] fall (down) ✵ tomber • (sun) set ✵ (soleil) se coucher [cf. /woyna-kaŋ-ey/, /woyne-kam-te/] • get sick ; fail ✵ tomber malade ; échouer ○ b) [intr plus Postp /ga/] attack, fall on ; rape ✵ attaquer, tomber sur ; violer [cf. /kam-koy/] ○ c) [n] falling, fall ✵ chute, tombée [SYN /kam-te/].

kamba ○ a) [n] hand ; (entire) arm ✵ main ; bras • (tree) branch ✵ branche (d'arbre) • LOCUT : /ay kamba si duu/ I don't have the time ∞ je n'ai pas le temps ○ b) [tr] hold onto, control, keep, treat ✵ tenir, retenir, traiter • keep up (tradition) ✵ maintenir (coutume) [SYN /haŋga/].

kamba-baaka ○ [n] talisman worn under arm hanging from shoulder ✵ gris-gris (amulette) suspendu à l'épaule.

kamba-boy ○ [n] fingernail ✵ ongle de la main.

kamba-gumo ○ [n] right hand ✵ main droite.

kambajaa ○ [n] contribution ✵ cotisation [e.g. toward a friend's wedding] [segmentation now obscure ; cf. KS /kabu-zaa/).

kamba-jenji ○ [n] bracelet (of gold or other metal) ✵ bracelet en métal (or, etc.).

kamba-jinde ⭘ [n] wrist ❁ poignet.

kamba-kobo-jje ⭘ [n] finger ❁ doigt [cf. /kobe/].

kamba-koro G ⭘ a) [n] elbow ❁ coude [SYN /(kamba-)tokone/] ⭘ b) [tr] elbow (sb), hit with elbow ❁ donner un coup de coude à.

kamba-kunsum ⭘ [n] fist ❁ poing.

kam-baani ⭘ [intr] (have a) good night ! ❁ (ayez une) bonne nuit ! [greeting in imperative form ; said at night, perhaps reduced from */kani baani/, cf. /-baani/ 2] • EX : /ay koy kani, wo kam-baani/ I'm going to sleep, so you (PL) have a good night ! ∞ je vais me coucher, alors bonne nuit à vous !

kamba-send-o ['hand-difficult' ∞ 'main-difficile'] ⭘ [n] miser, tightwad ❁ avare [SYN /albačir/].

kamba-tokone T, -toone G, -toona N ⭘ [n] elbow ❁ coude [SYN /tokone/, /kamba-koro/ G].

kamba-toone, -toona [= /kamba-tokone/].

kamba-waawo ⭘ [n] left hand ❁ main gauche.

-kambur ⭘ [n] buttocks ❁ fesses [as COMP final] • COMP : ⇨ /banda-kambur/, /findi-kambur /.

kam-di T, kaŵ-di G [//kam-ndi //] ⭘ [tr] cause to fall, knock down ❁ faire tomber, terrasser.

kam-koy ⭘ [n] assailant, attacker, raider ❁ brigand, envahisseur.

kamsel ⭘ [n] woman's inner garment ❁ habit intérieur de femme [< Fr. camisole].

kam-te [//kam-nte //] ⭘ [partpl, used as n] falling ❁ chute, tombée • COMP : ⇨ /woyne-kam-te/.

kaan 1 TG, kaanu N ⭘ [intr, plus optional Dat for experiencer] be sweet, delicious ; be good, be pleasing, please (sb) ❁ ê. doux, ê. délicieux ; ê. bon, plaire (à qqn) [ADJ /kaan-o/, ABSTR /kaan-ey/, normal FACT /kaana-ndi/, but cf. /kaan-ndi/ 3].

kaan 2 TG, kaanu N ⭘ [intr] (blade) be sharp ❁ ê. tranchant, affilé [same derivatives as /kaan/ 1].

kaana 1 ⭘ a) [n] (true) sugar cane ❁ (la vraie) canne à sucre ⭘ b) [⇨ /kaari-kaana/].

kaa-na 2 [= /kaa-nda/].

kaa na ○ [extension of Rel /kaa/, as in /saa di kaa na.../ 'when...' ∞ 'quand...'].

kanaabuutu T, kanabuutu G ○ a) [n] whistling (white-faced) tree duck ❁ canard siffleur G [ID *Dendrocygna viduata*] [SYN /čilili/ N, /soojenne/ T] ○ b) [n] bird sp. ❁ oiseau sp. [said to eat insects on wounds of cattle].

kaana-ndi 1 TG, kaanu-ndi N, kaan-di 1 G ○ [tr] sweeten, make nice ❁ sucrer, adoucir, rendre bon [< /kaan/ 1].

kaana-ndi 2 T, kaanu-ndi 2 N, kaan-di 2 G ○ [tr] whet, hone, sharpen (blade) ❁ affiler (lame) [< /kaan/ 2].

kanče ○ [n] narrow-ended skiff (boat) made with wooden planks ❁ pirogue en bois à bouts étroits [cf. /hii/ 1].

kaa-nda, kaa-na ○ [tr] bring, come with ❁ apporter, venir avec [< /kaa/ 1 plus /nda/, parallel to /koy-nda/] [SYN /kate/].

'kan-di' [= /kan-ndi/].

'kaan-di' 1,2 [= /kaana-ndi/ 1,2].

kaney ○ [n] type of dried watermelon seed ❁ sorte de pépin [large, light-colored variety, cf. /fombu/ and /musamusa/] • a variety of watermelon grown for these seeds ❁ sorte de pastèque cultivée pour ces pépins [ID a cultivar of watermelon, *Citrullus lanatus*, cf. /kaŋkani/].

kaan-ey 1 ○ [n] sweetness ; pleasure, goodness ; pleasant atmosphere ❁ douceur ; plaisir, qualité ; ambiance [< /kaan/ 1].

kaan-ey 2 ○ [n] sharpness (of blade) ❁ qualité d'être tranchant [< /kaan/ 2].

-kaŋ-ey [archaic ABSTR of /kam/ < *kaŋ] ⇨ /woyna-kaŋ-ey/].

kaŋgarey-bundu ○ [n] tent stake ❁ piquet de tente.

kaŋgey ○ [n] donkey's stall, place where donkey sleeps ❁ lieu où l'âne dort.

kani 1 ○ [intr] lie down, go to sleep, spend the night ❁ se coucher, dormir • be tranquil, relax ❁ ê. tranquille, se reposer • LOCUT : ⇨ /bii/ 2a • LOCUT : /kani ka toosu/ urinate while lying down (sleeping) ∞ uriner en étant couché.

kani 2 ○ [n] custom, tradition ❁ coutûme.

kani-doo ○ [n] bedding (bed or mat) ❁ couchette.

kani-hawey ○ [n] sleeping on an empty stomach (without supper) ❁ 'nuit blanche' (= nuit avec le ventre vide) [cf. /hoy-herey/].

kani-kani [RDP < /kani/].

kani-naŋgu ○ [n] sleeping place ❁ lieu où on dort.

kanje ○ [n] knee ❁ genou • outside corner ❁ coin, angle • side (of object) ❁ côté (d'un objet).

kanji 1 ○ [tr] fix in place (pin on, etc.), (re-)attach ❁ fixer, souder, rattacher • EX : /ay **kanji ay derbe di buton di**/ I (re-)attached the button of my shirt ∞ j'ai rattaché le bouton de ma chemise • put (textile, etc.) up on wall ❁ fixer (textile, etc.) au mur.

ŋkanji 2 ○ [n] tick (on dog or cow) ❁ tique, puceron [cf. /gani/].

kaŋkam ○ a) [intr] suckle ❁ téter ○ b) [tr] wring, squeeze ❁ serrer.

kaŋkani ○ [n] watermelon ❁ pastèque [ID a cultivar of *Citrullus lanatus* grown for eating as a fruit, cf. /molli/, and for dried seeds cf. /fombu/, /kaney/, /musamusa/).

kaŋkani-ije ○ [n] watermelon seed ❁ pépin de pastèque.

kaŋkeliba, keŋkeliba ○ [n] an important medicinal leaf ❁ kinkéliba (feuilles médicinales) [imported from south, widely sold in markets] [ID primarily from *Combretum micranthum*, secondarily another leaf used in medicinal teas].

kaŋkow [= /kalkow/].

kaŋkow-ije [= /kalkow-ije/].

kan‿ndi TGN ○ a) [irregular CAUS < /kani/] [tr] lay down, set, put, arrange, plan ❁ déposer, arranger, projeter [common term for 'put down' ∞ 'poser' in N] [cf . /jisi/] • set (trap) ❁ tendre (piège) • forsake, give up (possession of) ❁ céder, abandonner • sleep on (idea) ❁ dormir avec (projet) en tête ○ b) [n] small pile ❁ tas [of nuts, spices, etc., for sale as a unit].

kaan‿ndi 1,2 G [= /kaana-ndi/ 1,2].

kaan‿ndi 3 ○ [tr] animate (a conversation, etc.) ❁ animer (causerie, etc.) [perhaps a variant FACT < /kaan/ 1, less likely a CAUS < /kaar/] [rarely used as variant of /kaana-ndi/ 1,2].

kaan-o 1 ○ [adj] sweet ; pleasing, good ❁ doux ; bon [< /kaan/ 1].

kaan-o 2 ○ [adj] sharp (blade) ❁ tranchant [< /kaan/ 2].

kaanu N [= /kaan/ 1,2].

kaanu-ndi N [= /kaana-ndi/ 1,2].

kar ○ a) [tr] hit, strike, beat, tap, knock, thresh ❁ frapper, battre [cf. /kar-ganda/] • thresh (rice) ❁ battre (riz) • play (instrument) ❁ jouer de (instrument) ○ b) [intr] be struck ❁ ê. frappé.

kaar T, kaaru GN ○ [intr plus Postp /ga/, rarely tr] mount on (animal) ❁ monter sur (une bête).

kara ○ a) [intr] be yellow ❁ ê. jaune ○ b) [adj] yellow ❁ jaune.

karaa ○ [n] wooden bed (frame) ❁ lit en bois [= KS /karga/, perhaps < Ful. /karga/].

kara-dooso T, kara-doosa G ['yellow-locust bean (?)' ∞ 'jaune-néré (?)'] ○ [n] yellowish bird sp. ❁ oiseau jaunеâtre sp. [ID probably *Remiz parvulus*] [SYN /jaŋka-kara/ N].

karakara 1 T, kelekele G, keleete N ○ [n] spur-winged plover (bird) ❁ vanneau armé (oiseau) [ID *Hoplopterus spinosus*] [DjCh /kalakala/ designates a similar sp.].

kara-kara 2 ○ [RDP < /kara/].

karakarahii N ○ [n] bird sp. ❁ oiseau sp. [ID not seen, possibly a woodpecker ; local spp. are *Campethera punctuligera* and *Dendropicos elachus*].

kar-bundu ○ [n] threshing stick ❁ bâton pour battre le riz.

kaaree ○ [tr] cut into squares ❁ couper en carrés [< Fr.].

kaarey 1 TG, kaare N ○ [n] small crocodile sp. ❁ caïman (petit crocodile sp.) [ID *Osteolaemus tetraspis*] [= Za /kààrày/] [cf. compounds below, also /kaarinče/].

kaarey 2 N [= /korey/].

kaarey-čii T ○ [n] large crocodile sp. ❁ grand crocodile sp. [ID *Crocodilus niloticus*] [now rare].

kaarey-kanda T, kaarukaaru T ○ [n] tall aquatic leguminous plant sp. ❁ plante légumineuse aquatique sp. [ID various *Aeschynomene* and/or *Sesbania* spp., including at least one with edible leaves] [related to KS /(ka)kaaru/, perhaps influenced by /kaarey/ 1].

kareykuuti T, akurkuuti G ○ [n] long-tailed dove ❁ tourterelle à longue queue [ID *Oena capensis*] [SYN /aruwel/].

kaarey-wande T, -wanda D ['crocodile-wife' ∞ 'caïman-épouse'] ○ [n] pelican ❁ pélican [ID *Pelecanus rufescens*].

karfo GN [= /korfo/ T].

kar-ganda G ○ [tr] knock down, throw down ❁ terrasser • EX : /ay kar-ganda gi/ G I knocked them down ∞ je les ai terrassés [in T the parts are separable : /ay kar gi ganda/].

kar-hay ○ [n] jeweler's labor ('tapping') fee ❁ gages de l'orfèvre pour son travail [distinct from the cost of the metal].

kaari 1 ○ [intr plus Postp /ga/] wait for ❁ attendre, patienter pour [uncommon, cf. /ɓatu/ 1, /henjem/, /muñe/] • EX : /ay kaari a ga/ I waited for him ∞ je l'ai attendu.

kaari 2 ○ [n] stalk, stem ❁ tige [= Za /kwáárì/] • COMP : ⇨ /moo-kaari/, /kaari-kaana/].

kaari-kaana, kaari-kaan-o ○ [n] a sweet variety of guinea-corn ❁ 'canne à sucre' [cf. /kaana/] [ID a sweet variety of *Sorghum bicolor*, formerly denoted by *S. mellitum*] [can be sucked, but mainly used as fodder] [final perhaps < Fr., secondarily associated with /kaan-o/ 1].

kaari-kaari [perhaps RDP < /kaari/ 1] ○ [n] LOCUT : /a kaari-kaari di/ the final price (at end of haggling) ∞ le dernier prix (après qu'on a marchandé).

kaarinče T ○ [n] crocodile ❁ crocodile [probably a variant of /kaarey-čii/].

karja! ○ [interj] shoo ! (said to dog) ❁ pschtt ! (dit au chien) [perhaps < Ful.].

karji ○ [n] thorn ❁ épine • COMP : ⇨ /ham-karji/.

karji-korey ['...-white' ∞ '...-blanc'] ○ [n] acacia sp. ❁ acacia sp. [ID *Acacia seyal*].

karkarpolli N ○ [n] grey-headed sparrow ❁ moineau gris [ID *Passer griseus*] [SYN /alfaa-kundurusu/ T, /almaleykaana/ G].

kar-koy ○ [n] one who hits, whips, or pounds ❁ qui frappe.

kar-ndi ○ [intr] be struck, (metal) be beaten into shape ❁ ê. frappé ; (métal) ê. battu.

kaar-ndi T, kaaru-ndi G ○ [tr] cause (sb) to mount (horse, etc.)

❁ faire monter (à cheval) à (qqn).

karoo ○ a) [n] diamonds (playing-card suit) ❁ carreau (couleur de cartes) (cf. /treffal, piik, køør/) [< Fr) ○ b) [n] tile ❁ carreau (faïence) [< Fr].

karow 1 ○ [n] thick wooden milk bucket ❁ seau en bois pour la traite (des vaches) [= KS /korow/].

karow 2 ○ [n] callus, hardened skin ❁ cal, durillon.

karsa, [less often] karsey ○ [n] a weed of rice fields ❁ mauvaise herbe dans les rizières [ID *Brachiaria mutica*].

karsan, kassan ○ [n] carder, card (wool-carding machine) ❁ carde • COMP : ⇨ /kooro-karsan/.

kaaru-ndi G [= /kaar-ndi/].

kartuuši, kartuušu ○ [n] bullet, shell ❁ balle (de fusil), cartouche [< Fr.].

kaaru GN [= /kaar/].

kaarukaaru [= /kaarey-kanda/].

kaaru-ndi G [= /kaar-ndi/].

kasa ○ [n] jail, prison ❁ geôle, prison [< Fr. cachot, also in Ful. & Bam.] • COMP : ⇨ /kasa-jje/.

kaasa ○ [n] wool clothing and blankets ❁ habits et couvertures en laine [< Ful. /kaasa/].

kasa-jje ○ [n] inmate ❁ prisonnier.

kasam 1 ○ [tr] mix (dry earth) with water ❁ mélanger (terre sèche) avec de l'eau [followed by /diibi/ for brick-making or wall repair].

kasam 2 ○ [intr] be in agony, in critical condition ❁ subir l'agonie • faint ❁ s'évanouir [= KS /kasanji/].

kasan TN ○ [n] balanzan tree ❁ balanzan (arbre) [like acacia, defoliated in wet season, has red-orange pods] [ID *Faidherbia albida*] [SYN /čeyki/ N].

kasanče ○ [n] shroud, funeral cloth ❁ linceul [< Bam /kasanke/].

kasiije ○ [n] bridle ❁ bride (de cheval) [may contain /-ije/].

-kasine ○ [n, as COMP final] mate, equivalent, equal ❁ compagnon, pareil • COMP : ⇨ /bey-kasine/, /haŋga-kasine/, /maraa-kasine/.

-kasin-ey ○ [ABSTR < /-kasine/] • COMP : ⇨ /maraa-kasin-ey/.

kasloor ○ [n] baking dish ❁ casserole [< Fr.].

kassan [= /karsan/].

kata 1 [= /kate/].

kata 2 ○ [n] wheat noodles ❁ vermicelles [cf. /bibir/, /low/].

-kata 3 [= /kate/].

kaa ta [SerV form of /kaa/ 1, with /ta/ 3] come and (do) ❁ venir (faire).

kataŋga ○ [n] large housing compound ❁ grande 'concession' (enclos d'appartements).

kaa-taawo ○ [n] new arrival ❁ nouvel arrivant [< /kaa/ 1].

kate 1 TN, kata 1 GN ○ a) [tr] bring, fetch ❁ amener [SYN /kaa-nda/] ○ b) [tr, or with indicative clause complement] entail, cause ❁ ê. la cause de • EX : /a moo-yeeney di ŋga kate i si hambur ga/ his coolness is what causes them to not fear him ∞ c'est grâce à son sang-froid qu'ils ne le craignent pas.

-kate 2 TGN, -kata 3 G ○ [Centripetal derivational suffix after verb stem] [in G, /-kata/ seems to be the form with transitives ; in villages near T /kate/ can be separated from the verb] exx. from T : /yee-kate/ come back ∞ revenir ; /kabey-kate/ bring back ∞ ramener ; /hun-kate/ leave and come ∞ quitter (lieu) et venir ; /maan-ndi-kata/ G bring (sth) close ∞ approcher (qqch.) d'ici.

kaati ○ [intr, tr] call, shout ❁ crier • squawk, bray, etc. ❁ caqueter, gazouiller ; bêler, etc. [animal cries].

katu ○ [n] syrup traditionally made from bourgou grass ❁ sirop préparé à base de bourgou [cf. /kundu/, /gaŋa/].

kaawi ○ [n] rice dough (for /alfinta/) ❁ pâte de riz.

kaw̃ GN [= /kam/].

kaw̃-ganda N ['fall-ground' ∞ 'tomber-terre'] ○ [n] bird sp. ❁ oiseau sp. [ID described as dark, fatty, and associated with water lilies ; perhaps 'moorhen' ∞ 'poule d'eau', *Gallinula* sp.].

kaa-woy G [⇨ /kaaga/].

kaay ⭘ a) [n] paddle ❅ pagaie ⭘ b) [tr] paddle (skiff) ❅ pagayer (pirogue).

kaaye T ⭘ [n] notebook ❅ cahier [< Fr.].

kaaya ⭘ a) [tr] inherit ❅ hériter ⭘ b) [n] inheritance ❅ héritage.

kaaya-haya ⭘ [n] inheritance, inherited thing ❅ legs, chose héritée [SYN /gar-haya/].

kaaya-ndi ⭘ [tr] cause to inherit ❅ faire hériter.

kelekele G [= /karakara/].

keleete N [= /karakara/].

keŋkelibaa [= /kaŋkeliba/].

key 1 TN ⭘ a) [intr] stop, halt, cease ❅ s'arrêter, cesser [cf. /ɓen/] • stand, stand up, arise ❅ ê. ou se mettre debout, se lever [cf. /tun/] • be penniless, broke ❅ ê. fauché, sans un sou ⭘ b) [intr] plus Postp /ga/] settle on, set ; be ready for ; pay the price for ❅ fixer ; se préparer pour ; subir les conséquences de ⭘ c) [n] garage ❅ garage.

key 2 ⭘ [tr] weave ❅ tisser.

keydiya ⭘ a) [n] rainy season (June-Sept. monsoon) ❅ 'hivernage', saison des pluies ⭘ b) [intr] have normal wet-season rains ❅ avoir un hivernage normal.

key-doo ['stop-place' ∞ 'arrêter-lieu'] ⭘ [n] terminus, final stop ❅ terminus.

keyfi N [= /čeefe/].

key-maale G ⭘ [n] weaver ❅ tisserand [cf. /key/ 2, /maale/].

keyna ⭘ a) [adj] small, little ; young ❅ petit ; jeune [cf. /čiina/] • LOCUT : /haya keyna/ little while ∞ peu de temps • COMP : ⇨ /ije-keyna/, /ɓaa-keyna/, /ñaa-keyna/ ⭘ b) [n] younger sibling (of same sex) ❅ (frère, sœur) cadet(te) du même sexe [cf. /ɓeere/, /harme/, /woyme/] • COMP : ⇨ /ɓaa-keyna/, /ñaa-keyna/.

keyna-keyna [RDP < /keyna/] [n, often adverbial] a little, somewhat ❅ un peu.

keyna-ndi ⭘ [tr] look down on, have low regard for ❅ minimiser (qqn), mépriser [SYN /dookorey/, /šaŋku/].

key-ndi ⭘ [tr] fix, settle, cause to stop ❅ arrêter, fixer • erect, set up, stand (sth) up, establish ❁ ériger, établir • decree (sth), establish by decree ❁ établir par décret, arrêter [calque < Fr.] • believe in (God) ❁ croire en (Dieu).

key-nte ○ [partpl] standing ❁ debout • EX : /wor o dumbu ga a key-nte di daa/ you (PL) cut it (plant) down while it is standing ∞ vous le coupez alors qu'il est debout.

keyri N ○ [tr] break ❁ casser [SYN /baa/ 2].

key-sãfiti ○ [n] carpet hung on wall ❁ tapis suspendu au mur [cf. /sãfiti/].

key-yeesi ○ [tr] greet (sb) on a religious holiday ❁ saluer (qqn) pendant une fête religieuse [associated with reconciliation and burying grudges, esp. at new year] [cf. /yeesi/].

kibmaaži ○ [n] a European spice sold as cubes ❁ cubes Maggi (épice) [< Fr. brand name] [cf. /aromaaži/].

ŋkiiji N ○ [n] sedge sp. ❁ souchet (cypéracée) sp. [equated with T /haaji/ ; same N speaker gave /haaji-woroo/ and /digisa/ for related spp.].

kilimfir [= /čilimfir/].

kiloo ○ [n] kilo ❁ kilo [< Fr.].

kinin ○ [n] pill ❁ comprimé [< Fr. quinine].

kisow TGN ○ [n] dust, dust-storm ❁ poussière, 'vent rouge' [SYN /čollo/ G] [associated verbs are /tun/ 'arise' ∞ 'se lever' and /doo/ '(duststorm) approach' ∞ '(poussière) s'approcher'] • EX : /kisow goo dam ra/ the dust-storm is here at work ∞ voici la poussière.

kitaaw, kitaw [= /čitaab/].

koo 1 TG, kogo N ○ [intr] (wet object) become dry ; (water) dry up, evaporate ❁ (objet mouillé) devenir sec ; (eau) s'évaporer [cf. /fufule/, /yaasu/] [ADJ /koog-o/ TG or /kog-o/ N, ABSTR /koog-ey/, FACT /koo-ndi/] • LOCUT : /a kamba go koo/ his hand is dry (= he is a miser) ∞ il a la main sèche (= c'est un avare).

koo 2 ○ [n] fruit of baobab tree or flour made therefrom) ❁ fruit du baobab ou sa farine [imported from farther south] [cf. Hausa /kuka/] • entire tree : /koo-ñaa/ baobab tree ❁ baobab (arbre) [ID *Adansonia digitata*].

kobe 1 ○ [n] finger ; toe ❁ doigt ; orteil [common in N, while T prefers /kobo-jje/] [perhaps ultimately related to /kamba/].

kobe 2 ○ [n] a cultivar of rice ❁ une variété de riz [grows in river] [cf. /moo/ 2].

kobe-boy, kubu-boy ○ [n] (finger- or toe-)nail ❁ ongle [cf. /kamba-boy/).

kobe-eje [= /kobo-jje/].

kobe-jje N [= /kobo-jje/].

kobi ○ [intr] applaud, clap (hand) ❁ applaudir.

kobo-jje T, kobe-eje T, kobe-jje N, kobo-yje G ○ a) [n] finger ; toe ❁ doigt ; orteil T [< *kobe-ije, T variants irregular] • COMP : ⇨ /kamba-kobo-jje/, /čee-kobo-jje/ ○ b) pinky (little finger) ❁ auriculaire (doigt) N.

koboro ○ [n] the smallest coin of the colonial period (10 centimes) ❁ pièce de monnaie coloniale de 10 centimes [= DjCh & KS /koporo/, also in Bam., etc.] [perhaps <' copper' in some European language].

kobo-yje G [= /kobo-jje/].

'kobši' [= /kopši/].

kodda TN, koda G ○ [n] youngest child ❁ benjamin [also in other Songhay languages, but probably < Ful. /kodda/].

koo-duŋgura-hamni ○ [n] fluffy medicinal seeds of lemon grass ❁ grains médicinaux duveteux de citronnelle (graminée) [ID seeds of *Cymbopogon schoenanthus*, perhaps also *C. giganteus*].

kofe ○ [n] nape ❁ nuque [< Ar. √qfw].

kofi ○ [tr] punch, hit (on top of head) ❁ frapper (sur la tête).

koofu ○ a) [tr] cut (palm frond) into strips ❁ couper (feuille de doum) en lamelles ○ b) [tr] LOCUT : /ay bine dio koofuey/ I feel tense ∞ je me sens tendu [e.g. from combination of hunger and drinking strong tea].

koog-ey, koog-oy T ○ [n] dryness, drying ❁ desséchement [ABSTR < /koo/ 1].

kogo N, kog-o N [= /koo/ 1, /koog-o/].

koog-o TG, **kog-o** N [< /**koo**/ 1] [adj] dry ❁ sec • brittle ❁ cassant, fragile.

koo-hoy ○ [n] baobab leaves or sauce made with them ❁ feuilles de baobab ou sa sauce [< /**koo**/ 2].

kokom [= KS /**kokob**/] ○ a) [intr] be shaken ❁ ê. secoué • be penniless, broke ❁ ê. fauché, sans un sou [cf. /**key**/ 1] ○ b) [tr] dust off (furniture) ❁ épousseter (meuble).

kokor GN [= /**kokoro**/].

kokorbe ○ [n] small leguminous tree sp. ❁ petit arbre légumineux sp. [ID *Piliostigma reticulatum*].

kokoro 1 T, **kokor** GN ○ a) [intr] be the last or most recent ❁ ê. le plus récent ou le dernier ○ b) [intr, tr, or SerV] be the last to (do) ; have recently (done) ❁ ê. le dernier à (faire) ; avoir (fait) récemment • EX : /**a kokoro gi ka kaa**/ he was the last of them to come ∞ il fut le dernier d'entre eux à venir ○ c) [intr plus /**nda**/ or Locative] follow (in time) ❁ succéder à ○ d) [intr plus /**nda**/] end up with ❁ terminer avec ○ e) [adj] recent, last ❁ récent, dernier T [arguably /**kokor-o**/] [cf. /**banda-banda**/].

kokoro 2 ○ [n] wooden spool for rolling up thread ❁ bobine (de tisserand) [cf. /**didii**/].

kokoro-gum-oy ○ [n] return to virtuous life ❁ retour à la vie honnête [final is apparently an ABSTR < /**gumo**/].

kokoro-gum-oy-ndi ○ [tr] (God) restore (sb) to virtuous life ❁ (Dieu) rendre (qqn) à une vie honnête • EX : /**yerkoy ma kokoro-gum-oy-ndi yer**/ may God restore us to virtue ! ∞ que Dieu nous ramène à de meilleurs sentiments !

kokoro-ndi TG ○ a) [tr] do (put, etc.) recently ❁ faire (mettre, etc.) récemment ○ b) [tr] do (put, etc.) in near future ❁ faire (mettre, etc.) prochainement • EX : /**yerkoy ma kokoro-ndi yer se gomni**/ may God do something good for us soon ∞ que Dieu fasse un bonheur (= du bien) pour nous prochainement.

kokoši 1 ○ [n] scale (of fish, etc.) ❁ écaille (de poisson, etc.) TN [arguably same stem as /**kokoši**/ 2 ; cf. /**kooši**/].

kokoši 2 TN [cf. /**kooši**/ with similar senses] ○ a) [n] rind (of fruit) ❁ enveloppe, écorce (de fruit) T • (potato) peel ❁ pelure (de pomme de terre) T ○ b) [n] shell (of nut) ❁ écale, coquille (de noix) TN [cf. /fofori/) ○ c) [n] bark (of tree) ❁ écorce (d'arbre) T [this sense not for N, cf. /tuuri-kooši/, nor for DjCh /kɔgɔsi/] ○ d) ⇨ /moo-kokoši/.

kokoši-koy ○ [n] scaly thing ❁ objet écaillé.

kokoso ○ [tr] remove weeds from (crop, esp. millet) ❁ sarcler, désherber (mil).

kokoy ○ [n] chief, leader ❁ chef, roi [related to /koy/ 2, /-koyni/] • DERIV below.

kokoy-terey ○ [n] government, authority ❁ autorité, gouvernement.

kõkur ○ [n] competition ❁ concours [< Fr.].

kooli N ○ [tr] encircle ❁ encercler [SYN /waŋga/].

kollikolli ○ [intr] cross arms or legs ❁ croiser les bras ou les jambes [= KS /koli/].

koloo ○ [n] simple, one-sided drum ❁ petit tam-tam [cf. /harey/, /tubal/] • DERIV : /koloo-koy/ or /koloo-kar-koy/ drummer ❁ joueur de tam-tam.

kolõfar ○ [n] clove (spice) ❁ clou de girofle [often sold with grain removed] [ID *Syzygium aromaticum*].

kom 1 [ADJ /kom-o/] ○ [intr] (milk or other liquid) be thick, concentrated, not diluted ❁ (lait ou autre liquide) ê. épais, concentré, pas dilué [cf. /boto-boto/, /mululu/] • (trees) be dense ❁ (forêt) ê. touffue.

-kom 2 ○ [Characteristic suffix] • DERIV : /ŋaa-kom/ glutton ❁ glouton ; /doon-kom/ singer ❁ chanteur.

koom 1 T, kooma 1 N ○ [tr] chew on ❁ mastiquer, mâcher, 'croquer' [= KS /kaama/] • LOCUT : /koom jombu/ chew grain bits (= code for 'speak Songhay') ∞ croquer des brisures de céréales (= langage secret pour 'parler songhay').

koom 2 ○ [tr] snatch, yank away ❁ retirer avec force.

kooma 1 N [= /koom/ 1].

kooma 2 ○ [n] stooped or hunched back (of person) ❁ bosse (d'une personne) [cf. compounds below, and /juŋgaa/].

kooma-koy ○ [n] hunchback ❁ bossu.

koma-laabu G ○ [n] clay ❁ argile.

komandam o [n] major (in army) ❁ commandant [< Fr.].

kooma-ñaa o [n] termite mound ❁ termitière.

komañaga o [n] a large flying beetle sp. ❁ grand scarabée volant, 'hanneton' [cannot right itself after falling on its back ; children play with its eggs] [ID probably includes Buprestidae] [perhaps < Bam. 'kami-nyégé', Bazin 265].

kombiteer o [n] potato ❁ pomme de terre [< Fr] [also /**pombiteer**/, /**pomdəteer**/).

kombokombo o [intr] [used to intensifity /**jeen**/ 'be old' ∞ 'ê. vieux'] • EX : /**a jeen hal a kombokombo**/ he is ancient (very old) ∞ il est très vieux.

kom-di o [tr] make (liquid) thick ❁ épaissir, concentrer (liquide) [FACT < /**kom**/ 1].

koom-di o [intr] be chewed ❁ ê. mastiqué [CAUS < /**koom**/ 1].

komii o [n] clerk, low-ranking office worker ❁ commis, employé de niveau inférieur [< Fr.] [a standard job rank esp. in the colonial period].

komja N o [n] tree sp. ❁ arbre sp.

ŋkomni o [n] terrestrial monitor lizard sp. ❁ varan terrestre sp. [ID *Varanus exanthematicus*] [cf. /**ɓow**/ 3].

kom-o o [adj] thick (milk, etc.) ❁ (lait, etc.) épais [< /**kom**/ 1] • EX : /**ɓita kom-o**/ thick porridge ∞ bouillie épaisse.

koon T, **koonu** N o a) [intr] be empty ❁ ê. vide • be alone ❁ ê. seul o b) [adj, or appositional noun] alone, isolated, nothing but, pure ❁ seul, pur • EX : /**ŋga koon di**/ it alone ∞ lui seul • COMP : /**hari-koon**/ mere (pure) water ❁ eau seule (pure) • COMP : ⇨ /**gaa-koon**/, /**kuuru-koon**/.

kona, koni, kooni o [rare clause-initial yes-no interrogative particle] [used e.g. when surprising sb in the act] [perhaps < Ful. /**koni**/] • EX : /**konia-a baa mana** ?/ so are things getting better for you ? ∞ donc y a-t-il du mieux pour toi ?

konde o [n] co-wife of one's mother (= bigamous father's other wife), stepmother ❁ 'marâtre' (d'un enfant) (= une autre épouse du père qui n'est pas la mère de l'enfant) [SYN /**ñaa-woččе**/ and /**ñaa-fumb-a**/, cf. /**woččе**/] • maternal uncle's wife

❁ épouse de l'oncle maternel [cf. /hasey/].

kondey ⭘ [n] association, club ❁ association [private club of perhaps ten persons of the same sex who meet periodically, pay dues, elect a 'président(e)', and provide mutual assistance].

koo-ndi ⭘ a) [tr] dry out, cause or allow to dry ❁ sécher, assécher [< /koo/ 1] ⭘ b) [intr] (limestone) be brittle ❁ (calcaire) ê. fragile, cassant.

ŋkondo ⭘ [n] large black ant sp. ❁ 'fourmi magnan' [cf. /nnori/, /ntende/].

kondosoro N ⭘ [n] squirrel ❁ écureuil [ID *Xerus erythropus*] [SYN /akoolan/ T].

koŋgo G ⭘ [n] small catfish spp. ❁ petit silure spp. [ID *Synodontis* spp.] [SYN /jijiriya/].

koŋgom ⭘ [n] (fruit of) doum palm ❁ (fruit du) doumier [cf. /alkuura/, /goori/, /konji/, /sarboy/] • entire tree : /koŋgom-ñaa/ doum palm ❁ doumier [ID *Hyphaene thebaica*, common in the zone].

koŋgorey ⭘ [n] lack of water ❁ manque d'eau [also /hari-koŋgorey/] [perhaps contains ABSTR /-ey/].

koni, kooni [= /kona/].

konji ⭘ a) [n] palm frond used in making baskets and mats ❁ feuille de palmier [usually from doum palm ; cut into strips and woven into mats, matting, or baskets, cf. /koofu/, /koŋgom/, /daabu/ 2, /siti/, /koroŋgoy/, etc.] ⭘ b) [n] young doum palm ❁ jeune doumier (palmier) [cf. /goori/].

konji-teteri ⭘ [n] tied-up bundle of palm-frond strips ❁ fagot de lamelles de feuille de doum.

koŋkoro N ⭘ [n] pebble, small stone ❁ caillou [SYN /bele/, /jinji/].

konna N [= /konno/ 1].

konn-ey ⭘ [n] hotness ❁ chaleur [ABSTR < /koron/] • COMP : ⇨ /moo-konn-ey/.

konno 1 T, korna N, konna GN ⭘ [tr] dislike ❁ détester [cf. /garsaka/] [= Ka /kònnò/, Za /kǒnnà/].

konn-o 2 TGN ⭘ [adj] hot ❁ chaud [< /koron/].

koŋŋo T, koŋo TGN ⭘ [n] female slave ❁ esclave féminine [cf.

/baññа/].

koŋo [= /koŋŋo/].

konoma ○ [n] woman's robe ❁ robe de femme.

kõsa G [= /kõyša/].

konteer ○ [n] meter (counting device) ❁ compteur [< Fr.].

koonu N [= /koon/].

koo-ñaa [⇨ /koo/ 2].

kopši ○ [n] hoof ❁ sabot.

koor 1 T ○ [tr] catch, grab, stop the motion of ❁ saisir, attraper, arrêter le mouvement de • restrain, hold in place, control ❁ empêcher, retenir [perhaps same as /koor/ 2].

koor 2 T [= Za /kòr/] ○ a) [tr] take shelter from ❁ s'abriter contre • EX : /yer o koy koor baana di/ we will take shelter from the rain ∞ on va s'abriter contre la pluie ○ b) [tr] shelter (sth) ❁ abriter (qqch.) • EX : /koor a banda di albasi ga/ protect its back from harm ∞ protéger son dos contre le mal.

køør ○ [n] hearts (playing-card suit) ❁ carreau (couleur de cartes) [cf. /treffal/, /piik/, /karoo/].

koora TGN ○ [tr, plus indicative clause] have seen or witnessed (sb doing sth, in the past) ❁ avoir vu (qqn, qui faisait qqch., au passé) • EX : /ay koora ga a goo huu/ some time ago, I observed him to be at home ∞ il y a quelque temps, j'ai remarqué qu'il était chez lui.

koora-nte G ○ [partpl] having witnessed ❁ ayant témoigné.

korbo ○ [n] ring (on finger) ❁ anneau.

korbo-čirey ○ [n] small red plastic accessory (in some hairdos) ❁ petit accessoire rouge en plastique (dans une coiffure de femme) [SYN /kowla/].

kore ○ [n] rear ❁ arrière • butt end ❁ (gros) bout • COMP : ⇨ /huu-kore/, /hii-kore/.

korey 1 TN, kaarey 2 N [/kaarey/ variant in N in a few combinations] [= Za /kwààrây/] ○ a) [intr] be white ❁ ê. blanc TN [INTENS : /far!/ 1 N] ○ b) [adj] white ❁ blanc TN [in compounds can denote 'white person' ∞ '(un) blanc', as in /gaa-korey/, but cf. /boro-čirey/] ○ b) [intr] be clean ❁ ê. propre

N [/henen/ 1 is used in T] ❍ c) [intr] (debt) be discharged (cleared) ❁ (dette) ê. acquittée.

korey 2 ❍ [n] headache (from exposure to direct sunlight) ❁ mal de tête sévère (dû au soleil) [perhaps a special case of /korey/ 1].

korey 3 ❍ [n] shield ❁ bouclier [= KS /korow/ and variants including 'koray'].

korfo TGN, karfo GN ❍ [n] rope, string ❁ corde • wire ❁ fil • COMP : ⇨ /ganda-korfo/, /siibi-korfo/ • LOCUT : /ay dam korfo ayjinde/ I've put a rope (around) my neck (= I'm seriously in debt) ∞ j'ai mis une corde (autour de) mon cou (= je suis très endetté).

korkor ❍ [n] crate (for loading donkey's back) ❁ boîte (pour charger le dos d'un âne).

kormelle ❍ [n] throat ❁ gorge.

korna N [= /konno/].

-koro [⇨ /kamba-koro/].

kooro ❍ [n] hyena ❁ hyène [ID all spp.].

kooro-albasar ['hyena-onion' ∞ 'hyène-oignon'] ❍ [n] wild onion sp. ❁ oignon sauvage sp. [not seen].

kooro-kaney ['hyena-melon' ∞ 'hyène-melon'] ❍ [n] inedible wild melon resembling small watermelon ❁ pastèque sauvage [ID *Citrullus colocynthis*] [SYN /farka-kaney/].

kooro-karsan, kooro-kassan ['hyena-carder' ∞ 'hyène-carde'] ❍ [n] bush sp. with narcotic properties ❁ buisson narcotique sp. [has spiked globular fruit resembling weavers' card] [ID *Datura* spp.] [SYN /almukeykey/].

kooro-kooro [RDP < /kooro/] ❍ [n] device with hooks used to retrieve waterbag fallen into well ❁ appareil à hameçons avec lequel on rattrape une puisette tombée dans le puits • stretcher (to carry sick person) ❁ civière.

korombaata T, korombata N ❍ [n] frog ❁ grenouille.

koron ❍ a) [intr] be hot ❁ ê. chaud [ADJ /konn-o/, ABSTR /konney/] [cf. /čenčen/, /duŋgu/] ❍ b) [n] heat ❁ chaleur • EX : /koron di tun/ it got hot ∞ la chaleur est montée [cf. /koron-waati/].

koroŋgoy ○ [n] twine made from palm frond fiber ✺ corde en feuilles de palmier.

koron-waati ○ [n] hot season ✺ saison chaude.

korošì ○ [tr] notice ✺ remarquer.

korooti ○ [n] carrots ✺ carottes [< Fr.].

kooro-tubal ['hyena-drum' ∞ 'hyène-tambour'] ○ [n] mushroom ✺ champignon.

korro ○ [n] snore ✺ ronfler [= KS /gorru/].

korte N [= /kotte/].

kortefey N, kortofee G ○ [n] grasshopper sp. ✺ sauterelle sp. [said to make noisy flapping sounds, perhaps a cicada].

kortofee [= /kortefey/].

kortu N [= /kottu/].

kosam G [= /kosom/].

koši ○ [tr] brush (teeth, with chewstick) ✺ brosser (dents, avec cure-dent) • COMP : /koši-ñaa/ chewstick tree ✺ arbre à cure-dents (= /hirow/, cf. also /hasu/).

kooši [/kokoši/ 1,2 have similar senses] ○ a) [tr] scrape, abrade ✺ gratter T • scale, remove scales of (fish) ✺ écailler (poisson) TG • peel (potato) ✺ éplucher (pomme de terre) N [SYN /fofori / T] ○ b) [tr] bail out (boat) ✺ écoper (pirogue) ○ c) [n] scale (of fish) ✺ écaille (de poisson) G ○ d) [n] peel (of potato, etc.) ✺ pelure (de pomme de terre) N [= /kokoši/] ○ d) as COMP final : ⇨ /tuuri-kooši/ N, /moo-kooši / GN.

kosiya, košiya ○ [n] carp (small food fish) ✺ carpe [in T, a broad term for several spp., loosely extending to other similar spp.] [cf. /tombo/, /jiŋgi-tombo/).

kosom TN, kosam G ○ [n] milk ✺ lait [< Ful.] [cf. /waa/] • latex (milky tree sap) ✺ latex.

kosom-buun-o ○ [n] curdled milk, buttermilk ✺ lait caillé.

kosom-gani ○ [n] fresh milk ✺ lait frais [cf. /waa-gani/].

kosom moor-o ○ [n] curdled milk ✺ lait caillé.

koosow ○ [n] bachelor, able-bodied young man ✺ célibataire, homme robuste.

kosu 1 ● [tr] de-feather (chicken, etc.), pluck out feathers of ❁ déplumer • trim (bush) ❁ tailler (buisson).

kosu 2 ● [intr] congeal ❁ congeler.

kosu 3 G ● [n] (old-style) leather sandals ❁ sandale en cuir (à l'ancienne) [from cow's head] [SYN /čelembu/ T].

kosu 4 ● [intr] tie (the score) ❁ égaliser (un match) [rare word].

koosu ● [tr] cut the throat of, slaughter ❁ égorger.

kõtinü ● [intr] continue ❁ continuer [< Fr.].

kotokoto ● [intr] cough ❁ tousser.

kotome, koteme ● [n] 27th day of the Muslim fasting month ❁ 27e jour du ramadan [favorite day for marriages, on eve of holiday] [= KS /kutubu/] [< Ar. √xṭb].

kotte T, korte TN, kotto G ● [n] (animistic) magic, magical object, spell ❁ magie (animiste), objet de magie, verset (sort) [cf. /toor/].

kotto [= /kotte/].

kotto-koyni T, korte-koyni N ● [n] magician ❁ magicien.

kottu TG, kortu N ● a) [tr] rip, tear ❁ déchirer • puncture ❁ trouer • go across (road, etc.) ❁ traverser ● b) [n] cut, tear, fissure ❁ déchirure • slice (of bread) ❁ tranche (de pain).

kottu-koyni T, kotto-koyni G ● [n] sorceror, magician ❁ sorcier.

kow ● [tr] remove, take out, take off ❁ enlever • eliminate, get rid of ❁ se débarrasser de, éliminer • take out and hand over (esp. money), pay up, fork over ❁ enlever, payer (argent, etc.) • LOCUT : ⇨ /faraa/ (cf. COMP /faraa-kow/).

kowla ● [n] [⇨ SYN /korbo-čirey/].

kõw GN [= /kam/].

koy 1 ● [intr] go, go away ❁ aller, s'en aller [derivatives /koy-nte/, /koy-nda/] • [SerV, usually without /ka/] go and (do), go while (doing) ❁ aller (faire) • EX : /a koy tuuru/ he went and answered ∞ il est parti répondre.

koy 2 ● a) [n] owner, master ❁ propriétaire [with possessor or COMP initial] [related to /kokoy/, /-koyni/) ● b) LOCUT : /a koy di/ the (same) guy ∞ le (même) type [not pejorative] ● c) [nominal Characteristic suffix, often agentive in sense] ⇨

/ɓaa-koy/, /farka-boy-koy/, /kallasi-koy/, etc.

koy-nda ⚪ [tr] convey, take, deliver ❁ livrer, emmener [originally /koy/ 1 plus /nda/, parallel to /kaa-nda/].

koyne ⚪ [clause-final particle] again, one more time ❁ encore, encore une fois • [after negation] no longer ❁ (non) plus • EX : /a sii nee koyne/ he is no longer here ∞ il n'est plus là.

-koyni ⚪ [nominal Characteristic suffix] ⇨ /gaabi-koyni/, /jirey-koyni/, /lakal-koyni/, etc.].

kõyša T, koynša T, kõsa G ⚪ [n] grey herons ❁ hérons gris [ID *Ardea melanocephala & A. cinerea*].

koy-nte ⚪ [n] departure ❁ départ [< /koy/ 1] • EX : /a-koy-nte di banda/ after his departure ∞ après son départ.

koyra ⚪ [tr] village, town, city ❁ village, ville [ANT /ganji/ 1] • as COMP initial : Songhay ∞ songhay [exx. below].

koyra-čiini ['town-speech' ∞ 'village-parole'] ⚪ [n] Songhay language ❁ langue songhay.

koyra-jje ⚪ [n] townsperson, local native ❁ villageois, citadin.

koyra-mẽyra ⚪ [n] outlying village (near a larger town) ❁ petit village en banlieu.

koyra-saafun ⚪ [n] locally produced soap made with potash ❁ savon indigène préparé avec de la potasse [cf. /soso/, /sooda/].

koyroo ⚪ [n] this village ❁ ce village(-ci) [< */koyra woo/].

kuu 1 T, kuku N ⚪ a) [intr] be long or tall ❁ ê. long ou de haute taille [ADJ /kuku/] ⚪ b) [n] length, height ❁ longueur, hauteur, taille.

kuu 2 ⚪ [n] cultivated yam ❁ igname cultivé [has enormous tuber, tastes like potato, grown in south] [ID *Dioscorea alata*] [< Bam.].

kube ⚪ [n] government district office ❁ cercle (administratif) [< Ar. √qbb via cf. Bam. 'koubé' Bazin 327 ; cf. Ful. /huɓeere/].

kubey [= /kuboy/].

kubey-nda [= /kuboy-nda/].

kuubi 1 ⚪ a) [tr] bend, twist, curve ❁ tordre, courber • EX : /ay kuubi a kamba di/ I bent his hand ∞ je lui ai tordu la main

○ b) [intr] veer, reverse course ❁ virer.

kuubi 2 [= /kuubu/].

kubkub [= /kupkup/].

kuboy 1 TGN, kubey TN ○ a) [tr] encounter, receive (as guest) ❁ rencontrer, accueillir [cf. /kuboy-nda/] ○ b) [intr] (group) meet, come together ❁ se recontrer • get tangled together ❁ s'enchevêtrer ○ c) [intr] be possible ❁ ê. possible.

kuboy 2 T, kubey TN ○ [n] darkness ❁ obscurité.

kuboy-nda, kubey-nda ○ [tr] meet with ❁ rencontrer [/-nda/ 2].

kuubu, kuubi ○ [n] low acacia-like thorny shrub in seasonal lakes ❁ petit arbuste épineux des lacs [ID *Mimosa pigra*, dense in lakes near G ; perhaps also scrub acacia such as *Acacia atax-acantha*] [also /kuubu-karji/ G].

kubu-boy [= /kobe-boy/].

kuubu-karji G [⇨ /kuubu/].

kubukubu [= /kupkup/].

kubur T, kumbur N ○ [n] native guitar (multi-= stringed) ❁ guitare traditionnelle [= KS /kurbu/] [cf. /njarka/].

kudu ○ [n] metal ladle ❁ louche en métal.

kufal [< Ar. √qfl] ○ a) [n] key ❁ clé [= /kufal-ije/] ○ b) [tr] lock ❁ fermer à clé, boucler.

kufal-ije ○ [n] key ❁ clé.

kufu ○ a) [n] bubbles, suds, froth, foam ❁ mousse ○ b) [tr] lather up (e.g. clothing) ❁ mousser (habits, etc.) ○ c) [intr] get soapy, get lathered up ❁ se mousser ○ d) [ReflV] soap oneself up, become bubbly or frothy ❁ se savonner.

kufutu ○ [n] scrubber (for bathing or scouring pots) ❁ frottoir.

kuguni TN, kukuni T ○ [n] hedgehog ❁ hérisson [ID *Atelerix albiventris*] [= DjCh /juguni/].

kuku 1 ○ [adj] long, tall ❁ long, de haute taille [< /kuu/].

kuku 2 ○ [intr plus Dat] be thankful (to...), be grateful (to...) ❁ ê. reconnaissant à.

kukuni [= /kuguni/].

kukur ○ [tr] burn ; cook, heat intensely ❁ brûler ; griller • fire (pottery) ❅ cuire (poteries) • make (metal) red hot, fire (metal) ❅ chauffer (le métal).

kukur-o ○ [adj] burned, cooked ❅ brûlé, cuit [< /kukur/] [⇨ /ham-kukur-o/].

kukuši ○ a) [intr] curl or coil up (have extremities close to torso ❅ se recroqueviller • be crumpled up (contracted) ❅ ê. froissé ○ b) [n] wrinkle ❅ ride.

kukutes ○ [n] hoopoe (bird) ❅ huppe (oiseau) [ID *Upupa epops*] [SYN /tukkaaku/] [perhaps < Tam.].

kul ○ a) [quantifier, follows NP] all, every, any ❅ tout, chacun [< Ar. √kll] • EX : /hari di kul/ all the water ∞ toute l'eau ○ b) [clause-final particle in 'if' clause of a conditional].

kula ○ [intr plus Postp /ga/ or locational] care about, give a damn for ❅ se soucier de [usually negated] • [after Neg] not give a damn about ❅ s'en ficher de • EX : /ay si kula a ga/ I couldn't care less about him ∞ je m'en fiche.

kulba 1 ○ [n] gourde without neck ❅ gourde (sans cou) [esp. for karité butter, /bulaŋga/] [= KS /kulba/].

kulba 2 ○ [tr] knead (millet pudding, etc.) with a stick ❅ malaxer (le tô, etc.) [cf. /kulba-bundu/, /fifir/, /diibi/] [= KS /kurba/].

kulba-bundu ○ [n] kneading stick ❅ bâton pour malaxer.

kulikuli ○ a) [tr] wrap ❅ emballer [cf. /kulumkulum/] ○ b) [tr] poke, tickle ❅ piquer (du doigt), fourrer, chatouiller.

kullu N ○ [n] type of flute ❅ sorte de flûte [cf. /laati/].

kulkuleysa ○ [n] noisy flying beetle sp. ❅ scarabée volant sp.

kululuk ○ [n] blind man's buff ❅ colin-maillard (jeu) [blinded players call out /kululu:::k!/, while others must respond with /zukku:::k!/].

kulumkulum T, kulum N ○ [tr] fold up, roll up ❅ replier, rouler • wind, wrap (sth, around sth) ❅ enrouler (qqch., autour de qqch.) [cf. /kulikuli/, /wiliwili/].

kuma ○ a) [intr] be diminished, reduced or inadequate ; become less common or frequent ❅ ê. diminué, manquer ; devenir moins fréquent ○ b) [n] reduction, shortage ❅ diminution, manque • EX : /kuma di dam maamala-koy di doo here/ a shortage occurred at the shop ∞ il y a eu une rupture de stock à la boutique.

kuma-ndi ⚬ [tr] reduce, lower (price) ❁ diminuer • thin out (plants) ❁ diminuer (plantes).

kumaare N ⚬ [n] crowned crane ❁ grue couronnée [peacock-like bird] [ID *Balearica pavonina*] [< Ful.] [SYN /ñandeyboori/].

kumbu ⚬ [n] lung ❁ poumon.

kumbur 1 ⚬ [n] unmarried person ❁ célibataire • COMP : ⇨ /bomo-kumbur/, /har-kumbur/, /woy-kumbur /.

kumbur 2 N [= /kubur/].

kumna 1 TG ⚬ [tr] gather up, pick up (e.g. firewood) ❁ ramasser (bois de chauffage, etc.) [SYN /kuunu/ G, /kuun/] • COMP : ⇨ /tuuri-kumna-koy/.

kumna 2 ⚬ [n] headband of decorated disc-shaped gold pieces ❁ bandeau de pièces d'or en forme de disques [cf. /mbeetu/, /jenne-jenne/, /goofa/).

kumna-kumna ⚬ [RDP < /kumna/].

kumsey ⚬ [n] trap ❁ piège [esp. for animals rather than fish] [SYN /hirri/ 1, cf. /lata/).

kumti G ⚬ [tr] pinch skin of (sb) ❁ pincer la peau à (qqn) [SYN /doo/ 3 T, /ñamti / N, /murkuti / T].

kuumu ⚬ [n] native hoe (with short handle and large blade) ❁ houe, 'daba' [used to weed around millet, or to dig up and shovel soft earth for construction work].

kun ⚬ [intr] be or get pregnant ❁ ê. ou tomber enceinte [polite ; slang equivalent /jow guŋgu/].

kuun [near T] [= /kuunu/ G, ⇨ /kumna/ 1] [= KS /kuuna/].

kuna ⚬ a) [postp] in, at ❁ dans, à [usually interchangeable with /ra/ ; with ablative verbs like /fatta/ 'exit' is misleadingly translatable 'from' ∞ 'de'] ⚬ b) [n] LOCUT : /nda kuna/ internally ∞ à l'intérieur (de qqn) • COMP : ⇨ /haw-kuna/.

'kun-di' [= /kuŋ‿ndi/].

kuu-ndi ⚬ [tr] lengthen, make long or tall ❁ allonger, prolonger, augmenter la taille de.

kundu ⚬ a) [n] bourgou (deep-water grass sp.) ❁ bourgou (graminée d'eau profonde) [used for fodder and for a syrup, cf. below] DN [ID *Echinochloa stagnina*] [SYN /burgu/] ○ b) [n] syrup traditionally made from bourgou grass ❁ sirop préparé à base de bourgou T [SYN /katu/] [cf. /gaŋa/].

kundum ○ [n] a breed of sheep ❁ une race de moutons [has fairly thick wool] [cf. /feeji/].

kũfa ○ a) [tr] be curious about, interested in ❁ s'intéresser à • EX : /yee kũfa ga/ I'm curious about it ∞ je m'y intéresse ○ b) [n] curiosity ❁ curiosité.

kuŋga ○ a) [intr] be invulnerable ; resist, hold out ❁ ê. invulnérable ; résister (à une attaque) ○ b) [tr] defend ❁ protéger ○ c) [n] invulnerability ❁ invulnérabilité.

kuŋga-ndi ○ a) [tr] make resistant, fortify ❁ rendre résistant, rendre invulnérable ○ b) [n] invulnerability ❁ invulnérabilité.

kuŋg-o ○ [adj] sated, full (after a meal) ❁ rassasié [< /kuŋgu/].

kuŋgu ○ a) [ADJ /kuŋg-o/] [intr] be sated, be full (after a meal) ❁ ê. rassasié • be robustly well-fed ❁ ê. gras, bien nourri, en forme • (millet plant) be full-grown ❁ (plante de mil) ê. grande (= à terme) ○ b) [tr] satisfy, be enough for ❁ rassasier.

kuŋgura TN, **ŋkuŋgura** T ○ [n] turtle, tortoise ❁ tortue [ID all terrestrial and aquatic spp.] • COMP : ⇨ /hari-kuŋgura/.

kuŋkum ○ [tr] form (hair) into clumps ❁ rendre (cheveux) en touffes.

kuŋkum-fey-hinja ○ [n] a hairdo style ❁ une coiffure de femme [three large ridges from forehead to nape] [cf. /tur/, /ekay-kuŋkum/).

kuŋkuni ○ [tr] roll up (e.g. mat), make into a roll ❁ enrouler.

kuŋ-ndi ○ [tr] make pregnant ❁ rendre enceinte.

kunnu [= /kurru/].

kunsum TN, **kũsum** TN, **kunšum** N ○ a) [n] bundle ❁ fagot • COMP : ⇨ /kamba-kunsum / ○ b) [tr] wrap up ❁ emballer • tie up (money) by rolling it up in ends of garment ❁ attacher (argent) dans le bas d'un habit • EX : /ay kũsum taafe di ra njerfu di/ I tied up the money in the tip of the wrap ∞ j'ai attaché l'argent dans le bout du pagne.

kunta ○ [n] Kunta ❁ kounta [an Arab clan].

kuntur ○ a) [n] lump, ball ❁ boule [any more or less ball-shaped object, e.g., a nut] ○ b) [intr] become lumpy ❁ se former en boule(s).

kuunu G, kuun [near T] [⇨ /kumna/ 1] [= KS /kuuna/].

kuñe [= /kurñe/].

kupkup, kubukubu ○ [n] machete, large blade ❁ grande lame [< Fr. coupe-coupe].

kur 1 ○ a) [tr] tend, herd (animals), take (animals) to pasture ❁ conduire (ruminants), faire paître ○ b) [n] herd ❁ troupeau [chiefly as COMP final].

kur 2 [= /kul/ 'all' ∞ 'tout'].

kurãã [Def /kuraan di/] ○ [n] electrical power ❁ courant électrique • LOCUT : /kuraan di koy/ the power has gone out ∞ le courant a été coupé.

kuri TGN ○ [n] blood ❁ sang.

kuri-buun-o ['blood-weak' ∞ 'sang-faible'] ○ [adj] lazy ❁ paresseux.

kur-koy ○ [n] herder ❁ berger.

kurkundundum GD, kurudundum N ○ [n] puffer fish ❁ poisson-globe [ID *Tetraodon lineatus* (= *T. fahaka*)] [SYN /taalibomboŋ/, etc.].

kurjuntu T, kurjun G ○ [n] long thin squash ❁ courgette [ID perhaps *Cucurbita moschata*] [cf. /labtanda/) [perhaps < Fr. courge].

kurkutu ○ [tr] beat (drums) ❁ tapper (tambour, tam-tam).

kurñe TGN, kuñe T ○ [n] husband ❁ mari.

kurñe-wir ○ [n] fiancé ❁ fiancé [cf. /wande-wir/].

kurru T, kunnu GN [= DjCh /kurru/, KS /kurnu/, Za /kùrrù/] ○ a) [tr] drag (on ground) ❁ traîner ○ b) [intr] be dragged ❁ ê. traîné.

kurš! ○ [interj] shoo ! (said to chickens) ❁ pschtt ! (dit aux poulets).

kursa ○ [n] a disease involving itchy skin rashes ❁ maladie de peau avec gales.

kuuru 1 TGN ○ [n] skin ; pelt, hide, leather ❁ peau ; cuir [= Za

/kùùrù/] [SYN /gaa-kuuru/ N].

-kuuru 2 ○ [n, as COMP final] [see /har-kuuru/, /woy-kuuru/] [= Za /kúúrù/ 'prostituée', but perhaps synchronically identified in KCh with /kuuru/ 1].

kurudundum N [= /kurkudundum/].

kuruk! ○ [interj] come !, here boy ! (said to dog) ❁ viens ! (dit au chien).

kuuru-koon ['skin-naked' ∞ 'peau-nue'] ○ [adj] naked ❁ nu [SYN /gaa-koon/].

kurukuru ○ [n] silver or aluminum rings worn in some hairdoes ❁ anneaux d'argent ou d'aluminium dans certaines coiffures de femmes.

kuuru-musey-nte ○ [n] tanned hide ❁ peau tannée.

kuuše ○ [n] stomach ❁ estomac.

kušiije [= /kusu‿ije/].

kuskusu [= /kusukusu/].

kusu ○ [n] baking dish (earthenware or modern) ❁ marmite • COMP : ⇨ below, also /taabaa-kusu/.

kusu-čambu T ○ [n] shard (broken piece) of earthenware pot or jar ❁ morceau de canari.

kusu-haya ['dish-thing' ∞ 'marmite-chose'] ○ [n] salt ❁ sel [taboo replacement at night for /čiiri/].

kusu‿ije [phonetic [kuši:dʒe]] ○ [n] burnt food scraps scraped from baking dish ❁ 'gratins', restants de nourriture enlevés d'une marmite.

kusukoosi G ○ [n] grey-headed sparrow ❁ moineau gris [ID *Passer griseus*] [SYN /alfaa-kundurusu/ T, /karkarpolli/ N].

kusukusu, kuskusu ○ [n] couscous ❁ couscous [perhaps directly < Fr., cf. Maghr. Ar. /səksu/] • COMP : /kusukusu-hahay/ sieve with relatively large holes ❁ tamis à grands trous.

kusumkusum ○ [n] rattle (toy) ❁ hochet [cf. KS /kišiŋkišiŋ/].

kutubee ○ [tr] punch (sb) ❁ boxer (qqn) [< Fr. coup de poing, perhaps reshaped to look like a French verb].

kuyer ○ [n] spoon ❁ cuiller [< Fr.] [SYN /sokol/].

l

laa- [⇨ /laa-hoy/].

lab GN [= /low/].

labaas!, laabaas! ○ [greeting] fine ! ❁ bien ! [< Ar. /laa ba's/].

labelburaaki N ○ [n] herb sp. ❁ herbe sp.

labtanda (=laptanda) T, lowtanda TN ○ [n] large pumpkin ❁ courge [ID *Cucurbita pepo*] [cf. /kurjuntu/) [< *lab-tanda, cf. /laabu/].

laabu [= KS /labu/] [cf. /labtanda/] ○ a) [n] earth, soil, dirt ❁ terre ○ b) [n] mud-gravel mix for bricks ❁ banco.

laabu-bibi ○ [n] loam, topsoil ❁ terre, terreau.

laabu-čen ○ [n] pottery making ❁ poterie (métier).

laabudda ○ [clause-initial particle] definitely ❁ bien sûr [often followed by /bara/ 3] [< Ar. /laa budda/].

laabu-huu ○ [n] house built of mud-gravel bricks ❁ maison en briques de banco.

ladab ○ [n] polite person ❁ personne polie [< Ar. √'db].

laadir ○ a) [intr] be honest (speak the truth) ❁ ê. véridique ○ b) [tr plus optional Dat] acknowledge, be honest about ❁ avouer [< Ar. ʕdl] • EX : /a laadir yene [ŋgu goy-fut-ey di]/ he acknowledged his offence to me ∞ il m'a avoué son délit.

laadir-nte ○ [partpl] truthful, honest ❁ véridique.

lafa ○ [intr plus Postp /ga/] be side by side with, be up against ❁ ê. côte à côte avec • EX : /a-a lafa ay ga/ he is right next to me ∞ il est à côté de moi.

lafa-ndi ○ [tr] put together (two things) ❁ mettre (deux objets) côte à côte.

laafiya [= /laafya/].

lafol ○ [n] wavy modern hairdo ❁ une coiffure moderne ondulée [< Fr. la folle] [cf. /tur/].

laafri ○ [n] fried potatoes ; mashed potatoes ❁ frites ; purée de pommes de terre [< Fr. la frite].

laafriiti [< Ar. √ʕfrt] ○ a) [adj] huge, monstrous ✱ énorme [semi-vulgar, expressive, semantically vague ; used mainly in upriver villages] ○ b) [SerV] [adds expressive force] • EX : /ay si laafriiti ka koy/ I sure as hell won't go ∞ je ne vais absolument pas.

laafya, laafiya, alaafya, alaafiya [< Maghr. Ar. /l-ʕaafya/, also in Bam.] ○ a) [n] peace ✱ paix ○ b) greeting : /nda laafya!/ = /nda laafya͜eyda!/ peace (to you)! ✱ (à vous) la paix ! [very common in T, used like /nda gomni!/].

laafya-ndi ○ [tr] rest ✱ reposer [< /laafya/] • EX (reflexive) : /ay laafye-ndi ay bomo hõõ/ I rested myself today ∞ je me suis reposé aujourd'hui.

la'alla [= /laalla/].

lagara ○ a) [tr] glue together, tape up ✱ coller [SYN /denji-ndi/) • EX : /ay lagara njerfu di/ I glued (or taped) up the banknote ∞ j'ai collé le billet de banque ○ b) [intr plus Postp /ga/) stick to ✱ se coller à.

laʕguda ○ [n] hairdo style ✱ une coiffure de femme [central tuft on crown made with thread] [< Hass. Ar. √ʕgd < Ar. √ʕqd, note Arabic /ʕ/].

laa-hoy ○ [n] okra (plant) ✱ gombo [ID *Hibiscus esculentus*] • gombo sauce (from dried okra leaves) ✱ sauce gombo [cf. /hoy/ 3].

laajaaba, laažaaba [< Ar. √ʕðb, also in Bam.] ○ a) [n] suffering, misery ✱ souffrance ○ b) [tr] make suffer ✱ faire souffrir.

laakaaka ○ [n] sweet basil (aromatic bush) ✱ basilic (buisson) [ID *Ocimum basilicum*] [used as mint-like spice for tea ; used in southern Mali to embalm corpses].

laajow ○ [n] miracle, amazing thing ✱ miracle [< Ar. √ʕjb] [cf. /taažab/, /yaajab/] • EX : /a čerbu yene laajow/ he showed me a miracle ∞ il m'a montré un miracle.

laajin ○ [n] dough ✱ pâte [< Ar. √ʕjn].

lakal, alakal ○ [n] thought, mind, imagination, intention, memory ✱ pensée, fantaisie, intention, souvenir [cf. /anniya/, /hoŋgu/] [< Ar. √ʕql] • LOCUT : /lakal yee a ga/ he regained consciousness ∞ il est revenu à lui, il a repris connaissance ; ⇨ /yee-ndi/, /woyendi/, /yey/.

lakal-koyni ○ [n] intelligent person ✺ personne intelligente.

lala ○ [n] alum ✺ alun [induces settling of impurities in water] [< Fr.].

laal-ey ○ [n] wickedness ✺ méchanceté [cf. /laal-o/].

laali ○ a) [intr] be cursed ✺ ê. maudit ○ b) [tr] afflict, beset, curse ✺ affliger, maudire.

laali-nte ○ [partpl] cursed ✺ maudit.

laalla, la'alla ○ [particle] perhaps ✺ peut-être [< Ar. /la-ʕalla/, √ʕll] [cf. /kala/ 2] • EX (subjunctive) : /laalla ay ma kaa, laalla ay ma jen ka kaa/ maybe I'll come, maybe not ∞ peut-être que je viendrai, peut-être pas.

laal-o ○ [adj] bad ✺ mauvais [perhaps related to /laali/, cf. /futu/, /jaas-o/).

lamba ○ a) [tr] be together, cling to ✺ ê. ensemble, ê. collé à ○ b) [intr] lie low, keep out of sight ✺ se blottir [perhaps <' cling to ground'] • EX : /ay lamba hal i bisa/ I stayed out of sight until they left ∞ je me suis caché jusqu'à ce qu'ils soient partis ; [with Dat :] /ay lamba a se/ I kept out of his sight ∞ je me suis caché de sa vue.

lampo 1 ○ [n] lamp ✺ lampe [< Fr., perhaps contaminated with /lampo/ 2].

lampo 2 ○ [n] taxes ✺ impôts [< Fr. l'impôt].

laamu [< Ful. /laam-/, perhaps ultimately < Ar. √ħkm] ○ a) [intr] govern, rule, be in authority ✺ gouverner, avoir l'autorité ○ b) [tr] rule over ✺ gouverner ○ c) [n] (leader's) term of office, time in power ✺ mandat (d'un chef), période au pouvoir • [usually possessed or as COMP final] territory (governed by a political center) ✺ zone administrative • EX : /gundam nda ŋgu laamu di/ Goundam (town) and its administrative zone ∞ Goundam et sa zone administrative.

laamu-koy ○ [n] overlord ✺ autorité.

laŋgara ○ [n] anchor ✺ ancre [perhaps < Fr. or other Romance].

lãspeer ○ [n] slingshot ✺ lance-pierre [< Fr.].

laptanda [= /labtanda/].

laarow T, laaram GN ⭘ [n] Arab, Arabic ❁ arabe [< Ar. √ʕrb] • COMP : /laarow čiini/ Arabic language ❁ langue arabe.

laasa [< Ar. √ʕṣw] ⭘ [tr] whip ❁ fouetter [cf. /barju/) • beat (with stick) ❁ battre (avec bâton).

lasal- [= /lesel-/].

lasaasu ⭘ [n] rifle ❁ fusil [perhaps < Ar. √ʕss] [SYN /malfa/].

lasaasu-yje ⭘ [n] bullet ❁ balle (de fusil).

lašoo ⭘ [n] whitewash, lime ❁ chaux [< Fr. la chaux].

lata ⭘ [n] trap, snare ❁ piège [esp. a bird snare made with hairs from donkey or horse] [cf. /hirri/ 1, /kumsey/].

laati T ⭘ [n] flute, whistle ❁ flûte, sifflet [general term, including police whistle] [cf. /fimbi/, /algeyta/, /kullu/ N].

laatikolo ⭘ [n] perfume ❁ parfum [< Bam., ultimately < Fr. l'eau de Cologne, perhaps influenced by /laati/].

lawal TGN [< Ar. √'wl] ⭘ a) [adj] first ❁ premier TG [Ord for /foo/ '1'] [SYN /foo-nte/ N, /jinaa/ G] [cf. /lawal-lawal/] ⭘ b) [SerV] be the first (to...) ❁ ê. le premier (à...) • EX : /a lawal ka koy/ he was the first to leave ∞ il fut le premier à partir.

lawal-lawal ⭘ [RDP < /lawal/] LOCUT : /čee lawal-lawal/ (in) the old days, traditionally ∞ anciennement, jadis.

-laaw-o [⇨ /moo-laaw-o/].

'lawtanda' [= /labtanda/].

laay ⭘ [tr] adhere to, stick to ❁ se coller à [SYN /denji-ndi/, /lagara/].

laaya ⭘ [n] grimace ❁ grimace.

laažaaba [= /laajaaba/].

leebe ⭘ [intr] (sb) be fair-minded, reasonable ❁ (qqn) ê. équitable, juste [< Ful. /leeɓ-/].

lefe ⭘ [n] flat disc of woven palm-frond wicker without handle (fan or pot cover) ❁ disque en feuille de doum (éventeil ou couvercle de marmite) [cf. /feeni-haya/, /feeni/].

leele ⭘ [tr] taste ❁ goûter [cf. /taba/] [= KS /lelle/].

lelinde, lelindi [= /lilendi/].

leemu ◦ [n] rudder ✵ gouvernail [also in Bam.].

leemun, leemur ◦ [n] citrus fruit (lemon, orange) ✵ agrume (citron, orange) [< Bam. /lemburu/, ultimately < Sp. limón, etc.] • COMP below.

leemun-baa ◦ [n] orange (fruit) ✵ orange [< Bam. '...-big'].

leemur-baa [= /leemun-baa/].

leemun-hari ◦ [n] orange juice ✵ jus d'orange.

lenje TN, leŋge N ◦ a) [tr] put or carry (load) on head ✵ porter (fardeau) sur la tête ◦ b) [n] load on head ; bundle ✵ fardeau porté sur la tête ; fagot • COMP : ⇨ /hayni-lenje/.

leer ◦ [n] hour ✵ heure [< Fr. l'heure].

lesel, lasal [< Ar. √'ṣl] ◦ [adj or n] genuine (thing) ✵ (chose) authentique • EX : /woo či lesel/ this is the real thing ∞ c'est de l'authentique • LOCUT : /guuru lesel/ genuine metal (steel) ∞ du vrai métal (acier) • COMP below ◦ b) [as COMP final] real, genuine ✵ authentique, véritable.

lesel-lesel ◦ [adj] traditional, authentic, real ✵ ancien, authentique, véritable.

lesel-terey ◦ [n] tradition(s) ; traditional life (customs) ✵ tradition(s) ; vie traditionnelle.

leesi ◦ [n] dung ✵ fumier, fiente [cf. /wiri/, /joku/].

leetar ◦ [n] letter (postal) ✵ lettre [< Fr.].

lihaana ◦ [tr] pester ✵ déranger, emmerder [< Ar. √hwn].

liibi ◦ [tr] coat (surface, with mud or thick liquid) ✵ enduire (surface, avec boue ou liquide dense) • EX : /i liibi ga [nda laabu]/ they coated it with mud ∞ ils l'ont couvert de boue.

lilendi T, lilandi N, lelindi T, lelinde N [cf. /haabu/ 2, /hĩsa/ 1, /yahdar/] ◦ a) [intr] be or get ready ✵ s'apprêter [< Ful. /laand-/, cf. DjCh /landina/] • EX : /ay lilendi jaa bii/ I have been ready since yesterday ∞ je suis prêt depuis hier ◦ b) [tr, with optional Dative] get (sb) ready (for sth) ✵ préparer (qqn, pour qqch.).

lilon T, liloo G ◦ [n] nylon ✵ nylon.

lilon-hahay [= /lilon-teme/].

lilon-teme ○ [n] sieve with nylon strainer (very fine holes) ❋ tamis de nylon [SYN /jaara-hahay/, /saafi(-teme)/].

linji 1 ○ [n] root (of plant) ; muscle ; nerve ❋ racine ; muscle ; nerf.

linji 2 [= /dinji/].

liivr ○ [n] book ❋ livre [< Fr.].

loo ○ [tr] lick ❋ lécher [= KS /logu/].

lobbe ○ [SerV] (do) in a brazen way ❋ (faire) avec effronterie [< Ful. /loɓɓ-/] • EX : /ay lobbe ka dam ga/ I did it as I pleased ∞ j'ai fait comme je voulais ; /a lobbe ka koy/ he walked out rudely ❋ il est parti avec impudence.

loobi ○ [intr] be bowlegged ❋ avoir les jambes arquées • be knock-kneed ❋ avoir les genoux cagneux.

loobu ○ [tr] knead (dough, in bowl) ❋ pétrir (pâte) [not 'turban' as in DjCh].

lokkol ○ [n] school ❋ école [< Fr.].

loko ○ [tr] fuck ❋ baiser, avoir un rapport sexuel avec [cf. KS /ñoko/] [euphemism : /maraa (nda...)/].

-lokoti [⇨ /tamaati-lokoti/].

loloo TG, lolo N ○ [n] alley ; corridor, gangway ❋ ruelle ; couloir [cf. /mbedda/, /fondo/).

looma ○ [n] handful, mouthful (of rice, etc.) ❋ 'tartine', poignée [amount of food put into mouth by hand at one time].

loomasa ○ [n] black indigo (dye) ❋ indigo noir [cf. Bam. 'lomasa' Bazin 370].

londi ○ [n] marrow ❋ moelle • brain (as object or food) ❋ cervelle • COMP : ⇨ /alkubu-londi/, /bomo-londi/.

londu G ○ [n] bell ❋ cloche.

loŋgoloŋgo ○ [tr] carry (child) on shoulder ❋ porter (enfant) sur l'épaule.

looriya ○ [n] bay leaf (spice) ❋ laurier (épice) [an important spice in T] [ID *Laurus nobilis*] [< Fr.].

looti ○ [tr] pick out, jiggle out, dislodge (small embedded object) ❋ débloquer (petit objet enfoncé), enlever (en secouant).

loto ○ [intr] be twisted ❁ ê. tordu.

lotokoor [< Fr. docteur and l'hôpital] ○ [n] doctor ❁ docteur, médecin [cf. /safari/] • hospital ❁ hôpital.

lotokoor-huu ○ [n] hospital building ❁ hôpital (édifice).

low 1 ○ [intr] hide (behind sth), lurk, lie low ❁ se cacher (derrière qqch.) [= DjCh /law/] [cf. /lamba/, /sutura/, /tugu/].

low 2 T, lab GN ○ [tr] twist together, braid ❁ entortiller, tresser • roll (noodles) ❁ rouler (vermicelles) T [perhaps = Za /làbù/ 'mettre ensemble'] [SYN /bibir/, cf. /kata/ 2].

low-ndi ○ [tr] hide, conceal ❁ cacher [< /low/ 1].

lowtanda TN [= /labtanda/].

lowto ○ [n] sailor, crew member (of ship, etc.) ❁ matelot, équipier (de bateau, etc.) [possibly < Fr. matelot].

lubeylubey ○ [n] herb sp. ❁ herbe sp. [uncommon term, recorded at Bourem Inali near T].

luuf-o ○ [adj] stunted, puny ❁ chétif [< /luufu/].

luufu [ADJ /luuf-o/] ○ [intr] be stunted, be puny ❁ ê. chétif • be innocuous, innocuous-looking ❁ ê. inoffensif.

luuluu ○ [tr] immerse (in liquid) ❁ faire plonger, immerger [cf. perhaps KS /luulu/ 'bottle ∞ bouteille'].

lumbalumba TN ○ [n] liana sp. with suckable orange-red fruits ❁ liane sp. dont on suce les fruits rouges [ID *Momordica* sp.].

lumbeelu, lambalu T ○ [n] wild pigeon sp. ❁ pigeon sauvage sp. [ID probably the 'black-billed wood dove' ∞ 'petite tourterelle à bec noir', *Turtur abyssinicus*] [cf. /ganji-tuujum/, /gubaguba/].

lutu ○ a) [intr] be deaf ❁ ê. sourd ○ b) [n] deaf person ❁ (un) sourd ○ c) [tr] stuff up, block ❁ boucher ○ d) [n] stopper, cork ❁ bouchon.

luwanse ○ [n, used adverbially] on rental ❁ en location [< Fr. louage].

m

ma 1 ○ [Subjunctive, before verb] • EX : /a ma kaa/ (that) he come ∞ (qu')il vienne.

ma- 2 [2Sg allomorph, in the following combinations only] ○ a) 2Sg (perfective) Neg /ma na/ ○ b) 2SgDat /mana ~ mane/ [cf. 1SgDat /yene/] ○ c) 2Sg Subjunctive /ma/.

maa 1 ○ [n] name, designation ; reputation, fame ❁ nom ; renommée • baptism, christening ❁ baptême [with possessive] [cf. /ije-maa/] • EX : /i dam a maa/ they did his name (= christened him) ∞ ils l'ont baptisé.

maa 2 TGN ○ [interrog pronoun] what ? ❁ quoi ? • COMP : see perhaps /maa-ganda/.

maa 3 ○ [clause-initial particle] /maa..., maa.../ = /maa..., wala.../ either..., or... ❁ ou..., ou... [< Ar. /'immaa/].

-maa 4 ○ ⇨ /čee-maa/.

maa 5 TG ○ [clause-initial particle] [= /ammaa/].

maabe ○ [n] griot ❁ griot [caste of bards who sing praises of nobles for money] [< Ful. /maabo/] [cf. /bambaado/, /hosso/].

maabe-čirow N ['griot-bird' ∞ 'griot-oiseau'] ○ [n] Senegal indigo finch ❁ combassou [ID *Vidua chalybeata*].

madam-madam ○ [n] hairdo style ❁ coiffure de femme [includes flattened hair over forehead, heavily jeweled] [< Fr. madame].

madarasa ○ [n] koranic pre-school ❁ école coranique [< Ar. √drs].

maademba ○ [n] hairdo style with a wig ❁ coiffure de femme avec une perruque [cf. /tur/].

maafe ○ a) [n] sauce, cooked condiments (sauce with or without meat, served on rice or millet) ❁ sauce, condiments T ○ b) [n] daily groceries to be made into sauce ❁ condiments (quotidiens) [especially spices, but may include meat or fish] N [SYN /deydey/ T].

maafe-hay N ○ [n] cost of daily groceries ❁ prix des condiments [SYN /deydey-hay/ T].

maafe-jje ❍ [n] cumin (spice) ❁ cumin (épice) [ID *Cuminum cyminum*] • COMP : ⇨ /waŋgara-maafe-jje/.

maa-ganda ❍ [n] cause, grounds ❁ cause [with /ganda/ 'ground' ∞ 'sol', initial possibly /maa/ 2].

maa-gar ['name-find' ∞ 'nom-trouver'] ❍ [n] nickname ❁ sobriquet.

magasæn N [= /maŋgazæ̃/].

maka ❍ [n] thigh ❁ cuisse.

makka ❍ [n] Mecca ❁ la Mecque [used loosely as COMP initial to denote exotic tree spp. planted locally].

makka-baani ['Mecca-acacia' ∞ 'Mecque-acacia'] ❍ [n] exotic acacia-like tree ❁ prosopis (arbre exotique) [ID primarily *Prosopis juliflora*, but potentially any introduced tree resembling /baani/ ; perhaps originally denoted acacia pods brought by returnees from Mecca].

maa-koy ['name-owner' ∞ 'nom-propriétaire'] ❍ [n] famous person ❁ personne renommée [SYN /jaari-koy/].

maale ❍ [n] owner, master, boss ❁ patron [probably < Ar. /muʕallim/, root √ʕlm].

maale-baññа ❍ [n] apprentice ❁ apprenti [in a trade, not on a transport vehicle] [cf. /jente/].

malfa ❍ [n] rifle ❁ fusil [< Ar. √dfʕ, cf. Bam /marifa/] [SYN /lasaasu/].

malfa-jje ❍ [n] bullet ❁ balle (de fusil) [cf. /kartuuši/].

maali ❍ [n] Mali ❁ Mali.

maali-bundu-bundu ❍ [n] decorative textile using the colors of the flag of Mali ❁ textile aux couleurs du drapeau malien.

maamala [< Ar. √ʕml] ❍ a) [n] business ❁ commerce ❍ b) [intr] do business, engage in commerce ❁ faire du commerce.

maamala-koy T ❍ [n] merchant ❁ commerçant.

maamala-maamala-koy G [= /maamala-koy/ T].

man ❍ [interrog adv] where ? ❁ où ? [often clause-initial with Focus /na/] • EX : /man na X/ where is X ? ❁ où est X ? ; /man na ni guna ga/ where did you see him ? ∞ où l'as-tu vu ?

maan TG, maanu N ○ [intr] be or come near, approach [ADJ /maan-o/, ABSTR /maan-ey/, FACT /maan-ndi/].

mana 1 ○ [n] rubber band ; cellophane, plastic (bag) ✿ élastique ; caoutchouc, plastique [also in Bam. & Ful.].

mana 2, mane ○ [2SgDat, irregular postverbal form] for you ✿ pour toi [parallel to 1SgDat /yene/ ; ⇨ /ma/ 2].

ma na 3 ○ [2Sg subject plus Neg] [⇨ /ma/ 2, /na/ 1].

maana [= /almaana/].

maŋa N ○ [n] speckled pigeon ✿ pigeon des rôniers [ID *Columba guinea*] [SYN /ganji-tuujum/ T].

maana-ndi [= /maan-ndi/].

mana-taam ○ [n] rubber sandals ✿ sandales [< /mana/ 1].

'maan-di' [= /maan-ndi/].

mane [= /mana/ 2].

maan-ey ○ [n] nearness, proximity ; vicinity ✿ proximité ; alentours [ABSTR < /maan/] [SYN /meeme/].

maŋga ○ [n] ridge of braided hair along scalp in a hairdo ✿ rangée de cheveux dans une coiffure de femme.

maŋgazǣ T, magasæn N [Def /maŋgazæn di/] ○ [n] warehouse, depot ✿ magasin [< Fr.].

maŋgoro TN, moŋgoro TG ○ [n] mango ✿ mangue [< Bam.].

mani ○ [tr] smell ✿ sentir (odeur).

maani ○ [n] fat (in meat) ✿ graisse.

manna ○ [n] last year ✿ l'année passée [contrast /man na.../ 'where... ?' ∞ 'où... ?' with Focus morpheme].

manna-foo ['...-one' ∞ '...-un'] ○ [n] year before last ; a couple of years ago ✿ l'avant-dernière année ; il y a deux ou trois ans [parallel to /bii-foo/].

maan-ndi TG, maana-ndi T, maanu-ndi N ○ [tr] bring near, cause to approach ✿ faire approcher • EX : /maan-ndi kata ga!/ G bring it close ! ∞ approche-le !

maan-o ○ [adj] close by, near ✿ proche, pas loin [< /maan/].

mantige N [= /maatige/].

maanu N [= /maan/].

maaña G, maaño GN ○ [n] corn (vegetable) ❋ maïs [ID *Zea mais*] [SYN /masar-haama/].

maar T, maaru GN ○ [n] leopard or cheetah ❋ 'panthère' (léopard ou guépard).

maraa [< *marga, perhaps < Ar. /malqaa/, root √lqy] ○ a) [tr] gather, assemble, put together, combine ❋ réunir, mettre ensemble, mélanger [PARTPL /maraa-nte/] ○ b) [intr] come together, assemble ❋ se réunir • embrace ❋ s'embrasser [e.g., euphemism for 'have sex', cf. /loko/].

maraa-kasine ○ [n] fellow resident, acquaintance, companion ❋ cohabitant, compagnon.

maraa-kasin-ey ○ [n] friendship or kinship ❋ amitié ou parenté [ABSTR of preceding].

maraa-maraa ○ [RDP < /maraa/].

maarambana TG ○ [n] silvery catfish sp. ❋ silure argenté sp. [ID *Hemisynodontis* (= *Synodontis*) *membranaceus*] [cf. /jijiriya/].

maraa-nte ○ [partpl] united, combined ❋ uni, ensemble • EX : /maatige maraa-nte di/ the piled-up nuts ∞ les arachides entassées ensemble.

maarasu ○ a) [n] craving, addiction ❋ obsession • leprosy ❋ lèpre ○ b) [intr] have a craving ❋ ê. obsédé [cf. /huga/].

maarasu-ndi ○ [tr] (object) obsess (sb) ❋ (objet) obséder (qqn).

marey TN, morey G ○ a) [tr] wound, cause to bleed ❋ blesser ○ b) [intr] be wounded, bleeding ❋ ê. blessé ○ c) [n] wound ❋ blessure.

mareyda [= /moreyda/].

mari ○ [intr] be thin, narrow ; be powdery ❋ ê. mince, ê. étroit ; ê. en poudre [ADJ /meyra/] [cf. /daawo/, /soo/ 3].

maari ○ [n] soumbala (spice in the form of small, hard, black cakes) ❋ soumbala (épice noire) [made in south from seeds of the 'locust-been' ∞ 'néré' tree *Parkia biglobosa*, but few Songhays connect soumbala with /dooso/ flour].

mariyaasi ○ [n] a card game ❋ un jeu de cartes.

marje [= /merje/].

marra ○ [tr] lie in wait for, ambush ❋ guetter • LOCUT : /marra ka haŋga ga/ stalk him ∞ le filer (= suivre).

'marsa' ○ [used in sense 'now' ∞ 'maintenant' in texts from villages near Diré, see Zouber] [cf. HS /marsanda/].

maršin, maršiin, massiin ○ [n] handmill (for grinding grain) ; machine ✵ moulin à bras ; appareil [< Fr. machine] • COMP : ⇨ /fufu-massiin/.

maaru N [= /maar/].

masaku ○ [n] sweet potato ✵ patate (douce) [ID *Ipomoea batatas*] [< Bam. /masa-ku/ 'king-tail' ∞ 'roi-queue'].

masar, mašar ○ [n] smallpox ✵ variole.

masar-haama T, masar-saba G ○ [n] corn (maize) ✵ maïs [ID *Zea mays*] [SYN /maaña/] [final elements mean 'sorghum' ∞ 'sorgho', cf. KS /hommo/].

masar-saba G [= /masar-haama/].

maa se ○ [Dat of /maa/ 'what ?' ∞ 'quoi ?'] why ? ✵ pourquoi ?

mašiiba ○ [intr] suffer an injury or accident, get hurt ✵ subir un accident [< Ar. √ṣwb].

masimasi ○ [intr] be damp, moist ✵ ê. humide (légèrement mouillé) • LOCUT : ⇨ /bine/ 1.

massiin, massin [= /maršiin/].

maasu 1 ○ a) [n] middle, center, halfway point ✵ centre [cf. /kuna/] • LOCUT : /huu di maasu/ interior of house ∞ intérieur de la maison • COMP : ⇨ /čiji-maasu/ ○ b) [postp] amid ✵ parmi.

maasu 2 ○ [n] scissors ✵ ciseaux [< Ar. √qṣṣ].

-mašya [⇨ /čirow-mašya/].

maata ○ [tr] become aware of (feel, sense, notice, hear) ✵ se rendre compte de (sentir, remarquer) [< Ful. √maat-].

matala ○ [n] (modern) mattress ✵ matelas (moderne) [< Fr.].

maatige TG, maatije T, mantije T, mantige N (etc.) ○ [n] the common peanut (groundnut) ✵ arachides [ID *Arachis hypogaea*] [< Bam., root /tiga/) [cf. /maatije-fita/, /damsu/].

maatije [= /maatige/].

maatije-fita ○ [n] peanut greens ✵ tiges d'arachide [for fodder].

maay ○ a) [intr] choke (on food) ❁ s'étrangler (en mangeant) [cf. /hassu/] ○ b) [tr] choke, strangle ❁ étrangler.

maay-ndi ○ [intr] be strangled ❁ ê. étranglé.

mažbur ○ [n] a white shell used in some hairdo styles ❁ coquille blanche dans certaines coiffures [cf. Hass. Ar. /emežbūr/ 'petite pendeloque sur le front, perles enfilées qui pendent sur le front', Taine-Ch. vol. 3, p. 291].

mb... [= /b .../].

mee 1 ○ [n] mouth ❁ bouche • entrance, opening, passageway ❁ entrée, passage • edge ❁ bord • COMP : ⇨ below, also /huu-mee/.

mee 2 ○ [utterance-final particle] [adds emphasis or warning to an order].

mee 3 ○ [clause-initial particle] but... ❁ mais... [< Fr. mais, but cf. /mere/].

mee-bere ['mouth-change' ∞ 'bouche-changer'] ○ [n] non-Songhay from southern Mali ❁ sudiste [who speaks a different language].

mee-foto-nte ○ [partpl] mumbler, one who does not pronounce clearly ❁ qqn qui ne prononce pas de façon claire.

mee-hambir ○ [n] moustache ❁ moustaches.

mee-hiiri ○ [n] rim, brim ❁ bord (de verre, etc.) • EX : /a ton hal a mee-hiiri di/ it filled up to its brim ∞ il s'est rempli jusqu'au bord.

mee-huna ['mouth-life' ∞ 'bouche-vie'] ○ [n] nourishment, basic sustenance, daily bread ❁ nourriture quotidienne.

mel, melow G ○ [n] lightning flash ❁ éclair [cf. /albala/ 2, /ñeleku/].

melente-gusum ○ [n] firefly ❁ luciole (lampyre) [related to /mel/] [= dialectal KS /malatagusum/].

meeme ○ [n] surroundings, adjoining area ❁ alentours [SYN /maaney/].

memese ○ [intr] grieve ❁ faire le deuil, souffrir intérieurement.

menne 1 ○ [intr] (ice, etc.) melt, thaw ; (sugar) dissolve ❁ (glace, etc.) se fondre ; (sucre) se fondre.

menne 2 ○ [n] waves (of water) ❁ vagues (d'eau).

meer T, meeru GN ○ [intr] be ugly, foul, impolite ❁ ê. laid, vilain, impoli [ADJ /meer-o/, ABSTR /meer-ey/].

mer N [= /mer-ta/].

mere TGN ○ a) [clause-initial particle] but ❁ mais TN [cf. /mee/ 3] ○ b) [presentential particle] well... ❁ bon... N.

meer-ey ○ [n] ugliness ❁ laideur [ABSTR < /meer/].

meri ○ [n] town hall ❁ mairie [< Fr.].

merje TGN, marje T ○ [interrog] how much ?, how many ? ❁ combien ?

meer-o ○ [adj] ugly ❁ laid, vilain [< /meer/].

mer-ta N ○ [adv] now ❁ maintenant [related to /moreyda/ T] [rarely just /mer/].

meeru GN [= /meer/ T].

meš ○ [n] a wick (used in certain hairdos) ❁ mèche (dans une coiffure de femme) [< Fr.].

mee-taafu ○ [n] threshold ❁ seuil [/mee/ 1].

met! ○ [interj] [INTENS for /ton/ 'be full' ∞ 'ê. plein'] [variant : /pet!/].

mettu ○ [tr] pout at, purse lips at (sb, as a menace) ❁ faire la moue à (qqn, pour le menacer) [= KS /metti/] [possibly < Ful.] • EX : /ay mettu ga/ I pouted at him ∞ je lui ai fait la moue.

meetu N ○ [n] lips ❁ lèvres.

mey 1 ○ [tr] have, own ❁ avoir, posséder [cf. /mey-rey/) • LOCUT : /a si mey nda X/ it has nothing to do with X ∞ il n'a rien à faire avec X.

mey 2 ○ [interrog pronoun] who ? ❁ qui ?

mey-ndi N ○ [intr, plus locational] (sb) be a native of (place) ❁ (qqn) ê. habitant de (lieu) • EX : /o-o mey-ndi ñafuŋke/ he is from Niafunké ∞ il est Niafounkais.

'mẽysa' [= /meysa/].

meyra, meyre ○ a) [adj] thin, narrow ; powdery ; meager, insignificant ❁ mince, étroit ; en poudre ; dérisoire TN [< /mari/] • EX : ⇨ /goy-meyra/ ○ b) [intr] be thin ❁ ê. mince N.

meyra-ndi N ○ [tr] sharpen (point) ❁ aiguiser (pointe).

mey-rey ○ a) [n] wealth, possessions ❁ biens [ABSTR < /mey/] ○ b) [tr] possess, own ❁ posséder.

meysa-meysa ○ [n] small millet-eating bird sp. ❁ mange-mil (oiseau) [ID ⇨ /čirow-meysa/] [cf. /almeysa-meysa/ D].

meysa ○ [n] measles ❁ rougeole [< *mašya].

milimaala T ○ [n] skink lizard ❁ scinque (lézard) [ID includes *Mabuya* sp.] [SYN /tondi-gussu/) [= KS /seymollo/ and /mollo/).

miliya ○ [n] neem tree ❁ nîme (arbre) [an exotic, now heavily planted in towns] [ID = *Azadirachta indica*] [< *Melia*, name of a similar botanical genus].

milyõ, milyon ○ [num] million ❁ million [< Fr.].

mimi ○ a) [n] spur ❁ éperon [SYN /ñooti/] ○ b) [tr] spur (horse) ❁ éperonner (cheval).

miina ○ [n] cloud ❁ nuage [RDP below] [cf. /duule/].

miina-miina ○ [n] overcast sky, cloud cover ❁ couverture de nuages [RDP < /miina/].

miney ○ [n] aardvark ❁ oryctérope, fourmilier, 'taupe' [ID *Orycteropus afer*] [eats ants, digs extensive burrows].

miniiti ○ [n] minute (time) ❁ minute (temps) [< Fr.].

miramira ○ [n] cormorant ❁ cormoran [diving, fish-eating bird] [ID *Phalacrocorax africanus* ; possibly also the 'darter' ∞ 'oiseau-serpent', *Anhinga rufa*, if present locally ; sometimes loosely extended to 'pied kingfisher' ∞ 'martin-pêcheur pie', *Ceryle rudis*] [DjCh /minamina/].

miri N ○ [n] ant ❁ fourmi [SYN /ntende/ T].

misa [= /mise/].

mise [< Ar. √s'l with possible influence of √mθl] ○ [n] matter, issue ❁ problème, affaire • way, manner, custom ❁ manière, façon, coutume [cf. /taka/] • DERIV : ⇨ /mise-foo/, /musoo ~ misoo/.

mise-foo, musa-foo ['manner-which ?' ∞ 'façon-quelle ?', /foo/ 2] ○ a) [interrog adv] how ? ❁ comment ? [cf. /taka-foo/, /mote/] ○ b) [greeting] /mise-foo či ni ?/ T how are you ?

❁ comment vas tu ?

miiši ○ [n] uncertainty ❁ incertitude.

misimisi ○ [n] drizzle ❁ bruine.

misoo [= /musoo/].

miti ○ [intr] plunge in (to liquid), become immersed ❁ plonger, s'immerger.

miti-miti ○ [intr] blink, wink ❁ clignoter.

miti-ndi ○ [tr] immerse (in liquid) ❁ immerger.

moo 1 ○ [n] eye, pair of eyes ❁ œil, (deux) yeux • COMP : ⇨ below, also /čee-moo/.

moo 2 ○ [n] rice plant, rice (as crop in paddy) ❁ riz (plante) [parts : /doobu/, /duu/ 3, /moo-kaari/ ; cultivars : /ɓeezaa/, /šinwaa/, /kobe/, /moo-beer/, /diki-moo/ ; qualities : /gumi/ ; processing stages : /moo-kokoši/, /moo-jje/, /taasu/ ; cf. under /dur/] • COMP : ⇨ /moo-duu/, /moo-subu/, etc.

moo 3 ○ [phrase-final particle] again, further, too ❁ encore, aussi, en plus.

moo 4 N LOCUT : /moo henen/ N day broke ∞ le jour a point [SYN /suba henen/ T].

moo 5 ○ [n] word ❁ mot [< Fr.].

moo-beer ○ [n] a cultivar of rice ❁ une variété de riz [has large grains] [cf. /moo/ 2].

mobil T, moobil T, mobel N ○ [n] motor vehicle (car, truck, bus) ❁ voiture, camion [< Fr. automobile].

mobil-koy ○ [n] vehicle owner (or driver) ❁ propriétaire (ou chauffeur) d'un véhicule.

mobileeti ○ [n] scooter, motorcycle ❁ mobilette [< Fr.].

moo-boyro ['eye-pretty' ∞ 'œil-joli'] [ANT : /moo-futu/ ○ LOCUT : /goo moo-boyro/ be looking right ∞ ê. mis correctement, juste (à la vue) [e.g. right side up instead of upside-down] [ANT /moo-futu/].

moo-čirow N ['rice-bird' ∞ 'riz-oiseau'] ○ [n] village weaver (bird) ❁ gendarme des villages (oiseau) [ID *Ploceus cucullatus*].

moo-digi ⭘ [n] (eye-)glasses ❁ lunettes [SYN /nineeti/.

moo-duu ⭘ [n] rice chaff (outer hull of unshelled rice grains) ❁ balles du riz 'paddy' non décortiqué, enveloppe du riz [SYN /dur/] [cf. /tootoo/ 2, /doobu/).

moo-dumbu ⭘ [n] rice harvest, cutting down rice ❁ récolte du riz.

moo-feer-nte ⭘ [partpl] open-eyed ❁ aux yeux ouverts.

moo-foo ⭘ [n or adj] one-eyed ❁ borgne.

moo-futu ['eye-bad' ∞ 'œil-mauvais'] ⭘ LOCUT : /goo moo-futu/ look wrong, upside-down, put on backwards ∞ ê. mauvais (à la vue), mis à l'envers [ANT : /moo-boyro/] • EX : /ni derbe di goo moo-futu/ your shirt is on backwards ∞ ta chemise est mise à l'envers.

moo-hari ['eye-water' ∞ 'œil-eau'] ⭘ [n] tears ❁ larmes.

moojine ⭘ [n] genitals, private parts ❁ parties génitales [may contain /jine/].

moo-jje [//moo-ije//] ⭘ [n] shelled rice ❁ riz décortiqué.

moo-kaari ⭘ [n] rice stalk with grains ❁ tige de riz.

moo-koog-o ['eye-dry-ADJ' ∞ 'œil-sec-ADJ'] ⭘ [n] impolite person ❁ personne impolie.

moo-kokoši T, moo-koosi GN ⭘ [n] unshelled rice grains ❁ 'paddy' (riz non décortiqué).

moo-konn-ey 1 ['eye-heat' ∞ 'œil-chaleur', /moo/ 1] ⭘ [n] bad temper ❁ mauvaise humeur.

moo-konn-ey 2 ['rice-heat' ∞ 'riz-chaleur', /moo/ 2] ⭘ [n] rice of poor quality ❁ riz de mauvaise qualité [ANT /moo-yeen-ey/].

moo-koosi GN [= /moo-kokoši/ T].

moo-laaw-o ⭘ [adj] cross-eyed ❁ louche, qui louche.

moli G ⭘ [n] type of melon ❁ sorte de melon [probably a variant of /molli/].

mooli ⭘ [ReflV] sneak, tiptoe, walk softly ❁ marcher furtivement, marcher sur les pointes des pieds [RDP /mooli-mooli/] • EX : /boro foo di mooli ŋgu [ka yee-kate]/ one person came sneaking back ∞ une personne est revenue furtivement.

molli ⭘ [n] small, slightly bitter watermelon that is boiled and eaten as a vegetable ❁ petite pastèque cuite et mangée [ID a variety of *Citrullus lanatus*] [cf. /kaŋkani/].

mollimolli N ○ [n] firefinch ❁ sénégali rouge (oiseau) [ID *Lagonosticta senegalensis*] [SYN /takiriya / T, /almaleykaana / G].

moloo ○ [n] short-haired breed of sheep ❁ race de moutons à laine rase [= KS /molgo/] [cf. /kundum/].

mololo N ○ [n] house lizard ❁ margouillat [ID *Agama agama*] [SYN /mbaaga / T].

moloŋku ○ [tr] shave (head) ❁ raser (tête) [cf. KS /mulle/].

mom TGN, mow̃ GN [= KS /maa/] ○ a) [tr] hear ❁ entendre (voix, bruit) • understand (language) ❁ comprendre (langue) • smell (odor) ❁ sentir (odeur) ○ b) [intr] be heard, felt ❁ ê. senti.

moon T ○ a) [tr] erase, shave off ❁ effacer, raser ○ b) [intr] be erased, be removed ❁ ê. effacé [ADJ /-moon-o/].

mooney D ○ [n] small water lily sp. ❁ petit nénuphar sp. [root tuber cooked and eaten ; leaves smoother than those of /dundu/] [⇨ /dundu-mooney/].

moŋgo [ABSTR /moŋg-oy/] ○ a) [intr or SerV] fail, be incapable ❁ échouer, manquer ○ b) [tr] fail (at), be unsuccessful at ❁ échouer à, ê. incapable contre [cf. /jen/] • EX : /ay moŋgo ga/ I failed at it ∞ j'y ai échoué • be unable to handle, be defeated by (rival, problem) ∞ échouer contre, ê. vaincu par (rival, problème) ; /a moŋgo‿ey/ he failed against me ∞ il a échoué contre moi.

moŋgo-ndi ○ [tr] cause to fail, render incapable ❁ faire échouer, rendre incapable.

moŋgoro [= /maŋgoro/].

moŋg-oy ○ [n] inability, incapacity ❁ incapacité [ABSTR < /moŋgo/].

-moon-o ○ [ADJ < /moon/] [⇨ /bomo-moon-o/].

moo-ñaajin ['eye-huge' ∞ 'œil-énorme'] ○ [n] big-eye ! ❁ grand œil ! [teasing expression used by children].

moor 1 T, mooru GN ○ [intr] be or go far, go deep, be distant ❁ s'éloigner [ADJ /moor-o/, ABSTR /moor-ey/].

moor 2 T, mooru GN ○ [intr] be fermented, sour-tasting, bitter ❁ ê.

fermenté, aigre [ADJ /moor-o/, ABSTR /moor-ey/].

moor 3 T ○ [tr] caress ❁ caresser.

morey G [= /marey/].

moor-ey 1 ○ [n] distance, separation ❁ distance [ABSTR < /moor/ 1].

moor-ey 2 ○ [n] fermentation, sourness, bitterness ❁ aigreur, amertume [ABSTR < /moor/ 2].

moreyda T, mareyda T, moreydo N, moreyta N ○ [particle] now ❁ maintenant [cf. /saa di hinne/ under /saa/] [related form : /mer-ta/ N, cf. also 'marsa'] • LOCUT : /moreyda čiino/ right now ∞ en ce moment, maintenant [in G also /moreyda čiino futoo/] ; /hal moreyda/ until now, even now, still ∞ même maintenant, toujours, encore • EX : /a goo nee hal moreyda/ he is still here ∞ il est toujours là.

moor-ndi (1) ○ [tr] cause to be far away ❁ éloigner.

moor-ndi (2) ○ [tr] ferment, make sour ; make bitter ❁ fermenter, aigrir.

moor-o 1 ○ [adj] distant ; past ❁ loin ; passé [< /moor/ 1].

moor-o 2 ○ [adj] sour-tasting ; curdled ❁ aigre ; (lait) caillé [< /moor/ 2].

moroo [= Za /mòrgò/, Ka /mòrgèy/] ○ a) [n] excrement pellets (of sheep, goat, deer) ❁ excréments (de mouton, chèvre, biche) [cf. /dunde/] ○ b) [n] cow patty ❁ bouse de vache [also, and more explicitly, /haw-moroo/].

morro [KS /motti/ < *morti, DjCh /mɔrɔɔ/] ○ a) [tr] smash (glass, etc.) ❁ briser (verre) ○ b) [intr] be smashed ❁ se briser.

mooru N [= /moor/].

mooso ○ [adv or adj] slowly, softly, gently ❁ lentement, doucement [often reduplicated].

mooso-mooso ○ [RDP < /mooso/].

moo-subu ○ [n] rice plant ❁ riz (plante).

mote 1 [interrog adv] how ? ❁ comment ? [uncommon, limited to certain greetings] [SYN /mise-foo/, /taka-foo/) • EX : /war čiji kani mote ?/ how was your night-sleep ? ∞ comment fut votre sommeil de nuit ?

mote 2 ○ [n] pus (in a wound) ❁ pus.

moteer ○ [n] motor, engine ❁ moteur [< Fr.].

mootoo ○ [n] motorcycle ❁ moto [< Fr.].

moo-tondi ['eye-stone/egg' ∞ 'œil-pierre/œuf'] ○ [n] eyeball ❁ globe oculaire.

motti ○ [tr] squeeze (sth pliable) ❁ presser (chose pliante) • squash, squish (e.g. tomato) ❁ écraser (tomate, etc.).

mõw, mow̃ [= /mom/].

moy TN ○ [n] namesake ❁ homonyme.

moo-yeen-ey 1 ['eye-coldness' ∞ 'œil-froideur'] ○ [n] self-control, coolness, pleasant disposition ❁ sang-froid, patience • EX : /a moo-yeeney di ŋga kate i si hambur ga/ his coolness is what makes them not fear him ∞ à cause de son sang-froid ils ne le craignent pas.

moo-yeen-ey 2 ['rice-coldness' ∞ 'riz-froideur'] ○ [n] high-quality rice ❁ riz de haute qualité [ANT /moo-konn-ey/].

mude ○ [n] small dry measure for grain ❁ nabi (petite mesure des céréales) [< Ar. /mudd/] [cf. /saawal/].

mulaamulaa ○ [n] water lily plant ❁ plante du nénuphar [all spp.] • small water lily sp. ❁ petit nénuphar sp. [cf. KS /bula-bula/]

mulfu ○ [n] bedsheet ❁ drap [perhaps < Ar. /milaff/, √lff].

mulfu-daari ○ [n] bedsheet ❁ drap.

mululu ○ a) [intr] (porridge) be diluted (too watery) ❁ (bouillie) ê. diluée ○ b) [intr] (fish) be slippery, hard to catch ❁ (poisson) ê. glissant, difficile à attraper.

mumusu ○ [intr] smile ❁ sourire.

mun ○ a) [tr] spill, dump, pour ❁ verser [cf. /door/ 1, /hari-muney/] ○ b) [intr] (water) overflow, flood, be spilt ❁ déborder, inonder • (boat) sink ❁ (bateau) couler • (dam) cave in, yield ❁ (digue) s'effondrer.

munde ○ [n] tears ❁ larmes.

muñe TN ○ a) [tr] tolerate, put up with ❁ supporter, tolérer T [SYN /batu/ 1, /henjem/, /kaari/] [< Ful √muñ-] ○ b) [tr] wait for ❁ attendre N.

murkuti T ✪ [tr] pinch ❁ pincer [cf. /doo/ 3 T, /kumti/ G, /ñamti/ N].

murran ✪ [adv] exactly ❁ précisément [cf. /tamaati-murran/] • EX : /čiimi murran/ the plain truth ∞ la pure vérité.

'murti' ✪ [Zouber text p. 31, glossed 'abandonner' with human object] [cf. KS /multe ~ mutte/ 'rebel, break away' ∞ 'se révolter, se détacher' < Ful.].

muurumuuru N ✪ [n] civet (animal) ❁ civette [smelly animal that attacks chickens] [ID *Viverra civetta*] [SYN /akajaja/ T] [possibly related to Ful. /muuɗ-/ 'devour'].

muš! ✪ [interj] come ! (said to cat) ❁ viens ! (dit au chat) [cf. /sap!/].

musa-foo [= /mise-foo/].

musamusa ✪ [n] a type of dried watermelon seed ❁ sorte de pépin [small, light-colored variety often used in cooking, cf. /fombu/ and /kaney/] • watermelon grown for these seeds ❁ pastèque cultivée pour ces pépins [ID a cultivar of watermelon, *Citrullus lanatus*, cf. /kaŋkani/).

mušee ✪ [n] teacher ❁ enseignant (de premier cycle) [respectful title or address form] [< Fr. monsieur].

musey ✪ [tr] rub, massage ❁ frotter, masser • tan (hides) ❁ tanner.

musey-nte ✪ [partpl] tanned (hide) ❁ (peau) tannée.

musi ~ muši ✪ [n] cat ❁ chat [< Hass. Ar. /mŭšš/, but semi-onomatopoeic ; cf. /muš!/].

-muskur ✪ [⇨ /gorboy-muskur/].

muso [= /mise/, back-formed from /musoo/].

musoo TN, misoo T ✪ [n, used adverbially] like this, this way ❁ comme ça [< */mise woo/] • LOCUT : /musoo činne/ like this ∞ comme ça.

musoor ✪ [n] woman's head shawl, kerchief ❁ foulard de tête (d'une femme) [< Fr. mouchoire].

mussu T, mursu N ✪ [intr] be lost, be wasted ❁ ê. perdu • (sb) become down and out ❁ (qqn) ê. sur le pavé, misérable [cf. /derey/].

mussu-nte ✪ [partpl] outcast ❁ personne perdue.

mutukal ○ [n] miskal, weight measure (for precious metals) ❁ mitkal, mesure de poids (pour les métaux précieux) [traditionally around 5 grams] [< Ar. √θql].

n, ŋ

na 1 ○ [Negative preverbal particle, in unmarked perfective aspect].

na 2 ○ [Focus marker after non-subject fronted NP or adv].

na 3 [= /nda/ 1] [all uses].

-na (4), -ne ○ [unproductive Dat element, only in 2Sg /mana/, 1Sg /yene/].

ŋaa ○ a) [tr, intr] eat ❁ manger [SYN /ñaama/ N] • 'eat' (win) in a game ❁ 'manger' (gagner) dans un jeu ○ b) spend (money), use (currency) ❁ dépenser (argent), utiliser (devises) ○ c) [n] food, eating ❁ nourriture • meal ❁ repas.

nafa [< Ar. √nfʕ, also in Ful. & Bam.] ○ a) [tr] benefit, be beneficial to ❁ faire du bien à ○ b) [n] benefit, advantage ❁ bien, profit • LOCUT : /too nafa/ (sb) become well-off ∞ (qqn) devenir aisé.

naafira ○ [n] extra (supererogatory) prayer ❁ prière supplémentaire (surerogatoire) [< Ar. √nfl).

naagu N [= /naku/].

naaji ○ [n] scorpion's tail ❁ queue du scorpion.

naku T, **naagu** N ○ [tr] lean on, push on, push or drive in ❁ appuyer sur, enfoncer.

nam 1 TGN, **ñam** N ○ [tr] bite (with teeth) ; (insect) sting, bite ❁ mordre ; piquer [cf. /joko/, /tum/, /bir/).

nam 2 N [= /nan/].

naam! ○ [interj] yes ? ❁ oui ? [answering a summons] [< Ar. /naʕam/] • LOCUT : /yee din mana 'naam! '/ I'll be your accompanist (in story-telling, giving backchannel 'yes ?') ∞ je vais t'aider (dans ton récit, en disant 'oui ?').

namaŋuy ○ [n] bullfrog with deep voice ❁ grenouille à voix grave.

namey ○ [n] python ❁ 'boa' (python) [ID includes *Python regius*].

nam-nam G ⭘ [n] gnat ❁ moucheron, petit insecte volant qui pique [< /nam/].

namsu ⭘ [intr] be proud or ambitious ❁ ê. fier ou orgueilleux • LOCUT : /a bine dio namsu/ his heart is proud ∞ son cœur est orgueilleux.

namti ⭘ [n] a ball-shaped pastry made with ground millet, ground peanuts, and sugar ❁ une pâtisserie douce en forme de boule [formerly made with sesame] [distinct from /jiminta/] [cf. perhaps Hausa /nome/].

nan T, nam N, now̃ G, naw̃ G ⭘ a) [verb with subjunctive complement] let, allow ❁ laisser, permettre • EX : /ay nan i ma koy/ I let them go ∞ je les ai laissés aller ⭘ b) [tr] leave, abandon ❁ abandonner.

naanaa ⭘ [n] mint ❁ menthe [< Ar. √nʕnʕ] [similar spice : /laakaaka/].

ŋaa-ndi ⭘ a) [tr] feed ❁ nourrir • invite (someone, to a meal) ❁ inviter ⭘ b) [n] dinner with invited guests ❁ 'invitation', soirée • bait ❁ appât.

naaney ⭘ a) [tr] trust, have trust in ❁ avoir confiance en ⭘ b) [n] trust ❁ confiance.

naŋgu [= /noŋgu/].

nanji ⭘ [n] red sauce ❁ sauce rouge [made with tomato and okra leaves, served with /gusum/] [< Bam. /na-ji/].

naŋ kaa... TGN [shortened < */naŋgu kaa.../] ⭘ LOCUT : (the place) where..., where(-ever)... ❁ là où... • whenever... ❁ à chaque fois que...

ŋaare, ŋaarey ⭘ a) [intr] beg, be a beggar ❁ mendier ⭘ b) [tr] pray to (God), beg from, importune (sb), live at the expense of (sb), sponge off ❁ prier à (Dieu), quémander à, vivre aux crochets de.

ŋaare-kom ⭘ [n] beggar ❁ mendiant.

narey ⭘ [intr] (metal, stars) shine, gleam, be shiny ❁ briller.

ŋaarey [= /ŋaare/ ; cf. /ɓañña-ŋaarey/].

narfasu ⭘ [intr] (child, animal) be pampered, given special treatment, spoiled ❁ (enfant, animal) ê. très bien traité, dorloté, gâté.

naas-o ⭘ [adj] plump, well-fed ❁ gras [chiefly of livestock] [< /naasu/] [cf. /kuŋgu/].

naasu ⭘ [intr] (livestock) be plump, well-fed, fattened ❁ (bête) ê. bien grasse [ADJ /naas-o/) [cf. /woroo/, /maani/].

nč... [⇨ /č.../].

nd... [⇨ /d.../].

nee ⭘ [adv] here ❁ ici [cf. /doodi/, /hentu/] • phrases : /nee here/ around here ❁ vers ici ; /nee daa/ right here ❁ ici même.

neere ⭘ a) [tr] sell (sth) ❁ vendre (qqch.) [cf. /dey/] ⭘ b) [intr] engage in commerce ❁ faire du commerce ⭘ c) [intr] (object) be sold, be for sale ❁ ê. vendu, ê. en vente • EX : /woo go neere wala ?/ is that for sale ? ∞ est-ce que c'est à vendre ?

nesi ⭘ [n] magic potion ❁ breuvage (magique) [< Bam. /nasi/].

neesi ⭘ [tr] weigh ❁ peser • measure ❁ mesurer • sell (grain, after weighing) ❁ vendre (céréales, après les avoir pesées).

ŋg... [⇨ /g.../].

ni 1, n ⭘ a) [2Sg pronoun] you ❁ tu, toi [for irregular combinations : ⇨ /ma-/ 2] ⭘ b) [2Sg possessor before noun] your ❁ ton, ta, tes.

ni 2 [= /nin/ 2 'only' ∞ 'seulement'].

nims-ey ⭘ (n) regret ❁ regret [< /nimsi/].

nimsi ⭘ [intr plus optional locational] feel regret, be regretful ❁ regretter [cf. Bam. /nimisa/, Ful. √nims-].

nin 1 ⭘ [intr] be ripe (ready to eat) ❁ ê. mûr • (rice) be (fully) cooked, (meat) be done ❁ (riz) ê. cuit, (viande) ê. à point • (fruit) ripen, be ripe ❁ (fruit) ê. mûr, mûrir [cf. /too/].

nin 2 T, nĩ GN[rarely T] ⭘ [phrase-final particle] only, merely ❁ seulement [SYN /tan/ N, dialectally /hinne/].

niina-gaari DN ['nose-saddle' ∞ 'nez-selle', cf. /niine/] ⭘ [n] knob-billed goose ❁ canard casqué [ID male *Sarkidiornis melanota*, only the male has a 'knob'] [SYN /niina-juŋgaa/].

niina-juŋgaa G ['nose-hump' ∞ 'nez-bosse'] ⭘ [n] [= /niina-gaari/].

'nin-di' [= /niŋ-ndi/].

niine TGN ⭘ [n] nose ❁ nez • tip, point ❁ pointe, bout • pointed tip (of millet grain) ❁ pointe (d'un grain de mil).

niine-bataku-nte ⭘ [n] flat nose ❁ nez plat.

niine-sumbey ⭘ [n] long nose ❁ nez allongé.

nineeti ⭘ [n] (eye-)glasses ❁ lunettes [< Fr.] [SYN /moo-diki/].

niŋ-ndi ⭘ [tr] cook (fully) ❁ cuire (à point) [FACT < /nin/].

niisel TG, niisal N ⭘ [n] nasal mucus, snot ❁ morve.

niya [< /anniya/] ⭘ [SerV] intend (to) ❁ avoir l'intention (de) • attempt (to) ❁ essayer (de) • tend (to do) ❁ avoir tendance à • (e.g. trouble) impend, loom ❁ (malheur, etc.) ê. imminent, menacer • EX : /hasar-ow o niya ka kaa/ trouble threatens to come ∞ le malheur risque de venir.

ŋi-yo (etc.) [= /ŋgi-yo/ 1 or 2].

nj... [⇨ /j.../].

ŋk... [⇨ /k.../].

nn... [⇨ /n.../].

noo ⭘ a) [tr plus Dat, or double tr] give ❁ donner • EX : /ay noo ni njerfu di/ I gave you the money ∞ je t'ai donné l'argent ; /ay noo njerfu di woy se/ I gave the money to a woman ∞ j'ai donné l'argent à une femme ⭘ b) [n] gift ❁ don [SYN /noo-ndi/].

nooh-ag-ačča, noox-ag-ačča ⭘ [n] a hairdo style ❁ une coiffure de femme [many thin ridges and line of small tufts going front to back, thicker braids falling over nape, worn with several beaded headbands] [< name of a Tuareg notable].

noo-ndi ⭘ a) [intr] be given ❁ ê. donné ⭘ b) [n] gift ❁ don [SYN /noo/] ⭘ c) [tr] accuse ❁ dénoncer, accuser.

noŋgu TGN, naŋgu TN ⭘ [n] place ❁ lieu, endroit • reduced Relative : /naŋ kaa.../ wherever... ❁ là où...

nooni ⭘ [n] worm ❁ ver (de terre).

nono TGN ⭘ [identificational copula after a single NP, with understood but unexpressed 'subject' referent] it is X ❁ c'est X [cf. /či/] • EX : /hari nono/ it is water ∞ c'est de l'eau.

noor T, nooru GN ⭘ [n] cowry-shell (formerly used as money) ❁ cauris [cf. /nooru-gun/].

nori TGN, nnori T ○ [n] stinging black ant sp. ❁ fourmi noire qui pique [for winged form during rainy season, ⇨ /nori-fata-koy/) [cf. /ŋkondo/, /ntende/].

nori-fata-koy ○ [n] winged form of ant (/nori/) ❁ forme ailée d'une fourmi (/nori/) [/fata/ 'wing' ∞ 'aile'].

nooru GN [= /noor/].

nooru-gun G ○ [n] a large cowry ❁ grand cauris.

nooru-ije N ○ [n] cowry-shell ❁ cauris [⇨ /noor/].

ŋow ○ [intr] be astonished ❁ ê. étonné.

now̃ [= /nan/].

ŋowŋow ○ [intr] (dog) bark ❁ aboyer [onomatopoeic] [cf. /johõ/].

noox-ag-ačča [= /nooh-ag-ačča/].

nt... [⇨ /t.../].

ŋu [= /ŋgu/, Logo/3ReflSg pronoun].

nuuba ○ [n] forced labor ❁ corvée, travail forcé [perhaps < Ar. /nawb-a/ 'guard duty, turn' ∞ 'tour', √nwb].

nuune T ○ [n] fire ❁ feu, incendie [SYN /tow/] • brand (on animal) ❁ marque (sur une bête) [SYN /jeeri/].

ŋuunuŋuunu ○ [intr] whisper ❁ chuchoter.

nuusu ○ [tr] stick in, push in ❁ enfoncer.

ŋu-yo (etc.) [= /ŋgu-yo/, Logo/3ReflPl pronoun].

ñ

ñaa ○ a) [n] mother ; mother's sister ❁ mère ; sœur de la mère ○ b) [part of insulting or threatening phrases : /ñaa-huu/, perhaps /ñaafindiya/ and /ñaajin/] ○ c) [COMP final] (entire) plant ❁ plante (entière) [cf. /ije/] • EX : ⇨ /duŋguri-ñaa/, /gorbo-ñaa/, /koo-ñaa/, /kooma-ñaa/, /sebe-ñaa/, etc. ○ d) [n] basis, main component ❁ (élément de) base.

ñaa-beer ○ [n] mother's elder sister ❁ sœur aînée de la mère.

ñaafindiya [< DIMIN of */ñaa-findi/ 'mother-buttocks' ∞ 'mère-fesses'] [all purpose vulgarity, used like /ñaajin/].

ñaa-fumb-o ○ [n] co-wife of one's mother (= bigamous father's other wife), stepmother ❁ 'marâtre' (d'un enfant), co-épouse de sa mère (= une autre épouse du père) [SYN /konde/, /ñaa-wočče/].

ñafu ○ [tr] seize, grab ❁ attraper, saisir [cf. /tifi/) [= KS /ñefu/].

ñaaga ○ [tr] (sth) be disgusting to (sb) ❁ (qqch.) dégoûter (qqn).

ñaa-hay ○ [n] biological mother ❁ mère biologique [/hay/ 2] [parallel to /ɓaba-hay/].

ñaa-hiŋka-jje [⇨ /woy-hiŋka-jje/].

ñaa-huu ○ [n] mother's house (kin) ❁ maison (parents) de la mère • LOCUT : /yee baa ni ñaa-huu/ I will smash your mother's house ∞ je casserai la maison de ta mère [conventional vague threat of retaliation].

ñaajin [< */ñaa-jin(e)/ 'mother-front', i.e. mother's genitals ; all-purpose vulgarity] [SYN /ñaafindiya/] ○ a) [tr] (e.g.) beat the crap out of ❁ casser la figure à, foutre [semantically flexible but vulgar and powerful verb] ○ b) [postnominal adjunct] gigantic, monstrous, a hell of a..., a mother of a... ❁ énorme, vachement (grand, etc.) • EX : /ɓomo ñaajin/ a gigantic head ∞ une tête énorme • COMP : ⇨ /moo-ñaajin/.

ñaa-jje ['mother-child' ∞ 'mère-enfant'] ○ [n] blood relative ❁ parent de sang [not just uterine kin] [cf. /ɓaba-jje/].

ñaa-keyna ○ [n] mother's younger sister ❁ sœur cadette de la mère.

ñaali ○ a) [n] joy, happiness ❁ joie ○ b) [intr] be happy ❁ ê. joyeux.

ñam [= /nam/].

ñama ○ [intr with optional Dat] get angry ❁ se fâcher [SYN /dukur/, /waasu/] • EX : /ay ñama a se/ I got mad at him ∞ je me suis fâché contre lui.

ñaama N ○ [tr] eat ❁ manger [SYN /ŋaa/].

ñama-ndi ○ [tr] anger, disturb, rile ❁ fâcher.

ñaame N ○ [n] garbage ; dung, manure ❁ ordures ; fumier.

ñaami ○ a) [tr] mix ❁ mélanger [= KS /ñaami ~ ñaɣami/] ○ b) [intr] be mixed ❁ se mélanger.

ñamti N ○ [tr] pinch ❁ pincer [SYN /doo/ 3 T, /kumti / G,

/murkuti / T].

ñanaa [= /yanaa/].

ñandeyboori ○ [n] crowned crane (bird) ❁ grue couronnée [ID *Balearica pavonina*] [SYN /kumaare/].

ñaŋkar ○ [tr] deny, reject (accusation) ❁ nier, rejeter (accusation).

ñarka N [= /njarka/].

ñaa-wočče ○ [n] co-wife of one's mother (= father's other wife), stepmother ❁ 'marâtre', co-épouse de la mère (d'un enfant, c.-à-d., une autre épouse du père qui n'est pas la mère de l'enfant) [SYN /konde/ and /ñaa-fumb-o/, cf. /wočče/].

ñeegen T, ñegen N ○ [n] toilet ❁ toilette [SYN /salaŋga/, and euphemisms like /huu-kore/].

ñeegu ○ [tr] hold (limbs) apart ❁ écarter (jambes, bras) • EX : /a ñeegu ŋgu čee di yo/ he separated his legs (in exercises) ∞ il a écarté les jambes.

ñeleku ○ [n] lightning bolt ❁ foudre, éclair [cf. /albala/ 2, /mel/, /ɓeene-daasi/] • EX : /ñeleku dam/ lightning struck ∞ l'éclair a frappé.

ñenaa [= /yanaa/].

ñimey N [= /humoy/ T].

ñimiñama ○ [n] swarm ❁ essaim [cf. /ñukumñukum/].

ñin ○ [tr, intr] drink (liquid) ❁ boire • smoke (tobacco) ❁ fumer (tabac).

ñin-ndi ○ a) [intr] (liquid) be drunk, be imbibed ❁ ê. bu • be smoked ❁ ê. fumé ○ b) [tr] moisten, sprinkle water on, irrigate ❁ arroser, asperger • give sth to drink to ❁ donner à boire à • check (opponent in game) ❁ faire échec à, tromper (adversaire, dans un jeu) ○ c) [n] irrigation, watering ❁ arrosage ○ d) [tr] swindle, take (a sucker) to the cleaners ❁ escroquer, rouler [slang sense derived from (b)].

ñoño ○ [tr] budge, stir, move ❁ remuer [= KS /ñeño/, etc.].

ñooti ○ a) [n] spur ❁ éperon [SYN /mimi/] ○ b) [tr] spur on (donkey) ❁ éperonner (âne) • jab (sb) with thorn or needle ❁ piquer (qqn) avec une épine ou une aiguille.

ñukumñukum ○ [intr] (e.g. ants) swarm ❁ (fourmis, etc.) essaimer [cf. /ñimiñama/].

ñumey, ñumoy, ñume [= /himey/ 'wash, bathe' ∞ 'baigner'].

ñumey-doo ['bathe-place' ∞ 'laver-lieu'] ○ [n] outhouse (toilet and bathing area) ❁ douche.

ñumey-ndi [= /himey-ndi/].

o

o 1, go ○ [Impf marker before verb] [in T, /o/ is much more common than /go/].

'o' 2 [occasional assimilation of 3Sg /a/ to the /o/ of a following syllable].

p

-pakaram [⇨ /bari-pakaram/].

pakee ○ [n] pack (of cigarettes) ❁ paquet [< Fr.].

palam ○ [n] row or bed of vegetables in garden ❁ 'planche' (lit, rangée) de légumes dans un jardin [< Fr.].

paase ○ [tr] iron (clothes) ❁ repasser (habits).

peleton ○ [n] platoon, squadron ❁ peloton [< Fr.].

pellu ○ [n] shovel ❁ pelle [< Fr. pelle].

pendel ○ [n] woman's undergarment ❁ sous-vêtement féminin [also in Ful.].

peñe TN [< Fr.] ○ a) [n] comb ❁ peigne ○ b) [tr] comb ❁ peigner.

pere G ○ [n] sandgrouse ❁ ganga (oiseau) [ID perhaps *Pterocles* sp.] [cf. /dooro/] [cf. Ful. /pereperewal/ 'bird sp.'].

petepete ○ [intr] be oversized ❁ ê. trop gros.

petepete-nte ○ [partpl] oversized, gross ❁ très grand.

pet! T, petu! N ○ [interj] [INTENS for /ton/ 'be full' ∞ 'ê. plein'] [variant : /met!/].

piik ○ [n] spades (playing-card suit) ❁ pique (aux cartes) [< Fr] [cf.

/treffal/, /karoo/, /køør/).

pike, pikee ○ [tr] poke in, stick in ❁ piquer [< Fr.].

piil ○ [n] (zinc) battery ❁ pile [< Fr.].

pinaasi ○ [n] large boat with diesel motor ❁ pinasse [used for inter-city transport during high flood] [< Fr.] [cf. /hii/ 1, /kanče/].

pinee ○ [n] (rubber) tire ❁ pneu [< Fr.].

pipo N [= /pippaawo/].

pippaawo T, pipo N ○ [n] ankle-length, fairly broad boubou (man's garment) ❁ boubou assez large, jusqu'aux chevilles [cf. /derbe/] [possibly related to Fr. popeline, a fine fabric].

piisi ○ [n] bundle (of women's garments) ❁ 'pièce' (paquet ou faisceau) de pagnes de femme [< Fr., cf. /ɓẽysa/].

pitiki ○ [n] shop ❁ boutique [< Fr.].

poliisi ○ [n] police ❁ police [< Fr.].

pom ○ [n] bridge, dam, overpass ❁ pont, barrage, autopont [< Fr.].

pomaati ○ [n] lotion ❁ pommade [< Fr.].

pombiteer [= /kombiteer/ 'potato' ∞ 'pomme de terre'].

pomdəteer [= /kombiteer/].

pompu ○ [n] pump ❁ pompe [< Fr.].

poŋge ○ a) [intr] let one's mind wander over one's memories (after food or drink) ❁ divaguer (mentalement, en rappelant le passé) ○ b) [tr] remind ❁ rappeler.

poti ○ [n] small metal cup or tankard ❁ pot à eau en métal [used esp. as a dipper for water jar] [< Fr. pot, potée ; also in Bam., etc.].

pottamaani ○ [n] change-purse ❁ porte-monnaie [< Fr.].

pow! ○ [interj] bang ! (gunshot) ❁ pan ! (coup de fusil).

poynti ○ [n] (metal) nail ❁ clou [< Fr. pointe].

pree ○ [n] a girls' game ❁ un jeu de filles [player tosses a pottery shard into one of six square areas, then tries to kick it over trenches into adjoining areas] [< Fr. prêt ?] [cf. /ɓuu/].

puuduru T, puudur N ○ [n] powder ❁ poudre [baby powder, insecticide, etc.] [< Fr.].

r

ra ○ [postp] in, at ✱ dans, à [usually interchangeable with /kuna/] [with verbs like /fatta/ 'exit' ∞ 'sortir', it is translatable 'from' ∞ 'de', but the ablative sense derives from the verb].

rasta ○ [n] Rastafarian hairdo style ✱ coiffure de femme de style jamaïcain [< Fr. Rasta].

reglã [Def /reglan di/] ○ [n] a simple boubou (man's garment) ✱ boubou simple [said to be < Bam.] [SYN /forkiya/].

reesoor ○ [n] (metal) spring ✱ ressort [< Fr.].

s, š

saa ○ [n] time ✱ moment [< Ar. /saaʕ-a/, also in Bam., Ful., & Hausa] • LOCUT : /saa di.../ then... ∞ alors... • [relative clause :] /saa (di) kaa.../ when... ∞ lorsque... ; /saa di hinne/ right away, immediately ∞ tout de suite ; [interrog :] /saa foo/ TN when ?, what time ? ∞ quand ?, à quelle heure ?

saaba T, saba GN ○ [n] sorghum ✱ sorgho, 'gros mil' [ID the common cultivar of *Sorghum bicolor*, now grown in upriver towns like N, typically shipped to southern Mali, cf. /bimbirim/, /jiibi/, /kaari-kaana/, /sotta/].

sabab, assabab, assabow [< Ar. √sbb, cf. /sabi/] ○ a) [n] reason, sake (of) ✱ cause ○ b) [tr] cause, induce ✱ obliger.

sabi ○ [clause-initial particle] because... ✱ parce que... [< Ar. √sbb, cf. Ful. /saabi ~ sabi/, Bam. /sabu/] [cf. /sabab/] [SYN /hay di kaa se.../ under /hay/ 4].

saaboy TN, šaaboy T ○ [n] leafless bush sp. ✱ buisson sp. sans feuilles [ID *Leptadenia pyrotechnica*] [used to stabilize dunes, enclose sandy yards, etc.].

saaboy-tuuri ○ [n] tamarix tree ✱ tamarix (arbre) [ID *Tamarix aphyla*] [an exotic, planted in towns, often alongside /saaboy/

bushes] [SYN /jaabira-tuuri/].

saabu [< Ar. √sbħ] ● a) [tr] praise (God) ; (griot) flatter (someone) ❁ louer (Dieu) ; (griot) flatter (qqn) [cf. /jammu/] • EX : /maabe di saabuey/ the griot flattered me ∞ le griot m'a flatté • LOCUT : /saabu yerkoy/ praise God (= be in good health) ∞ louer Dieu (= ê. en bonne santé) ● b) (God) be praised ❁ (Dieu) ê. loué • EX : /yerkoy saabu/ God be praised ! ∞ Dieu soit loué ! [common in greeting exchanges].

saddaasu TG, sordaaso N ● [n] soldier ❁ militaire [ultimately < It. /soldato/] [SYN /woŋgu-ije/].

saa di [⇨ /saa/].

safari ● [n] medication, medical treatment ❁ médicament, soin médical [< Tam.].

safari-koy ● [n] healer, native doctor ❁ docteur traditionnel.

saffahaa ● [tr] ridicule, make fun of ❁ se moquer de.

saafi ● [n] type of sieve with holes of medium size ❁ sorte de tamis à trous de grandeur moyenne.

saafoo [= /assaafoo/].

saafun ● [n] soap ❁ savon [< Fr].

saago N [= /saawo/].

šahadu ● [intr] swear one's faith in Islam ❁ prêter serment de fidélité à l'islam [< Ar. √šhd].

sahal ● [n] north ❁ nord [< Ar. √sħl] [cf. /hawsa/].

sahal-jeer ● [n] desert gazelle ❁ gazelle du désert [ID probably the 'dama gazelle' ∞ 'biche robert', *Gazella dama*].

saahĩ ● [intr] be firm, solid (said of person, furniture, etc.) ❁ ê. solide [= KS /sahã/].

saahi-ndi ● [tr] strengthen, solidify ❁ fortifier.

saahi-nte ● [partpl] firm, solid ❁ solide • important (person) ❁ (un) notable, personne imposante.

sakara T ● [tr] thin out (millet) ❁ diminuer (mil) [remove a few millet sprouts from clump for replanting elsewhere].

sakatara ● [n] grass sp. ❁ graminée sp. [grows at water's edge, at Tonka] [cf. HS /seketero/].

sakkar ○ [intr] get drunk ❁ s'enivrer [< Ar. √skr] [SYN /suu/].

sakkooši ○ [n] duffle bag ❁ sacoche, sace de marin [< Fr.].

salaamuwaleykum! [greeting] peace to you ! ❁ la paix soit avec vous ! [reply is /aleykummasalaam!/] [< Ar. /as-salaamu ʕalay-kum/].

salaŋga ○ [n] toilet, septic tank ❁ fosse septique [cf. /ñeegen/, /huu-kore/.

salaasalaa ○ [n] skip-rope ❁ saut à la corde [girls' game].

salaati ○ [n] lettuce ❁ salade [< Fr.].

saaliya ○ [n] flat-sided fish sp. ❁ poisson sp. [ID *Citharinus citharus*].

sallam ○ [tr] greet formally ❁ saluer d'une façon formelle [< Ar., denoting utterance of the phrase /as-salaamu ʕalay-kum/, ⇨ /salaamuwaleykum/, above].

samaa [= /assamaa/].

samba ○ [tr] send ❁ envoyer [letter, etc.] [cf. /donton/].

sambu TN, sombu T ○ [tr] lift ❁ lever [cf. /jeer/ 1].

šambu ○ [n] wooden comb ❁ peigne en bois • comblike device used by weaver ❁ 'peigne' d'un tisserand.

saamežen ○ [n] modern hairdo style ❁ une coiffure moderne [< Fr. ça me gêne].

san ○ [n] (slave's) master ❁ maître (d'un esclave) [possessed] • EX : /ni san di/ your master ∞ ton maître.

saŋa ○ [n] fashion, current popularity ❁ mode, vogue • EX : /sukka woo ŋga go saŋa/ this fabric is in vogue ∞ ce tissu est à la mode.

saana ○ [n] needle ❁ aiguille [taboo replacement : /taa-haya/].

sanda ○ [phrase-initial particle] like... ❁ comme... [often used as hesitation filler : 'that is to say...' ∞ 'c'est à dire...'] [can be combined with /bara/ 'be' ∞ 'être', cf. DjCh /bar-sanda/] • EX : /a bara sanda jinni/ he looks like a genie ∞ il ressemble à un djinn [cf. /hima-nda/).

'sandi' [= /sar‿ndi/].

saaney TN ○ [n] star ❁ étoile [SYN /handarey/].

sãfa TN, sõwfa T [= KS /sanfa/] ○ a) [tr] slap ❁ gifler ○ b) [tr, intr] replaster (wall), slap (mud-gravel mix) on wall with hands (to repair it after rains) ❁ crépir (mur, avec banco).

sãfiti TG, sõfiti G ○ [n] (any) woven textile ❁ textile tissé • woman's scarf ❁ écharpe de femme • blanket ❁ couverture • COMP : ⇨ /key-sãfiti/.

saŋgasaŋga ○ [n] a strong-smelling leguminous shrub sp. ❁ arbuste légumineux sp. à forte odeur [ID *Senna occidentalis*] [semi-onomatopoeic, alludes to rattling of seeds in hardened pod] [SYN /(tuuri-)ferre/].

saŋkey ○ [n] fish-net ❁ filet de pêche.

šaŋku ○ [tr] have a low opinion of, despise, look down on ❁ sous-estimer, mépriser, 'minimiser' (qqn) [SYN /dookorey/, /keyna-ndi/] • blame (sb) for old transgression ❁ accuser (qqn) d'un ancien délit.

šaŋkute ○ [n] sexless person, hermaphrodite ❁ (un) hermaphrodite, personne sans sexe.

sanmaafi ○ [n] purslane (prostrate herb with red stems) ❁ pourpier (herbe) [ID *Portulaca oleracea*] [= DjCh /sammaafɛ/].

sanni GN ○ [clause-final adverb] very much, extremely ❁ beaucoup [< Ful. /sanne/, cf. HS /sanne/].

santaaru ○ [n] young holy man ❁ jeune marabout [has completed religious studies] [also in Ful.].

saanuuji ○ [n] nigella (medicinal herb) ❁ nielle (herbe médicinale) [ID *Nigella sativa*] [< Ar., recorded for Algerian Ar. by Beaussier].

sap! ○ [interj] shoo ! (said to cat) ❁ pschtt ! (dit au chat) [cf. /muš!/].

sar ○ [intr] jump, hop, dance ❁ sauter, danser.

saar ○ [tr] spread out, lay out ❁ étaler.

saraa ○ [n] alms, donation ; (religious) sacrifice ❁ aumône ; sacrifice [< Ar. √ṣdq, cf. Bam. /saraka/, KS /sarga/].

saara 1 ○ [n] heap ❁ tas.

'saara' 2, 'šaara' [= // si͜ia ra//] ○ is not in it ❁ n'est pas là-dedans.

sarbarigata [may contain /sar/] ○ a) [n] small yellow and black lizard sp. ❁ petit lézard sp. jaune et noir ○ b) [n] snake sp. ❁ serpent sp. [very short, said to 'jump'].

sarboy ○ [n] stem of doum palm frond ❁ tige d'une feuille de doum [cf. /koŋgom/, /konji/].

sardiin ○ [n] (canned) sardines ❁ sardines (en boîtes) [< Fr.].

saarey ○ [n] cemetery ❁ cimetière [perhaps < Ar. √šʕr].

sar‿ndi ○ [tr] shake (couscous, with oil) ❁ secouer (couscous, avec de l'huile) [CAUS < /sar/].

sarow T, saraw N ○ [tr] milk (cow) ❁ traire.

sarra N ○ [n] traditional pants ❁ pantalon traditionnel [< Ful.].

sarre [= /serre/].

sar-sar [RDP < /sar/] ○ [intr] trot ❁ trotter.

sarti [= /satti/].

šarže ○ [tr] load ❁ charger [< Fr.].

sasaa ○ a) [n] sieve with fine holes ❁ tamis à trous fins [cf. /teme/] ○ b) [tr] sift ❁ tamiser • clean (sand, gravel) by sifting ❁ nettoyer (sable) en tamisant [a common operation in sandy courtyards, after sweeping].

saasa GDN ○ [n] sandy colored grain-eating bird sp. ❁ mange-mil sp. [ID a 'lark' ∞ 'alouette' or similar light-colored bird, perhaps including female weavers].

sasar, seser ○ [n] chain ❁ chaîne [< Ar. √slsl] • COMP : ⇨ /guuru-sasar/.

saata 1 ○ [tr] rejoin, go back to ❁ rejoindre • catch up with (others) ❁ rattraper (groupe).

saata 2 ○ [n] plain cooked rice ❁ riz nature (cuit).

satalla ○ [n] kettle for carrying water (e.g. to toilet) ❁ bouilloire [usually plastic] [SYN /almagaraaji/ N] [cf. /albarraada/] [< Ar. √sṭl, also in Bam., Ful., etc.].

sati, seti ○ [tr] push away, propel, heave ❁ propulser, rejeter avec force [= KS /šaatu/] • EX : /ay seti a ga hari/ I tossed (splashed) water on him ∞ j'ai jeté de l'eau sur lui, je l'ai aspergé.

satti, setti, serti T, sarti N [< Ar. √šrṭ/] [= KS /sarti/] ○ a) [n] fixed time limit, deadline ❁ délai ○ b) [intr] (event) be on fixed time limit ❁ (événement) avoir un délai ou date fixe ○ c) [tr] fix date or schedule of ❁ fixer la date ou le délai de.

saw G, saaw G [= /saawo/].

sawa ○ [intr] (two things) be equal ❁ (deux objets) ê. égaux [cf. /sawa-nda/] [< Ar. /sawaa'/, root √swy].

sawa-jeŋey ○ [n] inequality ❁ inégalité.

saawal ○ [n] large dry measure ❁ grande mesure à grains [measured in a wooden container, larger than /mude/ ; cf. /yow-saawal/] [perhaps < Ful.].

sawa-nda ○ [tr] coincide (in time and space) with, experience (event) ❁ coïncider avec • (sth) equal (sth else) in some respect ; be worth (sth) ❁ ê. égal à ; valoir • be familiar with ❁ connaître.

sawa-ndi ○ [tr plus /nda/ phrase] make (sth) equal to or level with (sth) ❁ rendre (qqch.) égal à (qqch.).

sawani ○ [tr] emancipate (slave), liberate ❁ libérer, anoblir.

saawo GN, saw G, saaw G, saago N [= KS /saaji/] ○ [n] wilderness, outback ❁ brousse [SYN /ganji/ 1 T] [ANT /koyra/] • forest, uncleared land ❁ forêt, terrain non défriché [ANT /farru/, /fari/].

šaaya T, saaya N ○ [n] type of man's robe ❁ sorte de boubou [cf. /derbe/] [/saaya-beeri/ N = /derbe-beer/ T].

se ○ [Dative postp] for, to ❁ pour, à [irregular postverbal enclitic forms : 1SgDat /yene/, 2SgDat /mana/].

sebe ○ [n] a palm sp. or its fruit ❁ rônier (palmier ou son fruit) [< Bam.] • entire tree : /sebe-ñaa/ palm tree ❁ rônier (arbre) [ID *Borassus aethiopum*] [grows farther south, provides wood for ceiling beams, cf. /diisi/].

seebe N ○ [n] a tall aquatic grass resembling bourgou ❁ graminée aquatique qui ressemble au bourgou [cf. /burgu/] [ID not seen at N, but possibly related to KS /šeebu/, applied at Bamba to *Vossia cuspidata*, cf. /diidere/].

seebu, šeebu ○ [tr] rip (palm frond) in half ❁ fendre (feuille de palmier).

seede ○ [n] witness ❁ témoin [< Ar. √šhd, cf. Ful. √seed-].

seede-ndi ○ [tr] use (sb) as witness ❁ faire témoigner (qqn).

seede-terey ○ [intr plus optional Dat] bear witness, testify ❁ témoigner • EX : /a seede-terey nda X/ he bore witness to X ∞ il a témoigné au sujet de X.

seefaa ○ [n] C.F.A. franc (currency of Francophone West Africa) ❁ franc C.F.A. [< Fr.].

segi ○ [n] large basket ❁ grand panier [made with /diiri/] [< Bam. /segi/, cf. Ful. /saggiire/].

sekiya ○ [n] basket used to carry mud-gravel mix ❁ panier utilisé pour porter le banco [cf. /diče/].

sekke N ○ [n] shoemaker ❁ cordonnier [also makes other leather goods] [< Ful. /sakke/].

seela ○ [tr] cut into strips ❁ couper en tranches [perhaps < Ful. /seel-/] [cf. /taaba/].

selle 1 GN[less often T] [< Ful. √sell-, cf. HS /selle/] ○ [intr] feel good, be healthy ❁ se porter bien, ê. en bonne santé • [negated] not be feeling well ❁ ê. un peu malade [cf. /wirči/] • [greeting] /wor o selle ?/ N are you (PL) well ? ❁ vous allez bien ? [typical Niafunké greeting].

selle 2 N ○ [clause-initial negative yes-no interrogative] is it not the case that... ❁ n'est-ce pas que... [rare ; one textual example from N].

semba N ○ [intr] (plant) germinate, sprout ❁ (plante) germer, pousser [also in HS] [cf. /jey/ 2].

šeen ○ [n] chain necklace ❁ chaîne (collier) [< Fr.].

send-ey, šend-ey ○ [n] difficulty, hardship ; expensiveness, inflation ❁ difficulté ; cherté, inflation [ABSTR < /sendu/].

send-o, šend-o ○ [adj] difficult, hard ; expensive ❁ difficile ; cher [< /sendu/] • EX : ⇨ /duu-rey/.

sendu TG, šendu TN [ADJ /send-o/, ABSTR /send-ey/] ○ [intr] be difficult, hard, serious ❁ ê. difficile, dur, sérieux • be expensive (hard to buy) ❁ ê. cher.

seera [= /seere/].

serbeeti ○ [n] towel ❁ serviette [< Fr.].

seere, seera ○ a) [n] ridge of dry earth separating two rice fields ❁ digue (crête de terre sèche qui sépare deux rizières) [SYN /diki/] ○ b) [tr] build up (ridge, dam), dam up ❁ construire (digue, barrage).

seri ○ [n] a thick porridge (of wheat or rice) ❁ bouillie épaisse (de blé ou de riz) [< Bam. or Ful. /sari/] [cf. /bita/].

serre TN, sarre T ○ a) [intr] be straight ❁ ê. droit (non tordu) • depart, set out (begin trip)partir, ❁ se mettre en route • (action) be sensible ❁ (action) ê. logique ○ b) [tr] straighten out, lengthen ❁ allonger, redresser • extend, hold out ❁ étendre.

serti [= /satti/].

serwiisi ○ [n] government operations (utilities, etc.) ❁ services du gouvernement (énergie, etc.) [< Fr.].

seser [= /sasar/].

sete ○ [n] caravan ❁ caravane [also in Ful.].

seti [= /sati/].

setti [= /satti/].

seweere G ○ [n] surveillance over field (to ward off cows from ripening crops) ❁ surveillance des champs (pour chasser les vaches des céréales presque mûres).

sey 1 TGN ○ [tr] sow (rice seed), scatter ❁ semer (riz), disperser [= HS & DjCh /sey/] [cf. /duma/] • LOCUT : /sey albasi di/ let trouble subside (be dissipated) ∞ laisser que le problème décroisse.

sey 2 TN, say G ○ [n] chronic fever ❁ fièvre chronique [= HS & DjCh /say/, perhaps < Bam. /say/ 'yellow' ∞ 'jaune'] • COMP below.

sey 3 ○ [n] harmless, light-colored snake sp. ❁ vipère sp. de couleur claire [ID *Psammophis* spp.].

sey-kara ○ [n] yellow fever ❁ fièvre jaune.

sey-korey ['fever-white' ∞ 'fièvre-blanche'] ○ [n] a type of fever ❁ sorte de fièvre.

sey-sey-ka-ta-maraa ['scatter and come together' ∞ 'se disperser et se réunir'] ⭘ [n] a game ❁ un jeu [similar to /wali/].

šeytaan ⭘ [n] devil, sprite, evil spirit ❁ diable, esprit [< Ar. √šyṭn].

si ⭘ [Neg morpheme before verb, used in Impf aspect replacing /o ~ go/, and after Subj /ma/].

sii 1 ⭘ a) [Neg counterpart of /goo/ 1] be absent, not be (somewhere) ❁ ê. absent, ne pas ê. (quelque part) • EX : /a sii nee/ she isn't here ∞ elle n'est pas là ⭘ b) form taken by Impf Neg /si/ when utterance-final, as in yes-no question replies • EX : /ay sii/ no I don't, no I'm not ∞ non (je ne fais pas, je ne suis pas).

sii 2 ⭘ [n] kind, type ❁ sorte [cf. Ful. /sii/, Bam /si ~ siya/].

sii 3 ⭘ [tr or SerV] try, test ❁ essayer, faire l'épreuve de.

-sii 4 [cf. /subasii/].

sibaku ⭘ [n] dye ❁ colorant.

siibi TN, šiibi T ⭘ [n] man's pants ❁ pantalon d'homme [cf. /budeli/, /hawsa-hawsa/, /sarra/, /tuubalaaji/].

siibi-korfo ⭘ [n] cord used as a belt (to hold up pants) ❁ ceinture en cordes.

siifa ⭘ [n] vestibule, roofed entranceway (leading from street into courtyard) ❁ vestibule [< Ar. √sqf).

sige N ⭘ a) [tr] load (donkey) ❁ charger (âne) [SYN /čiraa/ T] ⭘ b) [n] one of the three parts of a donkey's load ❁ une des trois parties du chargement d'un âne [two a little to the side, the third on top of them].

siggifi ⭘ [n] container with spout for pouring milk ❁ entonnoir pour verser le lait [< Tam.] [= KS /šigifa/].

sigireeti ⭘ [n] cigarette ❁ cigarette [< Fr.].

sije-saawal N ⭘ [n] dry measure ❁ mesure à grains [smaller than /saawal/].

sika ⭘ a) [intr plus Postp /ga/] doubt, suspect ❁ douter de, soupçonner [< Ar. √škk] • EX : /ay sika a ga/ I had doubts about him ∞ je l'ai soupçonné ⭘ b) [n] suspicion ❁ soupçon • LOCUT : /dam sika/ be curious ∞ avoir la curiosité.

silba ⭘ [n] long needle ❁ aiguille longue [= KS /sulba/].

silfanda ○ [n] extra provisions (food taken with one to fields or on trip) ❁ provision (de route ou pour les champs), viatique.

silim ○ [n] cramp ❁ crampe.

silli 1 ○ [n] thread ❁ fil.

silli 2 ○ [tr] rinse ❁ rincer.

simban ○ [n] catfish sp. ❁ silure sp. [ID *Bagrus bajad*].

šimoo ○ [n] cement ❁ ciment [< Fr.].

sina GD, siney D ○ [n] lungfish ❁ poisson sp. [can hibernate in ground] [ID *Protopterus annectens annectens*] [SYN /joŋkoto/, /mboona / N].

sinaasar ○ [n] large rice cakes ❁ grosses galettes de riz [also in Hausa & Ful.].

siŋgi N [= /sinji/].

siini 1 ○ [n] indigo ❁ indigo [usually imported].

siini 2 ○ [n] large blade for shaving ❁ rasoir (grande lame).

siinihu ○ [intr] (grain) approach ripeness ❁ (céréales) ê. presque mûres.

sinima ○ [n] movie, movie theater ❁ film, cinéma [< Fr].

sinji T, siŋgi N ○ a) [tr] plant (e.g. pole in ground), implant, cram in, stick in ❁ planter, enfoncer [cf. /nuusu/] • transplant (seedlings) ❁ transplanter, répiquer (plantes) [cf. /busuŋgu/] • lower (eyes or head, in shame) ❁ baisser (les yeux ou la tête, avec honte) ○ b) [intr] (clouds) form thick mass ❁ (nuages) se concentrer ○ c) [n] thick concentration (of clouds), overcast sky ❁ masse de nuages.

sinjina-garboy G ○ [n] imported sweet date ❁ datte douce [from Algeria] [SYN /gorboy-muskur/, cf. /tomoro/] [ID fruit of a variety of *Phoenix dactylifera*].

sinti, [rarely] šinti ○ a) [intr, tr] begin ❁ commencer ○ b) [SerV] begin to... ❁ commencer à... ○ c) [n] beginning, onset ❁ début.

šinwaa [< Fr.] ○ a) [adj or n] Chinese ❁ chinois ○ b) [n] a fast-growing cultivar of rice ❁ une variété de riz [cf. /moo/ 2].

siñaatür ○ [n] signed document, signature ❁ signature, document signé [e.g., marriage declaration] [< Fr.].

siraa [also in Bam. & Ful.] ○ [n] snuff (tobacco powder) ❁ tabac à priser [cf. /tabaa/] • proverb : /siraa na baa, tabaa na baa/ neither snuff nor tobacco is better (= both are bad) ❁ ni le tabac à priser ni le tabac (à fumer) n'est meilleur (= tous les deux sont mauvais).

siraa-bata ○ [n] leather tobacco pouch ❁ sac à tabac en cuir.

širfi ○ [n] sherif (one claiming descent from the Prophet) ❁ chérif [< Ar. √šrf].

širfi-ije ○ [n] brand (on donkey) ❁ marque (sur un âne).

siiri ○ [intr] bend over (to side or forward), tilt, be leaning ❁ se pencher • bow ❁ s'incliner • dodge, get out of way ❁ s'écarter • stray (from a path) ❁ dévier (d'un chemin).

siiri-ndi ○ [tr] bend, cause to tilt ❁ pencher, courber.

sirki ○ [n] limit ; gap ❁ limite ; vide.

širki ○ [n] magical powers ❁ puissances magiques [probably < Ar. √šrk].

sirri ○ [n] secret ; secret powers, lore ❁ secret ; mystères [< Ar. √srr].

siisi ○ [n] steam, vapor ; smoke ❁ vapeur ; fumée • LOCUT : /siisi bibi/ (black) smoke ∞ fumée (noire).

sisii [= KS /sisiji/] ○ a) [tr] fill to the brim, stuff ❁ remplir jusqu'au bout, fourrer ○ b) [intr] be full to the brim, stuffed ❁ ê. rempli jusqu'au bord.

siisi-hii ['steam-vehicle' ∞ 'vapeur-véhicule'] ○ [n] steamboat ❁ bateau (à vapeur).

siisin ○ [n] baby pigeon ❁ jeune pigeon.

siterni ○ [n] gas truck ❁ citerne [< Fr.].

siti ○ [n] matting used as a hanging to cover an entranceway ❁ paillasson suspendu [from /konji/ or /diiri/] [= KS /šuti/].

siiti ○ a) [tr] squeeze, press on ❁ appuyer sur ○ b) [n] hard times, tough situation ❁ situation difficile.

siyasiya ○ [n] duck sp. ❁ canard sp. [ID probably the garganey, *Anas querquedula*].

siyoo TG, soo 1 GN ○ [n] metal pail ❁ seau en métal [< Fr.].

soo 1 [= /siyoo/].

soo 2 [= KS /sosogu ~ soogu/] ○ [tr] pour out (liquid) ; drain (e.g. boiled rice) ❁ verser (liquide) ; égoutter (par exemple, riz boulli) • EX : /ay soo moo di/ I drained the rice ∞ j'ai égoutté le riz • pour, serve (tea) ❁ verser, servir (thé) • aerate (tea) by pouring back and forth between glass and kettle ❁ transvaser (thé), aérer (thé) [SYN /ɓere-bere/].

soo 3 ○ [intr] get thin, waste away ❁ maigrir, dépérir [cf. /daawo/, /mari/].

soo 4 [tr] tie (strips of palm frond) ❁ attacher (lamelles de feuille de doum [= KS /sogu/] [cf. /konji/].

soobey [= /sooboy/].

soobey-nte [= /sooboy-nte/].

sooboy, soobey ○ [intr] be in a serious or grave mood ❁ ê. d'humeur sérieuse.

sooboy-nte, soobey-nte ○ [partpl] serious, grave, extreme ❁ sérieux • LOCUT : /a kar soobey-nte/ (= rain) hit hard ∞ (la pluie) a fort frappé.

soobu ○ [n] thick cotton or wool string ❁ corde en laine ou coton.

sooda ○ [n] native soap ❁ savon traditionnel [imported from south] [< Bam.] [cf. /koyra-saafun/].

sofa-gari D ○ [n] sardine sp. ❁ sardine sp. [ID *Alestes dentex sethente* and *A. baremoze soudaniensis*].

sofer N ○ [n] driver ❁ chauffeur [< Fr.].

sofo T, sofa N ○ [n] freshwater sardine sp. ❁ sardine sp. [ID *Brycinus* (= *Alestes*) *nurse*] [cf. /soomaani/].

soofu ○ [n] row (in mosque) ❁ rangée (dans la mosquée).

sohore ○ a) [n] pre-dawn meal during fasting month ❁ 'réveillon', repas avant l'aube pendant le 'carême' [< Ar. √sḥr ; ending similar to that of e.g. /čirkaare / 'breakfast' ∞ 'petit déjeuner'] ○ b) [intr] eat the pre-dawn meal ❁ prendre le réveillon.

soojenne T, soojenna T ○ [n] whistling (white-faced) tree duck ❁ canard siffleur [ID *Dendrocygna viduata*] [SYN /čilili/ N, /kanabuutu / G].

soko ○ a) [tr] pound (millet ears) to knock off the grains ❁ piler (épis de mil) pour enlever les grains (premier pilage), égrener [followed by /sosom/ and then /buka/] • pound (leguminous plant) to knock off pods ❁ piler (plante légumineuse) pour enlever les gousses ○ b) [tr] hull (unshelled rice) by pounding in mortar to remove the outer husk ❁ décortiquer (riz paddy en pilant pour enlever l'enveloppe extérieure [followed by /dasa/ ; in T, rice is now generally sold in pre-shelled form so /soko/ is not necessary].

sokol ○ [n] spoon ❁ cuiller [SYN /kuyer/].

sokone ○ [n] sit up or lean on one's elbow ❁ se redresser ou s'appuyer sur le coude.

soolam ○ [tr] catch (sth, in the water) ❁ prendre (qqch., dans l'eau).

soldu ○ [n] wages ❁ salaire (d'ouvrier) [< Fr. solde].

soli ○ [intr] limp, walk with a limp ❁ boîter.

solli ○ [tr] pour (grain, liquid) ❁ déverser (céréales, liquide) [esp., into a sack or other recipient].

solo ○ [intr] (skiff, boat) get stuck on a shoal ❁ (pirogue, bateau) s'échouer sur un haut-fond.

som 1 ○ a) [intr] be sharp-pointed ❁ ê. pointu, aigu ○ b) [tr] sharpen (point) ❁ tailler (pointe) • carve (wood) ❁ sculpter, tailler (bois).

som 2 ○ [tr] knock fruits off (tree) ❁ faire tomber fruits de (arbre) [by knocking upper branches with a long pole] [= KS /som/, Ka /sóm/].

som 3 ○ [intr] buy light snakes ❁ acheter des friandises [perhaps related to Ful. √som(m)- 'do shopping'].

soomaani ○ [n] small freshwater sardine with oily flesh ❁ petite sardine sp. à la chair huileuse [ID *Brycinus* (= *Alestes*) *leuciscus*] [yellow caudal lobes] [perhaps < *sofo-maani, cf. /sofo/].

sombu [= /sambu/].

somsom, somsomya, sõsomya} ○ [n] bits of wood ❁ brindilles.

soo-ndi ○ [intr] be poured ❁ ê. versé.

sondu ○ a) [tr] take off (clothing, etc.) ❁ enlever (habits, etc.) • remove handle from (hoe, etc.) ❁ démancher, ôter le manche de (houe, etc.) ○ b) [intr] (grains) become detached (from plant) ❁ (grains) se détacher.

soŋko ○ [phrase-initial particle] let alone..., not to mention..., to say nothing of... ❁ à plus forte raison... [DjCh /jɔŋkɔ ~ sɔŋkɔ/] [cf. Ful. /sako/, Bam. /jonko/].

soŋkom ○ [intr] squat ❁ s'accroupir.

sõsomya [= /somsom/].

sopine, soppine N ○ [intr] squat ❁ s'accroupir [< Ful. /sopp-in-/].

sorfo ○ [tr] (splinter) penetrate laterally just under skin of (sb) ❁ (écharde) s'enfoncer sous la peau de (qqn) • EX : /ɓundu di sorfo͜ey/ the splinter got stuck in me ∞ l'écharde est restée dedans (dans moi).

sorfoto [cf. KS /sarfatu/] ○ a) [n] lasso (to catch animal) ❁ lasso (corde pour attraper un animal) ○ b) [tr] catch (animal) with lasso ❁ attraper (animal) avec un lasso.

sorho ○ [n] high quality ❁ haute qualité • EX : /a-a mey sorho/ it has (= is of) high quality ∞ c'est d'une haute qualité.

sorko ○ [n] Bozo ❁ Bozo [ethnic group of fishers] • caste of fishers ❁ caste de pêcheurs [i.e., true ethnic Bozos plus Songhays who have adopted the lifestyle of Bozos].

sorko-čiini ○ [n] Bozo language ❁ langue Bozo.

sorko-terey ○ [n] Bozo-hood ❁ qualité d'être Bozo • Bozo nation ❁ communauté des Bozos [collective] • lifestyle of fishing people ❁ la vie des pêcheurs.

sorña G ○ [n] black-faced dioch (bird) ❁ travailleur à bec rouge (oiseau) [ID *Quelea quelea*, a notorious grain-eater] [cf. /jaŋkajaŋka/].

sooro [perhaps < Hausa /soro/] ○ [n] upper floor of house (roof terrace plus perhaps storage areas) ❁ étage (supérieur) • upper deck (of boat) ❁ pont supérieur (de bateau).

sooro-jiji-mee ○ [n] steps leading up to roof terrace ❁ escalier qui mène à la terrasse.

soroku ○ [n] fall (into pit), collapse ❁ tomber (dans un trou), s'affaisser [= KS & DjCh /soloku/].

sorombiya ○ [n] shinbone ❁ tibia [frozen DIMIN, cf. KS

/sorombu/]].

sorro ⭘ a) [intr] race, go fast, zip along ❁ faire la course, aller vite ⭘ b) [n] diarrhea ❁ diarrhée [= KS /sooru/].

soso ⭘ [n] potash ❁ potasse [baking powder made from melon seeds, used e.g. like yeast in making /gusum/] • salts (in ground) ❁ sels (dans la terre).

sosom ⭘ [tr] pound (millet, wheat) to separate inner grains from their outer bran ❁ piler (mil, blé) pour détacher les grains de leur son [follows /soko/, precedes /buka/, cf. /dur/] [= KS /sosob/, etc.].

sosoor ⭘ [tr] shake (grains) with some water from gourd into other container ❁ secouer (céréales) avec de l'eau pour le verser d'une calebasse à un autre récipient [to separate grain from impurities].

sosori ⭘ [tr] shake (millet that has already been pounded in a mortar) with some water in a gourd to remove dirt and other impurities ❁ secouer (du mil pilé) avec de l'eau pour enlever le sable.

sotol T ⭘ [n] damage (to body) ❁ du mal (au corps).

sotta GN ⭘ [n] strain of sorghum ❁ sorte de sorgho [grains rather hard] [cf. /saaba/].

sõwfa [= /sãfa/].

sowru ⭘ [tr] consult, inform ❁ consulter avec, faire part à, avertir.

soyne ⭘ [tr] spot, make out (something difficult to see) ❁ apercevoir (de loin) [cf. /honno/].

suu 1 ⭘ [intr] get drunk ❁ s'enivrer [< Fr. soûl] [CAUS /suu-ndi/] [SYN /sakkar/].

suu 2 ⭘ [intr] (dog) bark ❁ aboyer [cf. /hãwhãw/].

suu 3 ⭘ [n] a colonial coin ❁ une monnaie coloniale [< Fr. sou].

suba TGN [< Ar. √ṣbḥ, cf. /subaahi/, etc.] ⭘ [n, used as adv] tomorrow ; the following day ; (in) the future ❁ demain ; le lendemain ; (à) l'avenir [cf. /biyaa/, /henen/ 2] [related to /subaahi/, /subu/ 2, /suba-suba/).

suubaa [perhaps < Ful. √suɓ-] ⭘ [tr] choose, select, sort ; winnow ❁ choisir ; vanner • weed out, selectively remove (weeds) ❁ sarcler, enlever (mauvaises herbes).

subaahi ~ subbaahi GN [< Ar. √ṣbḥ, cf. /suba/, etc.] ● [n] morning ❁ matin [SYN /suba/ T] • early morning prayer ❁ prière du matin [esp. for those who are not up for the pre-dawn prayer].

subaahoo GN ● [n] this morning ; tomorrow ❁ ce matin [< */subaahi woo/].

subasii ● [n] day after tomorrow ; two days later ❁ après demain ; surlendemain [related to /suba/, ending obscure].

suba-suba T ● [n] morning ❁ matin [SYN /subaahi/ GN] • LOCUT : /suba-suba kul/ every morning ∞ chaque matin.

suban G [variant of /suba/ only in /suba(n) henen/, ⇨ /henen/ 2].

suboo ● [tr] say good morning to (sb) ❁ dire bonjour à (qqn) [cf. /subu/ 2].

subo-suboo T ● [n] this morning ❁ ce matin [RDP < */suba woo/].

subu 1 ● [n] grass, straw, herb ❁ graminée, paille, herbe [general term].

subu 2 ● [n] [in 'good morning' and similar greetings, cf. /suba-suba/] greetings : SG /ni nda subu/, PL /war‿nda subu/ how is (was) your morning ? ❁ comment se passe (s'est passé) votre matin ?

subu-koog-o ['grass-dry' ∞ 'herbe-sèche'] ● [n] hay ❁ foin.

subu-linji ● [n] root of grass (or herb) ❁ racine de graminée (ou d'herbe).

'subu-ndi' [= /subur‿ndi/].

subur [< Ar. √ṣbr, cf. Bam. /sabari/] [cf. /batu/, /muñe/] ● a) [intr] be calm ; wait patiently ❁ se calmer ; patienter ● b) [tr] be patient with ❁ traîter avec patience.

subur‿ndi ● [tr] pacify, calm (angry person) ; try to calm, remonstrate with ❁ calmer ; supplier à se calmer.

suude ● [intr] gallop ❁ aller au galop.

sufa ● [tr] soak ❁ tremper.

sufur ● a) [tr] (user) rent, borrow ❁ louer, emprunter • EX : /ay sufur moobil a ga ka koy mopti/ I rented a car from him and went to Mopti ∞ il m'a loué ('j'ai loué de lui') un véhicule pour aller à Mopti ⭘ b) [tr] give a small gift (tip, bribe) to (sb) ❁ donner un petit cadeau (pourboire) à (qqn) • EX : /ay sufur amiir di, woo se na a nooey fari/ I gave the chief a gift, that's why he gave me a field ∞ j'ai donné un cadeau au chef, c'est à cause de ça qu'il m'a donné un champ.

sufur-ey-hay ['rent-price' ∞ 'location-prix'] ⭘ [n] rental fee ❁ prix de location.

suugu ⭘ [intr] (leaf) wither ❁ (feuille) tarir, se flétrir.

sugur ⭘ [n] written phrase (word, sentence) ❁ phrase écrite [usually from Koran] [DjCh /sukur/ 'pointing (of Arabic script)' ∞ 'point (dans l'écriture arabe)'] [cf. Ful. /sigiire/ 'syllabification', perhaps < Ar. √škl].

sujudu ⭘ [intr] bend forward (in prayer) ❁ se prosterner (dans la prière) [< Ar. √sjd].

suka ⭘ [tr] stab, plant (into ground, etc.), impale ❁ enfoncer, planter [perhaps < Ar. √šwk].

sukal, sukar sugar ❁ sucre [< Ar. √skr, cf. /gorboy-muskur/].

sukka ⭘ [n] cloth ❁ tissu.

sukumey G ⭘ [n] gift from groom to his mother-in-law ❁ cadeau du marié à sa belle-mère.

sultaan, surtaan, suttaan, suttan [< Ar. √slṭn/, cf. Maghr. Ar. /mulay ṣ-ṣəlṭan/ 'groom' ∞ 'marié'] ⭘ a) [n] sultan ❁ sultan [not common, cf. /amiir/] ⭘ b) [n] bride or bridegroom ❁ mariés ou marié de la noce [common ; optional gender-marking /-har/ 2, /-woy/ 1].

sumaa ⭘ [n] beeswax ❁ cire d'abeille • caulk (for skiff) ❁ calfatage (pour une pirogue).

sumbey ⭘ [intr] (nose) be elongated ❁ (nez) ê. allongé [cf. /niine-sumbey/).

sumbu ⭘ [tr] kiss (on cheek) ❁ donner un baiser à [= KS /summu/].

sumburku ⭘ a) [n] holy formula, spell ❁ verset, sort magique, formule sacrée ⭘ b) [intr] (holy man) pronounce spells (while spitting in his hand) ❁ (marabout) prononcer des versets (en crachant dans les mains) [cf. /tufa-tufa/].

suu-ndi ⭘ [tr] get (sb) drunk, intoxicate ❁ rendre (qqn) ivre.

sundu ○ a) [tr] inhale ❁ inhaler, avaler (fumée) • EX : /sundu tabaa/ inhale tobacco (smoke) ∞ avaler (fumée de) tabac • LOCUT : /a-a sundu ŋgu niine di/ he sniffles ∞ il renifle ○ b) [intr] (boat) sink ❁ (bateau) couler.

sunduku ○ [n] trunk, chest, large box ❁ malle, grande boîte [< Ar. √ṣndq].

sũfi TN ○ [n] piece of old mat (used to carry mud, etc.) ❁ morceau de natte (pour porter du banco).

suŋgey, suŋgoy ○ a) [intr] sweat, perspire ❁ suer ○ b) [n] sweat ❁ sueur.

suuni ○ [n] palm-leaf sack for tobacco ❁ sac à tabac en feuille de doum [= KS /sun/].

sũsum ○ [tr] suck ❁ sucer [= KS /sumsum/].

sununduumi ○ [n] sand viper ❁ vipère des sables [coils up camouflaged in sand, attacks unwary animals] [ID *Cerastes vipera*].

sur ○ [intr with Postp /čire/] reach underneath (to lift) ❁ tendre les bras pour attraper par en-dessous (pour lever) • LOCUT : /sur a čire/ bend down under it ∞ s'étendre là-dessous.

surgu ○ [n] Tuareg ❁ touarèg.

surgu-čiini ○ [n] Tamashek (Tuareg) language ❁ langue tamachek (touarèg).

surgu-surgu [RDP < /surgu/] ○ [n] woman's hairdo style ❁ une coiffure de femme [includes large tuft above each ear].

surtaan [= /sultaan/].

suuru ○ [tr] menace or insult (sb) by sucking in air through the clenched teeth with a gurgling sound ❁ menacer (qqn) en aspirant de l'air par la bouche avec les dents serrées.

suruntu ○ [n] a local dish (rice with bits of meat) ❁ un mets local (riz avec petits morceaux de viande).

suuse ○ [intr] be daring, bold ❁ ê. intrépide [< Ful.].

susum ○ [intr plus Postp /ga/] move away (from) ❁ bouger, s'écarter (de).

susum-di [//susum-ndi//] ○ [tr] cause to move ❁ faire bouger.

suuti 1 ○ [intr] (wife) leave husband's house in anger ❁ (épouse) quitter la maison du mari en colère.

suuti 2 G ✪ [tr] tie (sth) to (sth else) by a string ❁ attacher (qqch.) à (qqch.) avec une corde.

suttaan, suttan [= /sultaan/].

suttaan-fatta ✪ [n] ceremonial removal of bridegroom to new home ❁ déménagement rituel du marié [cf. /gana/ 1].

sutura [cf. Ar. √str, Ful. √suut- and /sutura/] ✪ [tr] cover, hide, protect ❁ couvrir, cacher, protéger • protection ❁ protection.

suwoy ✪ [n] giraffe ❁ girafe.

t

ta 1 ✪ [weak Topic morpheme after NP, pronoun, or clause ; weaker than /bine/] • EX : /ay ta/ (as for) me ∞ (quant à) moi.

ta 2 ✪ [Future, after Impf /o ~ go/] • EX : /a-a ta koy/ she will go ∞ elle ira.

ta 3 ✪ [Infinitival morpheme after /kaa/ 1 'come' ∞ 'venir', cf. /ka/] [possibly same as /ta/ 2] • EX : /a kaa ta goro/ she came and sat ∞ elle est venue s'asseoir.

taa ✪ a) [tr] sew (clothing or shoes) ❁ coudre (habits ou chaussures) • COMP : ⇨ /taam-taa-koy/ ✪ b) [n] sewing ❁ couture.

taba ✪ a) [n] taste ❁ goût ✪ b) [tr] taste ❁ goûter.

tabaa, taabaa ✪ [n] tobacco ❁ tabac [< Fr.] [cf. /siraa/].

taaba ✪ [tr] slice (fruit) ❁ éplucher (fruit) [cf. /seela/].

tabahaku ✪ [n] a donkey disease ❁ une maladie d'âne [involves sore skin around shoulders].

tabaa-harbu T ✪ [n] small riverside herb sp. ❁ petite herbe sp. de bord de fleuve [small globular yellow flowers] [ID from description, family Compositae, probably *Senecio perrottetii* or *Grangea ceruanoides*].

tabaa-kusu, taabaa-kusu ✪ [n] smoking pipe ❁ pipe.

taabal [< Fr] ✪ [n] table ❁ table • portable street stand (for selling cigarettes, etc.) ❁ table portable pour vendre les petites marchandises dans la rue.

taabal-koy ⭘ [n] person who sells small items from a street stand ❅ 'tablier' (vendeur).

tabatindi [frozen causative] [< Ar. √θbt] ⭘ [tr] confirm ❅ confirmer • confess (crime) ❅ avouer (délit).

tabey 1 ⭘ [n] turban (actually wrapped on head) ❅ turban [cf. /fatara/, /jerfendu/].

tabey 2 ⭘ [n] hare, rabbit ❅ lièvre.

taabu ⭘ a) [tr] fold, bend, cause to form sharp angle ❅ plier ⭘ b) [intr] be folded, be bent ❅ ê. plié ⭘ c) [n] fold ❅ pli.

taači TGN, taaki GN ⭘ [num] four ❅ quatre [Absol : /a-taači/].

taači-nte T, taaki-nte N ⭘ [ord] fourth ❅ quatrième [Absol : /a-taači-nte/].

tafa ⭘ [tr] kick ; step on ❅ donner un coup de pied à ; fouler (du pied) [cf. /daka/, /taam/].

tafala ⭘ [n] umbrella ❅ parapluie.

taafe ⭘ [n] woman's cotton garment (wrapped around body) ❅ pagne de femme (habit) [< Bam.] [cf. /bẽysa/, /piisi/] • DERIV : /taafe-koy/ seller of wraps ❅ vendeur de pagnes.

tafey GN [= /tefe/].

-taafu [⇨ /mee-taafu/].

tagalabombon [= /taalibomboŋ/].

taago N [= /taawo/].

taahar ⭘ [intr] wait a while ❅ patienter un peu.

taa-haya ['sew-thing' ∞ 'coudre-chose'] ⭘ [n] needle ❅ aiguille [taboo replacement at night for /saana/].

taa-hii ['sew-skiff' ∞ 'coudre-pirogue'] ⭘ [n] very simple skiff (boat) ❅ pirogue très simple ['sewn' together with large awl].

taajir TG ⭘ [n] rich man ❅ richard [< Ar. √tjr].

taka [perhaps < Ful. /tag-/] ⭘ a) [n] way, manner, character ❅ façon, manière [often associated with stranded postverbal /nda/] • EX : /taka kaa yer o ñin ga nda/ a way for us to drink it ∞ une façon pour nous de le boire • Interrog : ⇨ /taka-foo / ⭘ b) [n, as COMP final] /X taka/ something like

X, an X sort of thing ❁ une sorte de X, chose comme X ❍ c) [n] peer, equal ❁ semblable, pareil N [used like /čille/ T] • EX : /a si mey taka/ N he is peerless ∞ il est sans pareil ❍ d) idioms : ⇨ /ɓaa/ 3 ❍ e) [tr] (God) create ❁ (Dieu) créer [cf. /taka-rey/] • COMP : ⇨ /taka-haya/.

taka-foo GN ❍ [interrog adv] how ?, in what way ? ❁ comment ?, de quelle façon ? [with /foo/ 2] [SYN /mise-foo/ T, /mote/].

taka-haya ❍ [n] (God's) creation, living creature ❁ création (de Dieu), être vivant.

takamba ❍ [n] a Timbuktu musical style ❁ un style de musique [slow-paced, tranquil].

taka-rey ❍ [n] creature ❁ créature [< /taka/].

taka-taka [RDP < /taka/] ❍ [n] various ways, various sorts ❁ plusieurs sortes.

takiriya, takriya ❍ [n] fire-finch ❁ sénégali rouge (oiseau), 'moineau' [ID *Lagonosticta senegalensis*] [the common house bird ; can extend to other small birds] [cf. /ganji-takiriya/].

takriya [= /takiriya/].

taku ❍ [intr] fall back (on rear end) ❁ tomber en arrière (sur les fesses).

takuba ❍ [n] sabre, sword ❁ sabre, épée [< Tam.].

takula ❍ [n] round bread ❁ pain rond [perhaps < Ar. √'kl, also in Bam., etc.].

taalaa 1 ❍ [n] children's method for catching small fish by hand at edge of river ❁ méthode pour attraper les poissons à la main.

taalaa 2 [= /taalaa-hu/].

taalaa-hu, taalaa 2 ❍ [epithet used after name of God] [< Ar. /taʕaalaa(-hu)/, root √ʕly].

talala ❍ [n] crawling vine sp. ❁ plante rampante sp. [ID *Ipomoea asarifolia*] [= KS /talhanna/].

-talatu [⇨ /ham-talatu/).

taaleme ❍ [n] neighbor ❁ voisin [< Ful.].

talfi, telfi ❍ [tr with optional Postp /ga/] entrust (sth, to sb), deposit for safekeeping ❁ confier (qqch., à qqn) • EX : /ay talfi gi boro foo ga/ I entrusted them to someone ∞ je les ai confiés à quelqu'un.

talhaa ○ a) [n] (wood or metal) implement for putting bread into oven ❁ outil pour mettre le pain au four ○ b) [n] metal implement for carrying hot coals ❁ outil en métal pour porter les braises.

taalibi ○ [n] disciple ❁ élève, disciple [< Ar. √ṭlb].

taalibomboŋ, takubambam, tagalabombon T ○ [n] puffer fish ❁ poisson-globe [ID *Tetraodon lineatus* (= *T. fahaka*)] [SYN /kurkundundum/, etc.] [cf. Tam. /taɣlibambo/].

talka TGN, telka T ○ [n] pauper, poor person ❁ personne pauvre [probably < Tam. /taləqqe/ but now regional, cf. Ful. √talk-].

talka-terey ○ [n] poverty ❁ pauvreté.

tam ○ [n] slave, subject ❁ esclave, sujet [cf. /baññа/, /koŋŋo/, /gaa-bibi/].

taam T, taamu GN ○ a) [n] pair of shoes ❁ chaussure(s) • COMP : ⇨ /čee-taam/, /taamu-čele/ ○ b) [tr] step on, trample ❁ piétiner, fouler du pied [cf. ❁ daka/, /tafa/, /tamaŋkasu/).

tamaŋkasu ○ [tr] kick ❁ donner un coup de pied à [cf. /daka/, /taam/].

tamaati ○ [n] tomatoes ❁ tomates [SYN /jaatum/, cf. /ŋgoyo/] [< Sp, perhaps via Fr. or dialectal Ar.].

tamaati-lokoti ○ [n] (canned) tomato paste ❁ purée de tomates (en boîte).

tamaati-murran ○ [n] smooth-skinned tomato variety ❁ sorte de tomate à peau lisse.

tamba ○ a) [adv] quickly, early, fast ❁ vite, de bonne heure [often RDP] [ANT /mooso/] • LOCUT : /a na kaa tamba/ he didn't come early (= he was late) ∞ il est arrivé en retard ○ b) [intr] do quickly, hurry ❁ faire vite [esp. in imperative].

taameysa, taameyse ○ a) [n] sign, signal, indicator, track (on ground) ❁ signe, trace • scar ❁ cicatrice • display ❁ exposition ○ b) [tr] notice (as distinguishing sign) ❁ remarquer (signe).

tammahaa ○ a) [intr plus subjunctive clause] hope ; believe, expect

❁ espérer ; s'attendre à • EX : /yee tammahaa [ay wane amiir di ma kaa]/ I hope my boss will come ∞ j'espère que mon patron viendra ⭘ b) [n] hope ❁ espoir.

tammo ⭘ [n] colonial coin (one franc) ❁ pièce coloniale d'un franc [worth two /taŋka/].

tamoro [= /tomoro/].

tamsal ⭘ [tr] kick ❁ donner un coup de pied à.

taam-taa-koy ⭘ [n] shoemaker ❁ cordonnier.

taamu N [= /taam/].

taamu-čele N ⭘ [n] single shoe ❁ une seule chaussure.

tan N ⭘ [phrase-final particle] only, merely ❁ seulement [< Ful.] [SYN /nin/ 2 T, /hinne/ near T].

taŋ [= /taŋa/].

taŋa TGN, taŋ GN, tan GN ⭘ [tr] launch (skiff or boat, into water) ❁ mettre (pirogue) à l'eau, 'décoller'.

tanaa TN ⭘ [adj] other, different, additional ❁ autre, différent, supplémentaire [probably < Ar. √θny].

ntanda G [= /ntende/].

taŋgam TG [uncommon ; cf. /waŋgu/ 1, /yenje/] ⭘ a) [n] war ❁ guerre ⭘ b) [tr] fight against ❁ combattre.

taŋgambara T, toŋgombara N ⭘ [n] grasshopper, locust ❁ sauterelle, criquet.

taŋgari TGN, taŋgeri T ⭘ a) [n] false statement (lie or error) ❁ mensonge, erreur ⭘ b) [intr] tell a lie ; say sth false ❁ mentir ; dire qqch. qui est faux.

taŋgu [= KS /tenji/] ⭘ a) [tr] insert (e.g. tool blade into handle) ; string (beads into necklace) ❁ insérer, introduire ; enfiler (perles) ⭘ b) [nominal COMP final] ⇨ /hiiri-taŋgu/.

tanjambatu N, čenjembatu D, tenjembatu G ⭘ [n] spur-winged goose ❁ canard armé DN [ID *Plectropterus gambensis* ; at D, sometimes also the 'knob-billed goose' ∞ 'canard casqué', *Sarkidiornis melanota*] [cf. /niina-gaari/, /čeče-bibi/).

tanje [= /tenje/].

ntanjila ⭘ [n] gerbil ❁ gerbille [ID *Gerbillus gerbillus* and perhaps other spp.] [cf. /zerbwa/, etc.].

taŋka ● [n] colonial coin (50 centimes) ❁ pièce coloniale de 50 centimes [now proverbially small] [cf. /tammo/, /suu/].

taŋkara ● [n] man's cane, walking-stick ❁ canne pour marcher [cf. /ɓundu/, /tuuji/] • ceremonial rod, staff of office ❁ bâton de commandement [for military leader, imam, or bridegroom].

taŋkara-bundu [= /taŋkara/].

tappii ● [n] carpet ❁ tapis [< Fr.].

tappii-čaara ● [n] decorated carpet ❁ tapis embelli [specialty of G] [initial < Fr., cf. /čaara/].

tar ● [intr] be tasteless, bland ❁ ê. sans saveur, ê. insipide [ADJ /tar-o/].

taar ● [tr] touch ❁ toucher [more common than /too/] • EX : /ma si taar ey/ don't touch me ! ∞ ne me touchez pas ! • touch (emotionally) ❁ émouvoir, toucher (qqn).

tara ● [intr] (river, canal) become clogged with sediment ❁ (canal) devenir bouché par du sédiment.

taara 1 ● [n] sedge root broken up and burnt as incense ❁ racine de cyperacée rompue et brûlée comme encens [ID primarily *Cyperus maculatus*, ⇨ /haaji/].

taara 2 ● [n] anvil ❁ enclume.

tarakat N ● [n] tree sp. ❁ arbre sp. [said to have jujube-like fruits].

taram ● a) [intr] be loud, speak loudly, make a loud noise, bellow, thunder ❁ parler fort, faire du bruit • EX : /ɓeene di taram/ the sky thundered ∞ le ciel a grondé ● b) [n] thunderclap ❁ tonnerre [cf /ɓaana-gudugudu/, /dundum/].

taaram ● a) [tr] beautify ❁ maquiller, embellir [cosmetics and hairdo for oneself, fine carpets for a room, etc.] ● b) [ReflV] make oneself beautiful (with make-up, etc.) ❁ s'embellir, se parer ● c) [n] finery, embellishment ❁ parure, atours.

tarasu T, terasu T, nterasu T, tarsu GN ● [n] mosquito ❁ moustique.

tarbasu ● [intr] walk fast, march, walk with long strides, hurry ❁ marcher vite ; marcher à grandes enjambées, précipiter le pas.

tarey GN [= /terey/ 1,2].

taari ⭘ [n] net ❁ filet [= KS /taaru/].

taariki N ⭘ [n] LOCUT : /a si mey taariki/ it has no lasting importance ∞ il n'a pas d'importance durable [< Ar. √'rx].

tarkutarku ⭘ [n] waddle, sway from side to side ❁ se balancer, dandiner.

tarkunda TG, tarkunde N ⭘ [n] elephant ❁ éléphant.

tar-o ⭘ [adj] tasteless ❁ sans saveur, insipide [< /tar/].

tarõwfuusa T ⭘ [n] tiny floating plant ❁ petite plante flottante [ID *Wolfia arrhiga*] [DjCh /sarãw-fũsa/ denotes *Pistia stratiotes*, a different floating plant].

tarra ⭘ [intr] (grains) become 'milky' ❁ (grains) devenir 'laiteux' [shortly before ripening] [= Za /tárrà/].

tarrahaa ⭘ [n] comfort, relaxation ❁ repos, confort [< Ar. √rwħ].

tasa 1 ⭘ [n] liver ❁ foie.

tasa 2 ⭘ [tr] push ❁ pousser.

taasa ⭘ [n] modern (metal) plate or pot ❁ assiette, plat [Bam. /tasa/, Ful. /taasa/] [cf. /ɓarma/] [cf. /tuu/].

tasa-tasa [RDP < /tasa/].

tasbiha, tasɓahaa ⭘ [n] prayer beads, rosary ❁ chapelet [< Ar. √sbħ] [cf. /widdi/].

taasi TGN ⭘ a) [tr] look for, seek ; go fetch ; try for ❁ chercher ; aller prendre ; aspirer à [SYN /čeeče/ G, cf. /wir/] ⭘ b) [tr] woo, court (woman) ❁ courtiser (femme).

taasu 1 ⭘ a) [n] cooked rice ; dinner (including cooked rice) ❁ riz cuit ; dîner (y compris du riz cuit) T ⭘ b) [n] grain (as crop in fields, in storage, etc.) ❁ céréales (au champ, au grenier, etc.) GN [SYN /attaam/ T].

-taasu 2 [⇨ /dontaasu/].

taasu-windi N ⭘ [n] stunted (poorly grown) grain ❁ céréales qui ont donné à demi.

tataari ⭘ [n] spider ❁ araignée.

tawatalbasar ⭘ [n] spice made with crushed onion and sweet dates ❁ épice préparée avec de l'oignon et des dattes sucrées [ends in variant of /albasal/ 'onion' ∞ 'oignon'] [cf. /tomoro/].

tawey ✪ [n] twin ✹ jumeau [SYN /fune/ 2].

taawo TG, taago GN ✪ a) [intr] be new ✹ ê. nouveau • LOCUT : /maa ŋga taawo ?/ T = /maa yaa taago ?/ N what's new ? ∞ quoi de nouveau ? ✪ b) [adj] new ✹ nouveau [here arguably /taaw-o/ with Adj ending].

taawo-terey ✪ [n] newness ✹ nouveauté • LOCUT : /a taawo-terey di ra/ in his youth ∞ dans sa jeunesse.

taaya ✪ [intr] make a bet, wager ✹ parier.

tayaatir ✪ [n] play, theater ; performance, enactment ✹ pièce de théatre ; spectacle [< Fr.].

taayla ✪ [n] bald spot, bald pate ✹ calvitie [= KS /teylel/].

taayla-koy ✪ [n] person with bald spot ✹ personne qui a une calvitie.

taaytaay, ataaytaay ✪ [n] ostrich ✹ autruche [ID *Struthio camelus*] [= KS /taatagey/].

taažab ✪ [n] miracle ✹ miracle [< Ar. √ʕjb] [cf. /laajow/, /yaajab/].

teče TG ✪ [n] wall (of house, etc.) ✹ mur [cf. /jejow/] [apparently metathesized < *čete, cf. KS /čete/, DjCh /čɛtɛ/].

teče-windi ✪ [n] walled housing block with open courtyard ✹ 'concession' (enclos d'appartement autour d'une cour commune).

teči G [= /toči/].

tefe T, tafey GN ✪ a) [intr] be flat, wide, broad ✹ ê. plat, large [cf. /yulwa/] ✪ b) [adj] flat, wide, broad ✹ plat, large • EX : /isa tefe di/ the wide river ∞ le fleuve large.

tefe-ndi ✪ [tr] broaden, widen ✹ élargir.

tefer ✪ a) [n] rope binding front legs of donkey, etc. ✪ b) [tr] bind front legs of animal [cf. /gata/].

teeje ✪ [n] storage rack on wall ✹ casier [out of the reach of children].

teke N ✪ [tr] put (sth) up (pot or teapot on stove, saddle on animal) ✹ poser (qqch.) au-dessus (par exemple, marmite ou théière sur le feu, selle sur un animal) [SYN /tibi/ T] [= KS /deke/].

teki N [= /toči/ T].

tekkere N ○ [n] rag worn on head (to cushion a load or as cheap turban) ❁ chiffon porté sur la tête (en turban simple ou sous un fardeau) [< Ful.] [SYN /jerfendu/ T].

teleku ○ [intr] [intensifies /talka/] • EX : /ay talka hal ay teleku/ I am dirt-poor, I'm broke ∞ je suis pauvre comme un rat, je suis à sec.

telfi [= /talfi/].

teeli ○ [n] (small) intestine, entrails ❁ intestin (grêle) • COMP : ⇨ /farka-teeli/.

telka [= /talka/].

telle ○ [n] piece of meat ❁ morceau de viande.

tembe ○ [n] taste ❁ goût • EX : /... si mey tembe/ (food) has no taste ∞ (nourriture) n'a pas de goût.

teme ○ [n] sieve (general term) ❁ tamis [< Fr. via Bam., gradually displacing /hahey/] [SYN /hahay/] [types : /ɓasi-teme/, /hamni-teme/, /kusukusu-hahay/, /lilon-teme/, /saafi/, /sasaa/, /warawara/) [similar implements : /fendu/, /gaŋa/].

tende ○ [n] workshop, shed, shelter ❁ atelier, hangar [SYN /ɓugu/] [cf. Ful. /tenndeere/, perhaps ultimately from Romance languages].

ntende TN, ntanda G ○ [n] ant ❁ fourmi [general term, made more specific by color adj /ɓibi/ 'black' ∞ 'noir' or /čirey/ 'red' ∞ 'rouge'] [cf. /nori/, /ŋkondo/, /miri/ N].

tẽfer ○ [n] worn-out old mat ❁ natte usée [cf. /tenjere/] [= KS /taŋgafiri/].

teŋgi N [= /tenje/].

teeni ○ [tr] winnow (grain) by shaking /fendu/ back and forth horizontally to separate grain from debris ❁ vanner (céréales) dans un van en le secouant d'un côté à l'autre [= KS /teyni/] [cf. /faar/, /feetu/].

tenje TG, teŋgi N, [rarely] tanje ○ a) [tr] face, be facing ❁ faire face à • go toward, head for ❁ se diriger vers ○ b) [intr] be straight, narrow ❁ ê. droit, étroit • be correct ❁ ê. correcte

○ c) [postp] facing ❁ en face de.

tenje-ndi ○ [tr] aim (sth, in a direction), straighten ❁ redresser, diriger.

tenjere TN, teŋgere N ○ [n] floor mat (rollable and portable, made from palm fronds) ❁ natte [cf. /tẽfer/].

teñe TG, teɲe N ○ a) [n] forehead ❁ front ○ b) [n] good luck ❁ bonne chance [associated with the forehead] [cf. /teñe-kaan-o/] [SYN /aljaka/] • LOCUT : /teñe nda aljaka/ good luck ['forehead and luck'] ∞ bonne chance ['front et bonne chance'] ; /nda n teñe kaan/ if you were lucky ∞ si tu étais chanceux ; /nda n teñe kow ni/ if your luck extricated you ∞ si ta bonne chance t'a tiré d'affaire.

teñe-kaan-ey ○ [n] good luck ❁ bonne chance.

teñe-kaan-o ['luck-sweet' ∞ 'chance-douce'] ○ [adj] lucky ❁ chanceux [cf. /aljaka-jje/].

terasu [= /tarasu/].

terey 1 T, tarey GN ○ a) [n] outside (zone outside of house) ❁ extérieur (de maison) ○ b) [intr] go poop (defecate) ❁ faire caca [done outside of house ; euphemism mainly for children] [cf. /waa/ 1, /farru/ 2].

-terey 2 T, -tarey N [nominal derivational suffix or COMP final] [forms nouns of occupation or status, sometimes used as collectives] ⇨ /alhaasidi-/, /alwaajib-/, /borčin-/, /diya-/, /kokoy-/, /sorko-/.

terme 1 ○ [tr, intr] haggle over (price), bargain over ❁ marchander, discuter le prix de [Bam. /tereme/, Ful. √term-] • EX : /ay terme moo di/ I haggled over the rice ∞ j'ai discuté le prix du riz ; /ay terme maamala-koy di banda/ I haggled with the merchant ∞ j'ai marchandé avec le commerçant.

terme 2 ○ [tr] mortgage, use as collateral ❁ hypothéquer [= DjCh /tɔrma/] • EX : /ay terme wuraa di/ I pledged the gold as collateral ∞ j'ai hypothéqué mon or.

termuusu ○ [n] thermos bottle ❁ thermos [< Fr.].

teteri [⇨ /konji-teteri/].

tey 1 ○ [intr] get wet ❁ se mouiller [ADJ /tey-o/ GN, PARTPL /tey-nte / T.

tey! 2 ○ [interj] [INTENS for /hottu/ 'be hot' ∞ 'ê. piquant'].

teybur ○ [n] bile ❁ bile [cf. /abollo/].

teyfa ○ [n] seller or intermediary in market ❁ étalagiste (vendeur) ou intermédiaire au marché [cf. HS /teyfa/ 'intermediary's transaction fee in marketplace'].

teymam ○ [intr] perform ablutions (before praying) without water ❁ faire les ablutions sans eau [perhaps < Ar. √ymm] [cf. /alwalaa/].

tey-ndi ○ [tr] moisten, make wet ❁ mouiller [< /tey/ 1].

tey-nte T ○ [partpl] wet ❁ mouillé [< /tey/ 1].

tey-o GN ○ [adj] wet ❁ mouillé [< /tey/ 1].

ti N [= /či/ 'be' ∞ 'être'].

tibaabu G [= /tubaabu/].

tibi T ○ [tr] put (sth) up (pot or teapot on stove, saddle on animal) ❁ poser (qqch.) au-dessus (marmite ou théière sur le feu, selle sur un animal) [SYN /teke/].

tibi-ndi ○ [intr] (kettle, etc.) be put on ❁ ê. posé au-dessus.

tifi ○ [tr] grasp, hold, seize ❁ saisir, tenir [cf. /ñafu/].

tiganaŋkuru ○ [n] groundnut sp. resembling peanut ❁ pois de terre [grown in south, imported for sale] [ID *Vigna subterranea*] [< Bam.] [SYN /damsu/].

tilasu ○ [intr] be necessary, obligatory ❁ ê. obligatoire [cf. /tilasu-nda/] [< Hausa /tilas/] [SYN /waajibi/].

tilasu-nda ○ [tr] need, require ❁ avoir besoin de, exiger.

tilbi ○ [n] elegant man's outer garment ❁ boubou élégant [worn over /forko/, rectangular neck cut, ankle-length, no slit below knees, pocket at belly level, sleeve folded back to exaggerate shoulders] [cf. /derbe/].

tilesu [= /tilasu/].

tiilimtaala, ntilimtaala ○ [n] gecko lizard ❁ 'salamandre' (= gecko) [SYN /yerkoy-ibere/].

tiliisi T, tilisi G ○ [n] rags used as padding on back of donkey ❁ bourre, chiffons pour le rembourrage au dos de l'âne.

tilla ○ [n] ankle strap (of shoe) ❁ sangle de cheville (d'une chaussure).

tim TN, tin T, tiŵ GN ○ [intr] be heavy ❁ ê. lourd [ADJ /tin-o/, CAUS /tiṉ-ndi/, ABSTR /tin-ey, tiŋ-ey/] [< *tiŋ].

timme ○ [intr] be entire, complete, finished ❁ ê. entier, achevé [ADJ /timm-o/, PARTPL /timme-nte/] [INTENS /duk!/] [< Ar. √tmm, perhaps via Ful. √timm- or Bam. /timme/].

timme-ndi ○ [tr] make entire, finish, fulfill, achieve ❁ rendre entier, achever.

timme-nte TN ○ [partpl] entire ❁ entier • well-built ❁ bien formé.

timm-o G ○ [adj] entire ❁ complet.

tin T [= /tim/].

'tin-di' [= /tiṉ-ndi/].

tinde ○ [n] tall wooden mortar (for pounding with pestle) ❁ mortier.

tin-ey T, tiŋ-ey GN ○ [n] weight, heaviness ❁ poids, lourdeur [ABSTR < /tim ~ tin/, cf. /tiṉ-ndi/).

tinji TN, tiŋki N ○ [n] (entire) waist ❁ taille (entière), hanche.

tinji-baaka ○ [n] talisman worn around waist ❁ gris-gris (amulette) porté à la taille.

tiŋki N [= /tinji/].

tiṉ-ndi ○ a) [tr] make heavy, weigh down ❁ alourdir [FACT < /tim/, etc.] ○ b) [n] weight ❁ poids.

tin-o ○ [adj] heavy ❁ lourd [< /tim ~ tin/, cf. /tin-ey/].

tintim ○ [n] stairs at threshold of house ❁ escalier au seuil d'une maison.

tira ○ a) [n] talisman ❁ gris-gris, amulette [cf. /baaka/] ○ b) [n] koranic preschool ❁ école coranique • COMP below.

tira-feer-ey, tira-feeri ○ [n] religious rite ❁ rite religieux.

tira-feeri [= /tira-feer-ey/].

tira-jje, tire-jje ○ [n] pupil (in Koranic school) ❁ élève (d'école coranique).

tira-si-kani-hawey ['amulet not sleep on empty stomach' ∞ 'amulette ne pas faire la nuit blanche'] ○ [n] special ritual meal ❁ repas rituel [/hawey/ 2].

tisow T, tišow TN ○ [intr] sneeze ✵ éternuer.

tite ○ [n] small, lightweight, box-shaped portable stool (also used as low table) ✵ escabeau.

titili ○ a) [tr] entwine (with sth else), roll up ✵ enrouler, entrelacer ○ b) [intr] be rolled, entwined ✵ ê. enroulé, entrelacé.

titiw ○ [tr] shatter, smash ✵ briser, écraser.

tiyaabu, tiyaaw, tiyow ○ a) [n] widowhood ✵ veuvage [cf. Ar. /θayyib/ 'widow' ∞ 'veuve'] ○ b) [n] (divine) reward ✵ récompense (divine) [probably < Ar. √θwb].

tiyow [= /tiyaabu/].

too [CAUS /too-ndi/, cf. /too-nda/] ○ a) [tr, intr] arrive (at destination or time), reach, attain ✵ arriver à (lieu ou heure), atteindre • be equal to, be worth ✵ ê. égal à • accost, be aggressive to ✵ agresser • touch ✵ toucher [less common than /taar/] • (grain) mature ✵ (céréales) mûrir [cf. /nin/ 1] ○ b) [intr] (time of day, date, season) arrive ✵ (heure, date, saison) arriver • EX : /alaasara too/ the afternoon prayer has arrived ∞ la prière de l'après-midi est arrivée • LOCUT : /a-a too jiiri guu/ it is now five years (since...) ∞ ça fait cinq ans (depuis...) ; /ay kaa a-a too jiiri guu/ I came five years ago ∞ je suis venu il y a cinq ans ○ c) [tr] be enough for, satisfy ✵ suffire à [cf. /wasa/] ○ d) [intr plus Postp /ga/] need badly ✵ avoir sérieusement besoin de TGN [SYN /too-nda/ TG].

toči T, teki N, teči G ○ [tr] slash earth with /kuumu/ (before seeding millet) ✵ faire des 'poquets' (=taillades) dans la terre (avant de semer) [SYN /jabe/ N, /gaasu/ 2, /jokoro/] [= HS /teki/] [cf. /jafa/, /kuumu/].

tofi ○ [n] sweet pastry (made with milk and flour) ✵ pâtisserie douce (préparée avec farine et lait).

tokone ○ [n] elbow ✵ coude [also /kamba-tokone/].

tool [< Fr.] ○ [n] piece of sheet-metal ✵ tôle • ramp (for extricating vehicle) ✵ pont (pour tirer un véhicule).

tolemi ○ [n] large gold earrings in ring shape ✵ grandes boucles d'oreille dorés en forme d'anneau [also /wuraa-tolemi /.

tolli ○ a) [intr] drip ✵ goutter ○ b) [n] drop (of liquid) ✵ goutte.

tombi ○ [n] dot, spot, point, mark ❁ tache, point, marque.

tombi-tombi [RDP < /tombi/] ○ [n] spots, stains ❁ points, taches.

tombo ○ a) [n] (any) carp (fish) ❁ carpe GDN [ID *Tilapia, Sarotherodon, Oreochromis*, etc.] [SYN /košiya/ T] ○ b) [n] undersized or juvenile carp ❁ petite ou jeune carpe T.

tombo-bomo N ○ [n] herb sp. (weed) ❁ mauvaise herbe sp. [ID *Melochia corchorifolia*].

tombo-korey D ○ [n] light-colored (silvery) carp sp. ❁ carpe sp. de couleur clair [ID *Sarotherodon galilaeus* (= *Tilapia galilaea*)].

tombo-košiya D ○ [n] a carp sp. ❁ carpe sp. [ID *Tilapia zillii*] [SYN /jiŋgi-tombo/).

tomiji ○ [n] tamarind juice ❁ jus de tamarin [imported from south] [< Bam.].

tomoro T, **tamoro** N ○ [n] imported date (fruit) ❁ datte importée [< Ar. √θmr] [cf. /gorboy/ and its compounds].

ton [< *toon, cf. KS /too/] [INTENS : /met! ~ pet!/] ○ a) [intr] be full ❁ ê. plein ○ b) [tr] fill ❁ remplir [cf. /tonton/] ○ c) [n] fullness ❁ ampleur, plénitude.

-toona [⇨ /kamba-tokone/].

too-nda TG ○ [tr] need (sth) badly ❁ avoir sérieusement besoin de (qqch.) [SYN /too/ (d) plus Postp /ga/ G, cf. /yentasu/, /haaje/].

tondi TN, **toyndi** G ○ [n] rock, stone ❁ pierre, rocher • stony ridge, cliff ❁ escarpement • egg ❁ œuf [esp. as COMP final] [SYN /fẽysa/ 2 G, cf. /guŋguri/] • COMP : ⇨ /moo-tondi/.

too-ndi ○ [tr] deliver, cause to arrive ❁ amener, livrer.

tondi-gussu T ○ [n] skink lizard ❁ scinque (lézard) [ID includes *Mabuya* sp.] [< */...-gursu/] [SYN /milimaala/].

toone ○ [n] chin ❁ menton • COMP final : ⇨ /kamba-toone/.

toŋgombara N [= /taŋgambara/].

toŋgotoŋgo ○ [n] bow (weapon) ❁ arc.

toŋgotoŋgo-jje ○ [n] arrow ❁ flèche.

toŋkone 1 T, **toŋkono** TN ○ [n] duck ❁ canard [esp. domestic, but cf. /ganji-toŋkono/].

toŋkone 2 [infrequently = /tokone/ 'elbow' ∞ 'coude'].

toŋkono [= /toŋkone/ 1].

tonton ○ a) [intr plus optional Postp /ga/] add some more to, increase ✵ augmenter • EX : /tonton a ga/ add (some more) to it ! ajoute-y un peu ! • EX : /tonton a ga [waani woo yo]/ add these (things) from other people to it' ∞ 'l'augmenter avec ceux-ci d'autrui ○ b) [tr] add ✵ augmenter • EX : /tonton yene maafe/ add (some more) sauce for me ∞ ajoute pour moi un peu de sauce ○ c) [n] exaggeration ✵ exagération.

toñe ○ [intr] be the right amount or size, fit ✵ ê. la quantité ou avoir la taille appropriée • LOCUT : /toñe X ra/ fit inside X ∞ (pouvoir) entrer dans X.

tooñe ○ a) [intr] be at fault, be to blame ✵ avoir tort, ê. blâmé ○ b) [tr] accuse, tease, be aggressive to ✵ dénoncer, provoquer ; [ABSTR /tooñ-ey/].

toñe-ndi ○ [tr] get along with, be friendly with ✵ s'entendre bien avec.

tooñe-ndi ○ [tr] incite, make aggressive ✵ inciter, rendre sauvage.

tooñe-nte ○ [partpl] aggressive ✵ provocateur.

tooñ-ey ○ [n] attack (verbal or physical) ✵ attaque [ABSTR < /tooñe/].

toor 1 T, tooru N ○ [n] fetish (magical spirit in traditional animist religion) ✵ fétiche [cf. /kotte/].

toor 2 T ○ a) [tr] cut into strips ✵ couper en tranches • abrade (surface) by scratching deeply ✵ gratter (surface) profondément ○ b) [n] scar ✵ cicatrice [cf. /dalla/].

torko ○ [n] pushcart ✵ charrette [SYN /wotoro/].

toor-koyni ○ [n] fetishist (animist magician) ✵ 'féticheur' (magicien).

torro [perhaps < Ful. √torr-, cf. Bam. /tooro/] ○ a) [tr] bother, pester, torture ✵ déranger, emmerder ○ b) [n] nuisance ✵ peste, ennui • LOCUT : /a si mey torro/ N it's no problem ∞ il n'y a pas de problème [cf. /albasi/].

torro-nte ○ [partpl] bothersome, unpleasant ✵ nuisible, désagréable.

toršsi ○ [n] flashlight ✵ torche [< Fr.].

toršõ ○ [n] hairdo style ❁ coiffure de femme [with wicks ; hair plaited into front-to-back ridge, then formed into a lock and brought foreward, resembling a miner's head flashlight] [< Fr. torche, perhaps confused with torchon] [cf. /tur/].

toosu ○ a) [intr] urinate ❁ uriner [for euphemism, ⇨ /hari-mun-ey/] ○ b) [n] urine ❁ urine.

toosu-čambu ['urinate-vessel' ∞ 'uriner-verre'] ○ [n] bladder ❁ vessie.

tootoo 1 ○ [n] dysentery ❁ dysenterie [cf. Ful. /tooto/].

tootoo 2 ○ [n] rice stalks after threshing (used as fodder) ❁ foin (paille) de riz [= KS /toosa/].

tootoo 3 N ○ [n] rat sp. ❁ rat sp. [ID the urban rat of southern cities, *Rattus rattus*, perhaps also some large bush rats] [SYN /barifer/] [< Bam.].

tow GN ○ [n] fire ❁ feu, incendie [SYN /nuune/ T] • glare (of flashlight) ❁ lumière forte.

tow-denji G ○ [n] hot (flaming) coals ❁ braises.

towre ○ a) [n] cool season around harvest ❁ saison agréable vers la récolte TN [also /towre-waati/] ○ b) brief fever ❁ fièvre de courte durée.

towreeti ○ [n] Torah ❁ Torah [< Ar.].

towre-waati [= /towre/].

toyndi G [= /tondi/].

treffal ○ [n] clubs, trefoil (playing-card suit) ❁ trèfle [< Fr.] [cf. /piik/, /karoo/, /køør/].

tuu ○ [n] (wooden) eating bowl for ceremonial meals ❁ 'tasse' (= écuelle) en bois • fine meal served in this bowl ❁ repas spécial servi dans cette tasse.

tuba ○ [n] sister's child ❁ fils ou fille de la sœur (neveu, nièce).

tubaabu T, tibaabu G ○ [n] white (person), European ❁ blanc, européen [< Bam.] [cf. /boro-čirey/, /gaa-korey/].

tubaabu-čiini ['...-language' ∞ '...-parole'] ○ [n] French language ❁ langue française.

tubaabu-jaman ○ [n] the colonial era ❁ l'époque coloniale.

tubal ○ [n] large drum ❁ grand tambour [used in weddings and other ceremonies] [< Ar. √ṭbl] [cf. /harey/, /koloo/) • DERIV : /tubal-koy/ drummer ❁ joueur de tambour • COMP : ⇨ /kooro-tubal/.

tuubalaaji ○ [n] traditional full-length baggy pants ❁ pantalon bouffant [perhaps < Bam. 'toubaladyi' Bazin 626, cf. Ful. /tuuba/ ; KS /tumbalaaji/) [cf. /ɓudeli/).

tubal-jeeri G ○ [n] circle brand (for branded animal) ❁ marque en cercle (sur une bête) [circle represents circumference of drum].

tubaarikalla! ○ [interj] God be praised ! ❁ louanges à Dieu ! [< Ar. /tabaaraka aḷ-ḷaah/].

tuubi ○ [intr] be converted (to Islam) ❁ se convertir (à l'Islam) [< Ar. √twb].

tubule T, tubula G ○ [n] tray ❁ plateau [< Hass. Ar. /ṭŭbla/].

tufa ○ [intr] spit ❁ cracher [onomatopoeic] • [n] spittle ❁ crachat [cf. /yololo/, /kaaku/].

tufa-tufa ○ [intr] (holy man) spit lightly into hand ❁ (marabout) cracher légèrement dans sa main [cf. /sumburku/].

tugu ○ a) [intr] hide ❁ se cacher ○ b) [tr] conceal ❁ cacher [SYN /low/ 1, /sutura/] [cf. /tugumtugum/].

tugumtugum ○ [n] hide-and-seek ❁ cache-cache [cf. /tugu/].

tugu-nte ○ [partpl] self-effacing, not ostentatious ❁ qui ne se montre pas [e.g. does not display wealth].

tuuji ○ [intr] grope along (with walking stick) ❁ marcher avec une canne [cf. /taŋkara/].

tuujum, tuujun ○ [n] (domestic) pigeon ❁ pigeon (ordinaire).

tukaasu ○ [n] a fine dish of large wheat dumplings served with spicy sauce ❁ repas avec de grosses boulettes de blé, servies avec une sauce piquante.

tukkaaku ○ [n] hoopoe (bird) ❁ huppe (oiseau) [ID *Upupa epops*] [SYN /kukutes/].

tukku ○ [n] metal can (20-liter oil can, reused for other purposes) ❁ bidon en métal (20 litres) [cf. /ɓargõ/, /ɓata/].

tum ○ [tr] (needle, thorn, etc.) jab into, (scorpion) sting ❁ (épine, scorpion) piquer [cf. /ɓir/) • LOCUT : /a tum ay moo di/ it looked attractive to me ('pricked my eye') ∞ ça m'a eu l'air bien.

tumbutu ● [n] Timbuktu ✵ Tombouctou.

tun ● [intr] get up, arise ✵ se lever [said of body, wind, heat, dust, etc.] • EX : /laajin di tun/ the dough has risen ∞ la pâte a levé • (gun) go off ✵ (fusil) décharger.

'tun-di' [= /tun‿ndi/].

tuŋgu ● [n] veil ✵ voile TN • blanket ✵ couverture N.

tun‿ndi ● [tr] raise ✵ lever • stir up (liquid) ✵ remuer (liquide) • raise (troops), reinforce (army) ✵ lever (troupes), renforcer (armée) • stimulate, provoke, organize ✵ stimuler, provoquer, organiser • turn over (earth), plow (field) ✵ labourer (terre) • (raiders) demolish, raze (town) ✵ (commando) détruire, raser à terre (village) • appoint (to office) ✵ nommer (à un poste).

tur ● a) [tr] plait hair of (woman) ✵ tresser (femme) [traditional styles form hair into patterns of thick and/or thin ridges along scalp, sometimes varied with falling braids, balled tufts, or emerging spikes ; festive hairdos involve accessories such as braiding wicks, headbands, and jewels] [cf. /maŋga/, /mažbur/, /fuula/, /meš/, /mbeetu/, /kurukuru/, /kawla/) [hairdo styles : /alʕakfa/, /bajagol/, /brændalymet/, /didi/, /fimbi/, /gaawo-gaawo/, /goofa/, /grogræ̃/, /jenne-jenne/, /jombo/, /lafol/, /laʕguda/, /madam-madam/, /maademba/, /nooh-ag-ačča/, /rasta/, /surgu-surgu/, /toršõ/, /ummu-saŋgare-tur/, /ummu-tur/, /zuzuura/) ● b) [intr] (sb) have oneself braided ✵ (qqn) se faire tresser.

turči ● [n] waist-length shirt ✵ chemise.

tur-hay ● [n] fee paid for braiding hair ✵ prix du tressage.

tuuri TN ● [n] tree, wood ✵ arbre, bois [< *tuguri].

tuuri-čirey T ● [n] shrub sp. ✵ arbuste sp. [ID *Guiera senegalensis*] [SYN /fendu-fendu-ñaa/ T, /njoloki/ N].

tuuri-ferre, tuuri-ferro ['tree-stinky' ∞ 'arbre-puant'] ● [n] smelly tree sp. ✵ arbre puant sp. [ID primarily *Senna occidentalis*, cf. /ferre/ 1 and /saŋgasaŋga/, but potentially any strong-smelling sp.] [cf. /ferre/].

tuuri-kooši N ● [n] tree bark ✵ écorce d'arbre.

tuuri-kumna-koy ○ [n] wood gatherer ✵ bûcheron.

tuuri-linji ○ [n] tree root ✵ racine d'arbre.

turituri ○ [n] crested lark ✵ cochevis huppé (oiseau) [ID *Galerida cristata* ; extendible to other sandy-colored birds of similar size such as the 'spotted thick-knee', *Burhinus capensis*].

turja ○ [n] shrub sp. with latex and large leaves ✵ arbuste à latex avec des feuilles larges [ID *Calotropis procera*] [< Tam.].

tuuru ○ a) [intr] answer, give a reply, respond (to a summons) ✵ répondre ○ b) [tr] answer (sb), reply to ✵ répondre à (qqn) • EX : /a tuuru‿ey/ he answered me ∞ il m'a répondu.

tusa ○ [tr] incite, egg on ✵ inciter.

tuusu ○ [tr] erase, wipe ✵ effacer, essuyer.

tuutiya ○ [n] aluminum ✵ aluminium.

tutum ○ [tr] hit hard, beat ✵ frapper avec force, battre • castrate ✵ châtrer, castrer.

ntuwey ○ [n] placenta ✵ placenta [euphemism : /ije di čere di yo/ the child's friends ✵ les amis de l'enfant].

u

ummu ○ [woman's personal name] [< Ar. √'mm].

ummu-saŋgare-tur ○ [n] hairdo style ✵ une coiffure de femme [ridges forward to forehead, with cowries] [cf. /tur/, /noor/] [/ummu-saŋgare / is a woman's name].

ummu-tur ○ [n] hairdo style ✵ une coiffure de femme [concentric circles] [includes woman's name /ummu/].

v

veeloo ○ [n] bicycle ✵ vélo [< Fr.].

veer TN, weer T, wer T ○ [n] glass, esp. small glass (for tea, coffee, etc.) ✵ verre, surtout un petit verre pour le thé [< Fr.] [SYN /čembu/, cf. /arbataasa/, /poti/].

W

waa 1 ○ [intr] defecate, shit ✵ déféquer, chier [cf. noun /wiri/] [cf. /jaku/, /farru/ 2, /terey / 1b].

waa 2 ○ [intr] be badly beaten (in a fight) ✵ ê. battu (dans une bagarre) [perhaps an extension of /waa/ 1].

waa 3 ○ [tr] (God) defend or protect (sb) against (sth) ✵ (Dieu) protéger (qqn, contre qqch.) [used in oaths] ○ [intr] be spared ✵ ê. protégé • LOCUT : /ay waa a jaari/ I was spared from that ('from its day') ∞ j'ai été protégé contre cela.

waa- 4 [chiefly GN] ○ [n, as COMP initial] milk ✵ lait [replacing /kosom/ in compounds for some speakers] [cf. also /waa-waa/, /waa-ñaa/).

wadan ○ [intr] (muezzin) call to prayer ✵ (muezzin) appeler à la prière [< Hass. Ar. /waððan/ < Ar. √'ðn].

waadu [perhaps < Ar. √wʕd] ○ a) [tr] (God) fore-ordain (event) ✵ (Dieu) prédestiner (un événement) ○ b) [n] destiny ✵ destin.

waadu-ndi ○ [intr] (event) be fore-ordained (by God) ✵ (événement) ê. prédestiné (par Dieu).

waafak-oy ○ [n] agreement, mutual understanding ✵ accord, entente [ABSTR < /waafaku/].

waafaku ○ [intr, plus optional /nda/ and Postp /ga/] agree, reach agreement ; make peace, come to terms ✵ s'accorder ; faire la paix [ABSTR /waafak-oy/] [< Ar. √wfq] • EX : /ay nda ga waafaku/ he and I agreed ∞ lui et moi nous sommes mis d'accord ; /ay waafaku nda ga/ I agreed with him ∞ je me suis mis d'accord avec lui ; /yer waafaku njerfu di ga/ we agreed about the money ∞ on s'est mis d'accord sur l'argent.

waaga ○ [n] small basket for kola nuts ✵ petit panier pour les noix de cola [also /gooro-waaga/] [cf. Ful. /wakawal/ 'basket for kola nuts', Bam. 'waga' Bazin 655].

waa-gani N ○ [n] fresh milk ✵ lait frais [SYN /kosom-gani/].

-waag-o N [= /-waaw-o/].

waha ✪ [intr] be gluttonous ❁ ê. glouton, ê. gourmand.

wahabiya ✪ [n] wahhabi (Muslim sect) ❁ wahhabi (secte) [can be pejorative] [< Ar. √whb].

wahay ✪ [tr] liberate, emancipate (slave) ❁ annoblir.

waajibi ✪ [n] duty, necessity ❁ obligation, devoir, nécessité [< Ar. √wjb, cf. /alwaajibi/].

waaju [< Ar. √wʕð̣, cf. Ful. √waaj-] ✪ [intr] preach, give religious advice ❁ prêcher, donner des conseils religieux • give advice ❁ donner des conseils.

waakondo ✪ [n] a spice ❁ une épice [ID fruits of a southern tree, *Xylopia aethiopica*].

wala [< Maghr. Ar., cf. Ar. /'aw laa/ 'or not' and /wa-laa/ 'nor '; also in Bam., etc.] ✪ a) [phrase-initial particle] or, whether ❁ ou., ou si ✪ b) [particle before NP] even ❁ même • EX : /wala X/ even X ∞ même X ✪ c) [particle before verb phrase, or SerV] even (do) ❁ même (faire) • EX : /a na wala foo/ = /a na wala ka foo/ she didn't even say hello ∞ elle n'a même pas dit bonjour ✪ d) [yes-no interrogative particle, clause-initial or tag] [cf. the rare /kona ~ koni/].

walaakin ✪ [clause-initial particle] however... ❁ cependant... [< Ar. /wa-laakin/, root √lkn].

walhaa ✪ [n] wooden tablet for pupil in Koranic preschool ❁ ardoise (en bois, d'un élève d'école coranique) [metathesized < Ar. √lwḥ, also in Bam.].

wali ✪ a) [n] a traditional board game ❁ un jeu traditionnel [played with special 12-holed board] • (any) board game (e.g. checkers) ❁ jeu (dames, etc.) ✪ b) [intr] play a board game ❁ jouer (aux dames, etc.).

wali‿ije ✪ [n] pawn, piece (in a game) ❁ pion, pièce (dans un jeu).

waliisi [< Fr. valise] ✪ [n] suitcase, trunk ❁ valise, malle • trunk full of gifts (from returning traveler) ❁ malle pleine de cadeaux de voyage.

walla N ✪ [particle] or rather... ❁ ou plutôt... [cf. /wala/].

wallaahi, [rarely] allaahi ✪ [interj accompanying a sworn assertion] by God ! ❁ par Dieu ! [< Ar. /wa aḷḷaahi!/] • LOCUT :

/wallaahi bara.../ by God... ∞ par Dieu... [with following clause] [cf. /ataŋgaari hã/].

walwal ○ [intr] (water) gurgle ❁ (eau) glouglouter.

wan 1 [contraction of Possessive /wane/ before Def /di/] • EX : /ay wan di/ mine ∞ le mien.

wan 2 N [= /waani/ 2].

wanda- 1 [variant COMP initial for /wande/].

'wanda' 2 [for greetings like /warnda subu/, ⇨ /wor/].

wande ○ [n] wife ❁ épouse [COMP initial /wande-/ or /wanda/].

wande-beer ○ [n] senior wife (of bigamous husband) ❁ épouse aînée.

wande-čiina ○ [n] junior wife (of bigamous husband) ❁ épouse cadette.

wande-wir ○ [n] fiancée ❁ fiancée [cf. /kurñe-wir/].

wane ○ [Possessive Postp after noun or pronoun] [reduced to /wan/ before Definite /di/].

waŋga ○ a) [tr] go around, revolve around ❁ faire le tour de [cf. /windi/, /kooli/] • encircle ❁ encercler ○ b) [n] (act of) going around, hike ❁ tour, tournée.

waŋga-waŋga ○ [RDP < /waŋga/].

waŋgaala ○ [n] group outing and meal where everyone contributes to the cost of a slaughtered animal ❁ sortie et repas de groupe où chacun cotise pour le prix de l'animal égorgé.

waŋgara-maafe-jje ○ [n] false nutmet, calabash nutmeg ❁ fausse noix de muscade [nutmet-like nut ground up as a spice, imported from far to the south] [ID probably *Monodora myristica*] [compound of /maafe-jje/, a very different spice, and /waŋgara/, said to be a clan name from the Diré area].

'waŋgi-ije' [= /waŋgu-ije/].

waŋgu 1 TN, woŋgu TG ○ [n] war, combat ❁ guerre, combat • war party, army ❁ armée, force armée [cf. /waŋgu-ije/].

waŋgu 2 T, woŋgu TGN ○ [intr] refuse, say no ❁ refuser, ne pas accepter [cf. /jindi/, and negation of /yadda/].

waŋgu-ije ~ woŋgu-ije ['war-child' ∞ 'guerre-enfant'] ○ [n] soldier

⊛ militaire, soldat [SYN /saddaasu/].

waani 1 ○ a) [adj] belonging to another ⊛ d'autrui • EX : /mobil waani/ somebody else's car ∞ voiture d'autrui ○ b) [n] something belonging to another ⊛ chose d'autrui [= /haya waani/].

waani 2 N ○ a) [tr] know (from experience) ⊛ connaître par l'expérience [also /wan/ 2 N in this sense] ○ b) [n] knowledge, experience, wisdom ⊛ connaissance, sagesse [cf. /ɓey-rey/].

wanjam T ○ [n] barber ⊛ coiffeur [also performs circumcisions, hence feared by young boys] [= KS /wanzam/, cf. Ful. /wanja/] [cf. /jiŋgar-ndi-koy/ N].

wannasu TGN [< Hass. Ar. /wănnăs/ from Ar. √'ns] ○ a) [intr] chat, converse ⊛ causer, parler ensemble ○ b) [tr] tell (story) ⊛ raconter (histoire) ○ b) [n] conversation, anecdote ⊛ causerie, parole, histoire.

wanteera ○ [tr] sell at auction, auction off ⊛ vendre aux enchères [< Fr.].

waa-ñaa ['milk-mother' ∞ 'lait-mère'] ○ [n] small prostrate herb sp. ⊛ petite herbe sp. [used in magical cures] [ID perhaps focally *Euphorbia prostrata*, herb with milky latex].

war [= /wor/, 2pl pronoun].

waranja ○ [num] thirty ⊛ trente.

waraŋka ○ [num] twenty ⊛ vingt • as currency : 100 CFA (= 20 riyals) ⊛ 100 CFA (= 20 riyals).

warawara ○ [n] coarse sieve ⊛ tamis rude [cf. /teme/].

warra ○ a) [tr] throw ⊛ jeter ○ b) [ReflV] throw oneself ⊛ se jeter.

waaru ○ [n] river bed ⊛ lit du fleuve • EX : /isa di waaru di/ the bed of the river ∞ le lit du fleuve [perhaps < Ar. √wdy].

warwar N ○ [n] gum-arabic tree ⊛ gommier (arbre) [ID ⇨ /deeli-ñaa/] [< Tam.].

wasa 1 ○ [intr] be enough ⊛ suffire [PARTPL /wasa-nte/] [< Ar. √wsʕ, also in Bam.] [cf. /too/].

wasa 2 ○ [tr] equal, be equal to ⊛ ê. égal à [uncommon, apparent metathesis of /sawa/].

wasa-nte ○ [partpl] enough ❁ suffisant [/wasa/ 1].

waši TN, woši TN, wasi G ○ [n] fish sp. ❁ poisson sp. [ID snub-nosed Mormyridae, including *Mormyrus macrophthalmus*, *Hyperopisus bebe*, and perhaps *Marcusenius senegalensis* ; contrast the long-nosed /yollo/ and /huura/].

wasu ○ [intr] be cocky, haughty ❁ ê. fanfaron [cf. /fooma/].

waasu ○ a) [intr] (water) boil ❁ bouillir [SYN /jaraa/) ○ b) [intr plus Postp /ga/] be angry (at) ❁ se fâcher (avec) [SYN /dukur/, /ñama/).

waasu-ndi ○ a) [tr] bring (water) to a boil ❁ faire bouillir ○ b) [n] a plate with boiled meat and spicy sauce ❁ bouillon de viande [served to those recovering from childbirth or circumcision].

waate N [= /waati/].

waati GN, waate N ○ [n] time, moment, season ❁ moment, temps, saison [chiefly, for some speakers exclusively, as COMP final] [< Ar. √wqt, cf. nouns /alwakati/ and /alwaati/] • COMP : ⇨ /fufu-/, /towre -/, /koron -/.

waa-waa ○ [n] milky latex (in plants) ❁ latex [cf. /waa-/ 4].

-waaw-o T, -waag-o N ○ [adj] left-handed ❁ gauche [COMP final] • COMP : /kamba-waaw-o/ left hand ❁ main gauche.

waxyart ○ [n] nice person ❁ personne sympathique [< Hass. Ar.].

waay [< Ar. √wʕy] ○ a) [intr plus /nda/] become aware of ; remember ❁ se rendre compte de ; se rappeler de ○ b) [intr plus Postp /ga/] spot, espy, recognize ❁ apercevoir, reconnaître.

waaye ○ [n] butcher ❁ boucher [< Bam. /waye/ or Ful. /waayeejo/].

'wečc...' [= /woy̠-č.../].

weer, wer [= /veer/].

were ○ [n] cheek ❁ joue.

'wey' 1,2,3 [= /woy/ 1,2,3].

'wey̠-čiina' [= /woy̠-čiina/].

'wey̠-čindi-...' [= /woy̠-čindi-.../].

'wey-hay' [= /woy-hay/].

'wey-hiiji' [= /woy-hiiji/].

'weyma' [= /woyma/].

'weyme' [= /woyme/].

'weyne' [= /woyne/].

'weyne-kaŋ-ey' [= /woyne-kaŋ-ey/].

'wey-nte' [= /woy-nte/].

'wey-ye' [= /woy-ye/].

wii ❍ [tr] kill ❁ tuer • extinguish (light, fire) ❁ éteindre • 'kill' (= defeat) in game ❁ 'tuer' (= vaincre) dans un jeu.

wičir ❍ [n] mid afternoon (c. 2-4 PM) ❁ après-midi (c. 14 :00-16 :00 h.).

widdi ❍ [intr] say ones beads, pray with rosary ❁ égrener le chapelet (en priant) [< Ar. √wrd].

wijila ❍ [n] small wheat cake cooked in steamer (/dõfo/) without oil ❁ galette de farine de blé cuite sans huile.

wil ❍ [n] oil ❁ huile [< Fr.] [cf. /dilwil/].

wiliwili ❍ [tr] wrap around ❁ emballer, envelopper [cf. /kulumkulum/].

windi ❍ a) [intr] go around, go in a circle ❁ faire un tour, tourner en rond ❍ b) [tr] surround ❁ encercler [cf. /waŋga/, /kooli/] ❍ c) [⇨ /taasu-windi/].

windi-nte ❍ [partpl] round ❁ rond.

wir ❍ [tr] seek ; try to get ❁ essayer d'obtenir [cf. /taasi/] • LOCUT : /a wir ŋgu bomo/ he saved his own skin ('sought himself') ∞ il a sauvé sa tête • woo, court (young woman) ❁ faire la cour à (fille) [cf. COMP /wande-wir/].

wirči ❍ a) [intr] become sick, become a medical patient ❁ se rendre malade [more serious than negated /selle/ 1] ❍ b) [n] sickness, illness ❁ maladie.

wirči-kom ❍ [n] sick person ❁ malade.

wirči-ndi ❍ [tr] make sick, sicken ❁ rendre malade.

wirči-nte ❍ [partpl] sick, ailing ❁ malade.

wiri ❍ [n] excrement, dung ❁ fumier, excréments [archaic *-ri nominal of /waa/ 1] [possibly present in /dandaawiri/] [cf. /joku/, /leesi/].

wo ○ [2Pl imperative, directly preceding verb] • ex : /wo kaa!/ (you all) come ! ∞ venez (tous) !

woo ○ [demonstrative, alone or after noun] this, that ❁ ce, celui-ci, celui-là • Definite : /woo di/.

'wočč...' [⇨ /woy-č.../].

wočče TN ○ [n] (married woman's) co-wife (married to the same bigamous husband) ❁ co-épouse (d'une femme mariée) [in bigamous family] [cf. /konde/] [< *woy-če, including /woy/ 1, parallel to /harče/ < *har-če].

wolfo-wolfo ○ [n] an elegant dress ❁ une robe élégante (de femme) [RDP < 'Wolof', Senegalese ethnic group].

'wojje' [= /woy-jje/].

'woŋgiije' [= /waŋgu-ije/].

woŋgu [= /waŋgu/].

wor, war ○ [2Pl pronoun] you ❁ vous [2Pl subject plus Impf always /wor o/] • greeting : /warnda subu/ good morning ❁ bonjour.

wor o [2Pl subject /wor/ plus Impf].

woroo [= KS /warga/] ○ a) [intr] be thick, stout, solid, massive ❁ ê. gras, solide, épais [cf. /naasu/] ○ b) [adj] thick, solid ❁ gras, solide • EX : /woy woroo di/ the stout woman ∞ la grosse femme.

woroo-ndi ○ [tr] enlarge, thicken ❁ grossir.

woši [= /waši/].

wotoro ○ [n] cart (pushed by hand or by animal) ❁ charrette, pousse-pousse [< Bam.] [SYN /torko/] • DERIV : /wotoro-koy/ carter (baggage porter with cart) ❁ charretier, porteur avec une charrette.

wow 1 TGN ○ [tr] insult, berate ❁ insulter [SYN /gooru/ N].

wow 2 ○ [intr] (wound, cut) heal ❁ (blessure, plaie) guérir.

wowdu ○ [n] (modern) scythe ❁ faucille (moderne) [probably < Ful. /wawdu/] [cf. /garja/, /goto/].

wow-ndi ○ [tr] heal ❁ guérir.

woy 1 ○ [n] woman, female ❁ femme, femelle [also a common

COMP final, esp. with otherwise non-sex-specified kin terms and animal names].

woy 2 ○ a) [num] ten ✽ dix [Absol : /a-woy/, Ord /(a-)woy-nte/] ○ b) used as COMP initial in numerals meaning '20, 30... 90') • EX : /woy-taači/ '40' ○ c) [for terms '11, 12... 19' ⇨ /woy͜-čindi-.../].

woy 3, wey GN ○ [tr] want, wish, like ✽ vouloir, aimer [SYN /ɓaa/ T].

woyaasi ○ [n] (extended) trip ✽ voyage [< Fr.].

woy-beer ○ [n] old woman ✽ vieille femme.

'woyče' [= /wočče/].

woy͜-čiina, wey͜-čiina ○ [n] little woman ✽ petite femme • (man's) girlfriend, sweetheart ✽ copine (d'un homme).

woy͜-čindi-..., wey͜-čindi-... ['ten-remainder-...' ∞ 'dix-restant-...'] ○ [num followed by X =' 1-9'] X-teen ✽ dix-X [forms complex numerals '11,12... 19'] [Absol : /a-woy͜-čindi.../] • EX : /a-woy͜-čindi guu/ '15'.

woyendi ○ [tr] LOCUT : /woyendi X se alakal/ watch out for X ∞ se méfier de X • EX : /woyendi jey di ye se alakal/ watch out for thieves ∞ méfiez-vous des voleurs.

woy-gu TN ○ [num] fifty ✽ cinquante [cf. /guu/ 1, but note shortening of vowel].

woy-hay, wey-hay ○ [n] woman who has just given birth ✽ femme qui vient d'enfanter [cf. /hay/ 2].

woy-hiiji, wey-hiiji ○ [n] married woman ✽ femme mariée.

woy-hiŋka-jje ['woman-two-child' ∞ 'femme-deux-enfant'] ○ [n] mother's sister's child ✽ enfant de la tante maternelle [also /woy͜-jje/, /ñaa-hiŋka-jje/] [parallel to /har-hiŋka-jje/].

woy͜-jje [= /woy-hiŋka-jje/].

woy-kumbur ○ [n] unmarried woman ✽ femme célibataire.

woy-kuuru ○ [n] promiscuous woman, woman of loose morals ✽ femme débauchée (de mœurs légères) [/-kuuru/ 2, cf. /har-kuuru/].

woyme 1 G, woyma T ○ a) [intr] go or do in the afternoon ✽ partir ou faire l'après-midi [cf. /ɓiyaa/, /gulli/ 2, /jaaje/] ○ b) [tr] greet (sb) in the afternoon ❁ saluer (qqn) l'après-midi.

woyme 2 TGN, woyma G ○ [n] sister ; mother's sister's daughter ❁ sœur ; fille de la tante maternelle [esp. of man] [< *woy-me, parallel to /harme/, cf. /woy/ 1] [cf. /ɓeere/, /keyna/, /woy-hiŋka -jje/].

woy-meyra, woy-meyre ○ [n] young woman ❁ jeune femme.

woyna-hun-ey ['sun-departure' ∞ 'soleil-départ'] ○ a) [n] dawn ❁ lever de soleil ○ b) [n] east, northeast [i.e., down the Niger R.] [cf. /alčibla/, /jiŋgar/) [ANT /woyne-kaŋ-ey/].

woyna-kaŋ-ey ['sun-fall' ∞ 'soleil-chute'] ○ a) [n] sunset ❁ coucher de soleil ○ b) [n] west, southwest (locally) ; south (southern Mali) ❁ ouest, sud-ouest ; sud (du Mali) [despite solar image, actual usage follows the Niger River upstream] [cf. /gurma/, /woyne-kam-te/] [ANT /woyne-hun-ey/].

woyne, woyna ○ [n] sun ❁ soleil [final /a/ especially as COMP initial].

woyne-kam-te ○ [n] sunset ❁ coucher de soleil • EX : /woyne-kam-te di gar [ay goo yoobu]/ at sundown I was in the market ∞ au coucher du soleil j'étais au marché.

woy-nte, woy-nte ○ [ord] tenth ❁ dixième [Absol : /a-wey-nte/].

woy-ye ○ [num] seventy ❁ soixante-dix [cf. /woy/ 2, /iiye/].

woy-taači ○ [num] forty ❁ quarante • LOCUT : /jirbi woy-taači/ forty days of seclusion (for woman after childbirth) ∞ quarantaine.

wuukuwaaka ○ [n] noisy confusion ❁ toouhi-bouhi, cacophonie.

wuraa ○ [n] gold (metal) ❁ or [< Tam.].

wuraa-tolemi [= /tolemi/].

wurru ○ [intr] shout ❁ hurler • verb-verb COMP : /wurru ka kaati/ shout and call out ❁ crier et hurler.

y

ya 1 [= Emphatic /yaa/].

ya 2 [= PL /yo/].

yaa 1, ya 1 [phrase- or clause-final Emphatic particle].

yaa N ○ [phrase- or clause-initial] thus ✿ ainsi.

yaabi ○ [intr] walk fast ✿ précipiter le pas [cf. /tarbasu/].

yaada [possibly < Ar. √ʕdw] ○ a) [intr] be in vain, be useless ; be free of charge ✿ ê. sans valeur ; ê. gratuit ○ b) [n] worthless ; free of charge ✿ sans valeur ; gratuit [often used adverbially] [SYN /batala/, /faala/, /foroba/].

yadda TGN, yedda T ○ [intr] consent, agree, approve ✿ accepter, consentir [< Ar. √rḍy, cf. Hausa /yarda/) • EX (negated) : /a na yadda/ he refused ∞ il a refusé.

yaafa ○ [intr plus Postp /ga/] forgive (person) ✿ pardonner à [< Ar. √ɣfr or possibly √ʕfw, also in Ful., Bam., & Hausa] • EX : /yerkoy ma yaafa a ga/ may God forgive him ! ∞ que Dieu le pardonne !

yagalam, yaɣlam, yaɣalam ○ [tr] (mosquitoes, epidemic, army) infest, invade ✿ infester, envahir [< Ar. √ɣlb, perhaps crossed with Ar. √ðlm] • EX : /tarasu di yo yagalam yer/ mosquitoes have infested us ∞ les moustiques nous ont infestés.

yagga ○ [num] nine ✿ neuf (9).

yaɣlam [= /yagalam/].

yaaha ○ [num] eight ✿ huit.

yahdar T, yahadar TG [< Ar. √ħḍr] ○ [intr] attend, be present ✿ assister • be ready, available ✿ ê. prêt, disponible [cf. /lilendi/, /haabu/, /hîsa/ 1].

yahdar-nte ○ [partpl] ready ✿ prêt.

yaajab, yaajow ○ [tr] be pleasing to, attract ✿ plaire à, attirer [< Ar. √ʕjb] [cf. /taažab/, /laajow/].

yaaji ○ [n] spear ✿ harpon, lance.

yaajow [= /yaajab/].

yakubal ○ [tr] (God) grant ✿ (Dieu) exaucer [< Ar. √qbl] • EX : /yerkoy ma yakubal ga/ may God grant it ∞ que Dieu l'exauce.

yakwa, yakuwa, yekwa [< Ar. √qwy] ○ a) [intr] be firm, robust ✿ ê. fort, ê. ferme ○ b) [n] strength, firmness ✿ force, fermeté.

yakwa-nte, yekwa-nte ○ [partpl] strong, firm, powerful ❀ fort, ferme.

yala (1), yela [< Maghr. Ar. hortative /yaḷḷaa(h)/, cf Hausa /yalla/ 'perhaps', Ful. /yalla ~ yalaa/ 'if, if it were, I hope'] [influenced by /wala/, not clearly distinct from /yala/ 2] ○ a) [clause-initial particle with subjunctive clause] hopefully..., let's hope that... ❀ espérons que... TN • EX : /yala baana ma kar/ may it rain ! ∞ qu'il pleuve ! ○ b) [clause-initial yes-no interrogative particle] N.

yala 2 N ○ [clause-initial particle] whether... ❀ si... [cf. /wala/].

yalaa T, yelaa GN ○ [tr] neglect, disregard ❀ négliger [< Ar. √lhw].

yaamar [< Ar. √'mr] ○ a) [intr] be predominant, be in fashion ❀ ê. en vogue, prédominer ○ b) [tr] authorize, arrange, order ❀ autoriser, arranger, ordonner • EX : /ay yaamar ga [a ma čii boro di yo doo]/ I authorized (or instructed) him to speak to the people ∞ je l'ai autorisé à parler aux gens ○ c) [n] order ❀ commande • EX : /i tuuru yaamar/ they answered the call (to arms) ∞ ils ont répondu à l'appel.

yaamar-ndi ○ [tr] authorize, arrange, order ❀ autoriser, arranger, ordonner.

yanaa T, yenaa TG, ñanaa T, ñenaa T, yinaa TN [cf. /jine/, /jinaa/, /yanaa-yanaa/] ○ a) [tr] precede, go ahead of ; be first ❀ précéder, devancer ; ê. le premier • escape, get away in time ❀ s'échapper ○ b) [n] earlier ❀ auparavant [uncommon adverbial] ○ c) [adj] first ❀ premier [= /ñenaa/ in river villages near T] [Syn /lawal/].

yanaa-ndi, yenaa-ndi, yena-ndi ○ a) [tr] send ahead, cause to go ahead ❀ envoyer en avant, faire devancer ○ b) [tr] rescue, save ❀ sauver, sortir (qqn) du danger [< *' cause (sb's life) to go ahead'] [SYN /bilta/].

yanaa-yanaa TN, ayanaa-yanaa N, ayanaa [< /yanaa/] ○ a) [intr] race ❀ faire la course • be a race ❀ ê. une course ○ b) [n] (a) race ❀ course.

yaŋgara ○ [intr plus optional Postp /ga/] take advantage (of), exploit, outwit ❀ profiter (de) [possibly < Ar. √ɣrr] • EX : /ay yaŋgara a ga/ I took advantage of (= outwitted) him ∞ j'ai profité de lui.

yantasu N [= /yentasu/].

yaar T, yaaru GN ○ [tr] (re-)plaster (wall) with trowel ❁ (re-)crépir (mur) à l'aide d'une truelle.

yara N ○ [n] shiny catfish sp. ❁ silure sp. [ID *Chrysichthys* sp.,cf. /ɓoboolo/] [at Gao, *C. nigrodigitatus*].

yaara [often RDP /yaara-yaara/] [KS /yaara/ but Za /yáálà/, cf. perhaps Bam. /yaala/] ○ [intr] take a walk ❁ marcher, se promener • travel, go on a trip ❁ voyager.

yaarabbi [⇨ /amiin/].

yaraasu TGN, yeraasu T ○ [intr] be easy ❁ ê. facile [< Ar. √rxṣ] [cf. /ɓaan/].

yaraasu-ndi ○ [tr] facilitate ❁ faciliter.

yaraasu-nte ○ [partpl] easy ❁ facile.

yaara-yaara ○ [intr] go around, hike ❁ se promener, faire un tour [RDP < /yaara/].

yaarey ○ a) [tr] welcome (sb) festively ❁ fêteracceuillir (qqn) avec une fête ○ b) [n] festive welcome ❁ fête d'accueil.

yaasey ○ a) [n] allusion, veiled reference ; proverb ❁ allusion ; proverbe ○ b) [tr] allude to, refer obliquely to ❁ parler indirectement de • EX : /ay yaasey ga/ I alluded to her ∞ j'ai fait allusion à elle.

yassahaa, yashaa, yeshaa [< Ar. √ṣħħ] ○ [intr] be in good health ❁ ê. sain, ê. en bonne santé ○ [n] health ❁ santé.

yaasu ○ [intr] dry off partially ❁ sécher (à demi) [cf. /fufule/, /koo/].

'yaw' [= /yow/].

yaaw ○ [n] young bull ❁ taurillon [= KS /yegow/].

ye 1 [= PL /yo/, esp. before Postp or other NP-internal morpheme].

ye 2 [allomorph of 1Sg /ay/ in the following combinations] ○ a) /ye/ [frequent portmanteau for 1Sg Subjunctive /ay ma/] that I may... ❁ que je... ○ b) /yene/ [irregular postverbal 1Sg Dative, for /ay se/] for me ❁ pour moi ○ c) /yee/ 1 [1Sg subject plus Impf].

yee 1 [1Sg subject + Impf, < *ay go] EX : /yee goro/ I am sitting ∞ je suis assis.

yee 2 ○ a) [intr] return, go back ❁ rentrer, retourner [cf. /yee-nda/, /yee-ndi/] [SYN /ɓere/ N] • Centrip : /yee-kate/ come back ❁ revenir [CAUS /yee-ndi-kate/] • PARTPL of Centrip : /yee-kate-nte/ next ❁ prochain (with cyclical time expressions) • EX : /alhaddi yee-kate-nte/ next Sunday ∞ dimanche prochain ○ b) [SerV] redo, do again ❁ refaire, répéter.

yedda [= /yadda/].

yeeji ○ [n] castrated bull ❁ taureau castré [cf. /daasu/] • bull (as beast of burden) ❁ bœuf porteur.

yee-kate [⇨ /yee/ 2].

yekwa [= /yakwa/].

yekwa-nte [= /yakwa-nte/].

yelaa [= /yalaa/].

yeliyeli ○ [intr] be tinted ❁ avoir un teint.

yeliyeli-nte ○ [partpl] tinted ❁ teinté.

yenaa [= /yanaa/].

yenaa-ndi [= /yanaa-ndi/].

yee-nda, ye-nda ○ [tr] bring back, take back ❁ rendre, revenir avec [/yee/ 2, /-nda/ 2].

ye-ndi 1 [= /yee-ndi/]

yendi 2 TG ○ [tr] put (wet clothing) out to dry in the sun ❁ exposer (habits mouillés) au soleil pour les faire sécher.

ye-ndi 3 [= /yey-ndi/].

yee-ndi, ye-ndi 1 ○ [tr] send back, give back, remit ❁ rendre, remettre [CAUS < /yee/ 2] • LOCUT : /yee-ndi lakal/ pay attention ∞ prêter attention [plus optional Dat for object of attention] ; /yee-ndi-kate/ T = /yee-ndi-kata/ G bring back ∞ ramener [CAUS of /yee-kate/, Centrip of /yee/ 2] • EX : /ay yee-ndi-kata ga/ TG I brought it back ∞ je l'ai ramené.

yene, ene, eene ○ [1Sg Dative, irregular postverbal enclitic form] for me ❁ pour moi.

yeen-ey T, yeyn-ey N ○ [n] coldness ❁ froid, froideur [ABSTR < /yey/] • COMP : ⇨ /moo-yeen-ey/.

yenje ○ a) [intr] quarrel, fight ❁ lutter, se quereller ○ b) [n] fight (physical or verbal) ❁ bagarre, querelle [cf. /waŋgu/].

yenje-baaka ○ [n] talisman for fighting ❁ gris-gris (amulette) pour le combat [cf. /tira/].

yenje-jiney ○ [n] fighting gear ❁ appareil de combat.

yeen-o TG ○ [adj] cold ❁ froid, frais [< /yey/].

yentasu TG, yentesu T, yantasu N [= KS /yantasu/ ; perhaps < Ar. /yantaṣib/, root √nṣb] ○ a) [n] need ❁ besoin [cf. /haaje/, /too-nda/] • EX : /ay yentasu na too a ga/ I don't need it ('my need hasn't reached it') ∞ je n'en ai pas besoin ○ b) business, occupation ❁ affaires, profession • LOCUT : /mey yentasu/ have things to do, be busy ∞ avoir des affaires, ê. occupé • EX : /yee mey laabu nda yentasu/ I need some banco ∞ j'ai besoin de banco.

yer ○ [1Pl pronoun] we, us, our ❁ nous, notre.

yeer ○ [intr] vomit ❁ vomir [SYN /čeefe/].

yeraasu [= /yaraasu/].

yerkoy ○ [n] God ❁ Dieu [< */yer koy/ 'our Boss' ∞ 'notre Patron'] [cf. /taalaa-hu/] • greeting : /yerkoy saabu!/ God be praised ! ❁ que Dieu soit loué !

yerkoy-diya ['God-delegate' ∞ 'Dieu-délégué'] ○ [n] the Prophet (Muhammad) ❁ le Prophète.

yerkoy-ibere N ['God-enemy' ∞ 'Dieu-ennemi'] ○ [n] gecko ❁ 'salamandre' (gecko) [SYN /tiilimtaala/].

yer o, yor o ○ [1Pl Subject plus Impf aspect].

yeshaa [= /yassahaa/].

yeesi ○ [n] next year ❁ l'année prochaine.

yeesi-guna ['...-see' ∞ '...-voir'] ○ [n] annual event ❁ événement annuel.

'yew' [= /yow/].

yey ○ a) [intr] be cold, cool ❁ ê. froid, frais [ADJ /yeen-o/, ABSTR /yeen-ey/, cf. also /moo-yeen-ey/] [SYN /fufu/, /hargu/] ○ b) [intr] be calm, not angry ❁ ê. calme • EX :

/yer alakal ma yey/ let our spirits be tranquil ∞ que nos esprits soient tranquilles ○ c) [n] coldness ❋ froideur N.

yey-ndi TG, ye-ndi 3 T ○ [tr] make cold ❋ raffraîchir, refroidir.

yilla ○ a) [tr] go (toward), head for ❋ se diriger vers ○ b) [intr plus locational] come into the custody or possession of, devolve upon ❋ tomber dans les mains de, ê. dévolu à • EX : /a yilla ay doo here/ she is in my custody ∞ elle est dans mes mains.

yilla-ndi ○ [tr plus Dat] put (sth) at the disposal of (sb) ❋ mettre (qqch.) à la disposition de (qqn) • EX : /ay yilla-ndi ay bana di X se/ I put my pay at X's disposal ∞ j'ai mis mes gages à la disposition de X.

yinaa [= /yanaa/].

yinjiyinji [cf. KS /zinji/] ○ a) [intr] sway, move from side to side ❋ se balancer ○ b) [tr] shake ❋ secouer.

yiskan ○ [intr] (child) be still, stop running around ❋ (enfant) se calmer [< Ar. √skn] [chiefly in imperatives to children] [ABSTR below].

yiskaan-ey ○ [n] self-control ❋ autocontrôle, esprit calme.

yo, ye, ya ○ [Plural marker after nouns] [always /yo/ prepausally, often /ye ~ ya/ before Postp or other NP-internal unstressed morpheme].

yoo 1 ○ [n] camel ❋ chameau.

yoo 2 [optional surface form of 1Sg subject Imperfective /yee/ before stem beginning with /Co.../].

yobo ○ [n] shorts (worn by fishermen) ❋ culotte (de pêcheur).

yoobu ○ a) [n] marketplace ; weekly market ❋ marché (lieu) ; marché hebdomadaire [Timbuktu markets : ⇨ compounds below and /foor-yoobu/] ○ b) [n] week ❋ semaine [quantified, e.g., 'three markets' = 'three weeks'].

yoobu-beer ['...-big' ∞ '...-grand'] ○ [n] Main Marketplace ❋ Grand Marché [e.g. at Timbuktu].

yoobu-koy-koy ○ [n] one who goes to markets ❋ qqn qui va aux marchés [/koy/ 1 plus /-koy/ 2c].

yoobu-taawo ['...-new ∞...-nouveau'] ○ [n] New Market ❋ Nouveau Marché [one of three markets in Timbuktu ; includes fish market].

yoole [< Ful.] ○ a) [intr] become lost ❁ se perdre [uncommon, cf. /derey ~ dere/] ○ b) [intr] drown ❁ se noyer [SYN /firiŋka/].

yollo ○ [n] fish sp. with long snout ❁ poisson à nez allongé [ID *Mormyrops anguilloides* (= *M. deliciosus*)].

yololo ○ [n] saliva ❁ salive [cf. /tufa/].

yooma TG ○ a) [tr] apply henna to (sb) ❁ appliquer le henné à (qqn) [cf. /alhinna/] ○ b) [intr] (sb) be made up with henna ❁ (qqn) ê. maquillé avec du henné.

yoon T, yoonu N ○ [tr] rub (ointment) on or in, anoint ❁ imbiber, oindre, enduire • ointment ❁ pommade.

yorko ○ [intr] (rope) be slack ❁ (corde) ê. détendue, relâchée [= KS /yolku/, DjCh /yɔrɔyɔrɔ/].

yow ○ [n] outsider, stranger, guest ❁ étranger, hôte.

yow-saawal ○ [n] a grain measure ❁ une mesure de céréales [somewhat larger than /saawal/].

yuu ○ [n] honey ❁ miel [cf. /ayuu/ 1].

yuubu ○ a) [n] stomach ❁ estomac T [cf. /kuuše/] ○ b) [n] navel ❁ nombril G [SYN /hime/, /juutum/].

yululu ○ [intr] (liquid) be gummy or slimy ❁ (liquide) ê. gluant.

yulwa ○ [intr] (space) be ample, (house, courtyard) be spacious ❁ (espace) ê. ample, (maison, cour) ê. spacieux [cf. /tefe/].

yulwa-nte ○ [partpl] wide, spacious ❁ large, spacieux.

yurru ○ [intr] be smooth ❁ ê. lisse [= KS /yuttu ~ yittu/ < *yurtu (or *yultu)].

yurru-ndi ○ [tr] make smooth ❁ rendre lisse.

yurru-nte ○ [partpl] smooth ❁ lisse.

Z, Ž

zaam ○ [n] checkers ❁ dames (jeu).

žandarmu N ○ [n] gendarme, policeman ❁ gendarme [< Fr.] [cf. /birgaadi/.

zaŋka-zaŋka [= /jaŋka-jaŋka/] [probably from a KS dialect].

zerbwa, zerbuwa, žarbuhaa ○ [n] jerboa ❁ gerboise [gerbil-like rodent with large rear legs, hops] [ID *Jaculus jaculus*] [< Hass. Ar. √žrbʕ, cf. Ar. √yrbʕ, with possible recent Fr. influence] [cf. /ntanjila/].

zimba ○ [n] chief of spirit-possession cult ❁ chef d'une confrérie de possédés [= KS /zimmow/, Za /zĩĩmà/].

žuuha ○ [n] Joha (trickster) ❁ Joha (dans les contes) [cf. Mor. Ar. √žħa].

zukkuk! [⇨ /kululuk/].

žuwee [< Fr.] ○ [tr] play (card game) ❁ jouer (aux cartes) • play (radio) ❁ jouer (radio).

zuzuura ○ [n] hairdo style ❁ coiffure de femme [a style of Gao : like /rasta/ in back, braids with wicks on sides, unbraided front with bead accessories].